新闻的写法

OMNIMEDIA

全媒体 实战攻略

耿伟 著

中国人民大学出版社
·北京·

U0710780

自序 苦中作乐

本书作者在日本福冈游泳世锦赛新闻中心写稿时留影。

老家门前有条松花江，绕着宁江小城日夜流淌。那里隐溢着扶余帝国的古老遗风，流传着壮哉凄美的尘封故事。香港曾热播一部电视剧《朱蒙》，描述的就是三王子朱蒙分兵东走，打拼高句丽王朝的震撼与传奇。

记得读中学时，有一天老爸回家说来了几位记者，四处搜集那些无法佐证的口头传说。老爸仰慕道："记者厉害，无冕之王啊。"后来阴差阳错，我成了传说的记者，几番苦斗，却省悟了新闻人的命运：遍尝酸咸苦辣，乃苦中作乐也！

在中国，当记者苦；当追踪真相的名记者，苦上加苦。

我敬重两种记者：一是发现社会楷模的，如报道大医郭春园、歌者丛飞的记者徐华[1]，记述《人民警察任长霞》的记者朱玉、程红根；二是揭露腐败黑恶势力的，如曝光《北京出租车业垄断黑幕》、《山西疫苗乱象调查》的记者王克勤，调查"十元店"、"二奶村"的著名卧底记者涂俏。这些记者的每个脚印，都留下坚韧和不屈。但前者往往会得到荣誉和光环，后者却可能遭受排斥和苦难。譬如王克勤以《河北定州血案调查》，将定州 6 名农民被打死的真相大白于天下，将原定州市委书记和风押上审判台；仅一年，被他揭露而关进监狱的黑恶分子多达 160 人，其人命被黑社会悬赏 500 万元！[2]

记者是一种高危职业。[3] 你的批评稿若触犯黑暗利益，不仅会遭受冰冷的敌视，性命也会面临威胁：《深圳特区报》记者揭露某建筑违法，被电话恐吓"小心你的狗头"；30 岁的河南洛阳电视台记者李翔被歹徒刺扎十余刀身亡；《中国贸易报》山西记者站兰成长，到浑源县了解黑煤矿内幕被殴打，双臂和一条腿骨折，因颅内损伤死亡，惊动国家最高领导人，批示速查。[4] 但让人不安的是，当地官员还在甄别兰成长的身份。这引起公众质问：倘若他是假记者，就该打死吗？

但我不后悔选择了记者职业。回想在《黑龙江日报》时，绥棱乡下，一排跪倒在田野的老农呼喊"青天！"求我为假农药毁了庄稼说句公道话；在海伦市，一位从南方发运电视机的商人，向我诉说接到的集装箱装满了砖头，欲哭无泪！那时，记者的责任感油然而生，我拍案而起！

当记者，你身陷苦境，则离新闻奖很近。暗访《大动脉在失血》时，我和新记者李波在零下 30 度的罐车里冻得蜷缩成一团；追踪《大"机"为啥斗不过小"机"》时，我孤零无助地在小酒馆整理难得的素材；九运会上，众多记者蜂拥采访世界冠军黄金宝，我却独自采访身患绝症的自行车名将王艳，以一篇《中国的阿姆斯特朗》获得中国体育新闻奖。这让我明白，激动和遭罪是写出好稿的不弃伙伴。

新媒体，让记者全能和悲催；写稿，乃苦者无惧也。

"肩上扛着摄像机、胸前挂着照相机、口袋里装着手机、背包里是无线上网本、手上拿着录音笔……他们既是记者、编辑，也可以是播音员、主持人；既可以为报纸工作，也可以是电视台、网站、电台的记者……多么神奇的一个职业，他们什么都会，无所不通、无所不能，简直就是万能记者，记者中的战斗机。"这是陈国权笔下描绘的"气喘吁吁的全媒体记者"。[5]天下最为刺激、紧张和劳累的职业，首推记者。

《在深圳的日子里》记者诉苦：每当凌晨关闭电脑，就会冒出古怪的念头，想把《北京人在纽约》那句名言改为：你想上天堂，请到深圳来；你想下地狱，请到深圳来。

有人预测：记者是今后消失的第一职业。残酷！因为网络嘛，每个人都可以是记者，电脑则可以当编辑，托夫勒30年前的天才想象，魔术般地出现在人们眼前。QQ、网站、贴吧、空间，以及视频、博客、微博、微信等新玩意儿，令人眼花缭乱。移动终端改变了传播渠道，报纸、电视、广播等传统营利模式，在网络拍岸下开始动摇。腾讯每年上千亿元的总收入，三四百亿的纯利润，哪家报社、电视台能比呢？

可我不相信记者会消失，就像中国著名报人范以锦所说：每种特殊载体都会有人喜欢。[6]

哪怕老媒体烟消云散，只剩下了网络，可记者职能依旧：写稿！

哪怕你会拍照和摄像，通晓剪裁直播，可记者根基依旧：写稿！

的确，无论是内容为王、渠道为王，还是用户为王、粉丝为王，那都是老总们的苦恼，普通记者的使命仍是寻觅新闻。

记者是社会记录者，原创新闻是核心力量；记者也是活动家，不仅要在血缘亲缘网、社会关系网、法律行政网里艰难穿行，还要架设网络人脉。

在这个充满诱惑的社会，记者没有人格定力和采写欲望，是难以苦熬到底的。当记者要像《亮剑》里的李云龙，既天不怕地不怕，又能屈能伸。记者只有血液里流淌着骑士般的正义感，才敢像乡村小人物那样——《我向总理说实话》。

在中国，职业记者的生存训练，不可缺失"狗仔"[7]的吃苦性情。

每年有许多大学生失业，可记者总量调控在25万人，寻岗维艰。你要踏入任何一家传媒集团的门槛，须过五关斩六将，简直是一场彻骨折磨。我多次担任招聘考官，发现新闻专业女生90%以上，男生则凤毛麟角。于是苦了女生，先比考分，再比面试，不可声张的是比容颜，尚未入职就已经伤痕累累。因此，每当我看到有新记者辞职，心里便会一阵酸楚。

我曾在深圳大学开新闻实训课,事先看到的原理,往往是将简单的学问说得很复杂。其实,新闻是一门实践科学,记者哪需要知道那么多繁杂理念?在香港,中学毕业就可当记者,初学"狗仔",苦啊:在明星、特首的家门口搭起帐篷,支起高梯,不眨眼地紧张搜寻。一旦发现有人出来倒垃圾,便蜂拥而上,一通乱翻。那场面像小品般搞笑,垃圾桶即是"新闻源",教授的条文早就被忘到九霄云外了。

可我惊讶地获知,无论是"小龙女认亲",还是"陈冠希艳照门",不管刮风下雨,他们都能挖来最新消息,心底涌出一种对"狗仔"的敬意。

我以一位中国老记者的见识,对写新闻的故事笔法进行解读,目的是在全媒体背景下,以实战情境传授学生四种谋略:一是捕鱼说,如何在社会江湖里捕捉一条鲜活的新闻"大鱼"?二是烹调术,如何将这条"鱼"制作成色香味俱佳的报道"大餐"?三是幽默感,如何像小品剧本那样巧妙布局稿件亮点?四是法纪论,如何让敏感的深度采写在法规保障下不被侵害?其中关键环节如动画意识、悬念设置、角度路径、亮点嫁接、幽默导语、灵感标题、人物底蕴、深度报道、隐性调查、网事报道等,因为配有精辟、有趣、震撼的课件演示,我又像周立波那般穿插了民谣和歌声,所以总让人听得如醉如痴。这些内容也许会让我的学生们今后少吃点苦头。

其实这种实训,也很适用于职业记者。只是专题内容不同。在深圳大运会前,我给有关记者和新闻义工进行压缩训练,让200多名熟手和外行在短短4个小时内,对特殊通道、独家新闻、情报架网等环节恍然大悟。许多人课后围着我兴奋地提问,让我尝到一种哲人的享受感。这也验证了我的判断:人的写作能力在中学就基本成型,大学只是锤炼成熟;对新闻只有浅薄知识的大运会义工,同样可以有信心写出像样的稿件。

关键是要拥有"狗仔"的职业素养:钢头、铁嘴、橡皮肚子、飞毛腿。

从1997年圣诞算起,这部书稿写了16年多的时间,可谓是头脑的苦涩长考。

当初,遇到采编困惑,我便从法兰西斯·迪利撰写的《华尔街日报》寻求答案。[8]幸运的是,美国密苏里大学和《西雅图日报》专家组来中国授课,我有幸得到普利策新闻奖得主巴娜金斯基教授的点拨,醍醐灌顶,智穴顿开。如今这部书稿经三次"大修",恭呈中国人民大学出版社审定,算是对新闻生涯的一个交代吧。

托尔斯泰说："无论你怎样诅咒社会的丑陋，生活还是美好的。"书稿杀青了，心底有一种"苦中作乐"的复杂感受。回首逝去的不短光阴，听着书房里飘荡的莫扎特《魔笛》，我像是《哈利·波特》里巫师嘲讽的"老麻瓜"。奢望的只是书稿能给人一丝启迪，而不是万千误导。

耿 伟

2014 年初于鹏城

注释：

[1] 徐华，1962 年生，黑龙江绥化市人。曾在《黑龙江日报》发表《非生理性病变》等隐性报道；在《深圳特区报》发表《少女写在魔窟的血泪账》、《"野马"旅行社祸害海岛游》等调查性报道。2005 年 7 月，《做个好人咋这么难》丛飞系列报道，引起新华社、人民日报社、香港凤凰卫视等全国几十家传媒的记者云集深圳，采写五星级义工丛飞 10 年资助 178 名贫困山区孩子的事迹，中央电视台更是制作了 9 个频道的精品节目，通过《新闻联播》、《焦点访谈》、《面对面》、《艺术人生》、《经济半小时》、《中国周刊》、《文化访谈录》等，将丛飞的崇高形象传遍千山万水。深圳特区报社、深圳报业集团、深圳市委宣传部先后作出向徐华学习的决定。徐华先后被授予"深圳市劳动模范"、"广东省劳动模范"、"全国五一劳动奖章"、"全国劳动模范"等荣誉称号。

[2] 王克勤，1964 年 11 月生，甘肃省永登县人。曾任《中国经济时报》首席记者、《经济观察报》总编助理，是中国当代著名揭黑记者，被评为 2004 年中国十佳曝光勇士。警方曾派 4 名刑警荷枪实弹进驻他家保卫安全。2011 年 9 月 28 日，王克勤在新浪微博称，"本人已辞别工作了 10 年的《中国经济时报》，加盟《经济观察报》，任总编辑助理，正在组建调查报道团队"。2013 年 2 月 27 日他离开《经济观察报》，调查报道团队被解散。资料据百度百科。

[3] 扩展到全球范围，记者也是高危职业。据《中国青年报》2003 年 4 月 11 日报道，4 月 8 日在巴格达，西班牙电视五台摄像师何塞·科索、英国路透社摄像师普罗兹尤克、卡塔尔半岛电视台记者塔里克·阿尤布相继死于美军炮火。据统计，伊拉克战争以来，已有 13 名战地记者死亡。据《广州日报》2012 年 11 月 23 日报道，法新社 22 日援引数据称，2012 年已有 119 名"一线"记者死亡。此前 14 年中，死亡人数最多的年份是 2009 年，共计 110 名记者失去生命。2008 年这一数字为 102 人。

[4] 参见《胡锦涛等重视记者大同殴毙案要求迅速查明情况》，见中国新闻网，2007 - 01 - 24。

[5] 陈国权：《气喘吁吁的全媒体记者》，见人民网，2012 - 01 - 12。

［6］范以锦，南方日报社原社长兼总编辑，南方报业传媒集团原董事长。现任广东省新闻工作者协会主席，暨南大学新闻与传播学院院长、教授。曾被《传媒》、《今传媒》、《南方周末》等媒体评为"中国传媒年度人物"、"最具影响力传媒人物"、"最具创新成就传媒人物"、"最具赞许人物"等。2012 年获得广东首届"新闻终身荣誉奖"。引文系 2013 年 8 月 23 日，在深圳《宝安日报》"社区传媒创新发展论坛"上本书作者采访范院长时的记录。

［7］1960 年，意大利导演费里尼在电影《甜美的生活》中塑造了一名善于偷拍的摄影记者帕帕拉佐（Paparazzo），自此，这个词的复数形式 Paparazzi 便被人们用来称呼那些专挖名人隐私的记者们。后来被香港人形象地翻译成"狗仔"。

［8］参见［美］法兰西斯·迪利：《华尔街日报》，北京，企业管理出版社，1998。

目 录 CONTENTS

C　幽默感 / 157

　　记者想讲一个动人的故事，还要像小品明星赵本山、潘长江那样，善于用幽默、悬念等手法给故事情节嫁接亮点。那你就当一回出色的小品演员吧，"谢谢啊——"

D　法纪论 / 205

　　记者讲故事，也要顺从游戏规则，避免踏入雷区。保存自己，才能揭露阴暗。那你就要当一位"新闻律师"喽。你看，网络突发的爆炸性消息，如何辨别真假？传说中见官大一级的"无冕之王"，稍不留神就会引来指责，难也！

跋　知足常乐 / 266

引论　给我一个动人的故事吧！

　　记得是北京奥运会落幕的夜晚，在深圳梅林的一个饺子馆，我和"新闻奖专业户"毕国顺[1]、男高音王大军推杯换盏，高谈阔论。忽然，我想起要写一篇论文，是前不久去复旦大学研修的启示。

　　脑海里浮现出博导们推崇的一句话："给我一个动人的故事吧！"这是《华尔街日报》激情四射的著名口号。我刚说出这句名言，对面的两个东北人就调侃道：那你就讲个新闻脑的故事吧。因为他俩知道我每逢授课都要先侃一通新闻脑的理念。[2]

　　不过，将"故事笔法"与"新闻脑型"联系起来，还真是个富有想象力的好主意。

　　后来，我在全国新闻核心期刊《新闻实践》上发表了一篇论文[3]，分析《华尔街日报》如何以悬念、冲突、幽默、动感等手法，对新闻人物和事件进行情境描述和深度分析，将新闻脉络和枯燥数字巧妙推演为故事报道，让人阅读上瘾。

　　这也引发联想：美国记者讲故事不是直接来自"新闻手"的记录，而是缘于背后"新闻脑"的中枢指令。

　　这篇论文沉淀了几年，如今我发现它竟然仍可以作为本书的引论……

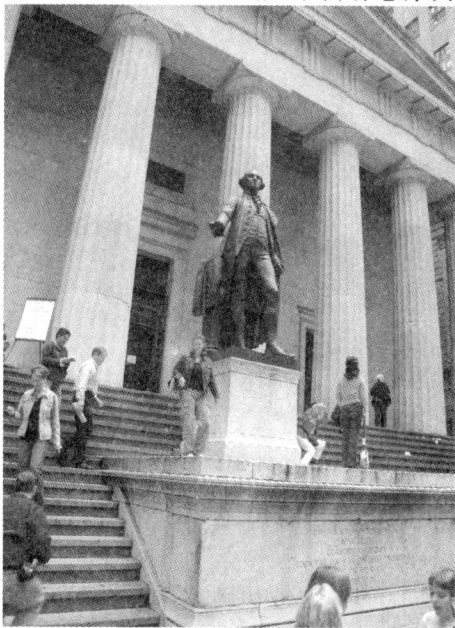

华尔街掠影。

一、"华体"故事笔法的中国式解读

1. 为何从"华体"讲故事流脉谈起?

人类从诞生起,就离不开新闻信息。那些口头、文字、声像、视频、网络、手机等等新闻载体的兴衰轨迹,记录和催动了社会进步。唐朝孙樵所记的《开元杂报》、1609 年德国《关系报:总汇消息》,以及《泰晤士报》、《纽约时报》、《读卖新闻》等百年大报都洋溢着故事笔法的灵感。特别是这种笔法真正上升为新闻学范畴,则不能不提及《华尔街日报》。

1889 年 7 月 8 日,三位激情四射的年轻记者创办《华尔街日报》。他们是:查尔斯·亨利·道、爱德华·琼斯和查尔斯·博格斯特莱斯。然而,报道中那些枯燥的财经术语,令普通读者感觉晦涩难懂,也让专业人士感觉平淡,于是报纸的生存危机就难免了。

1912 年春天,酷爱狄更斯小说的克拉伦斯·巴荣自任总编辑[4],天才地提出一篇好稿件就是"说一个故事"[5],并策划了诸多刺激性报道,大胆揭露财经内幕,令人刮目相看。可惜,在他任内尚未形成"讲故事"的明晰路径。

本书作者在纽约华尔街留影。

1929 年 6 月,巴尼·基尔格尔进入《华尔街日报》。这位马克·吐温小说的粉丝[6],曾在"亲爱的乔治"专栏写下大量精彩文章,并赢得罗斯福总统的公开赞赏。他任总编辑后,改变了巴荣的"讲故事"角度,提出"不是把故事讲给银行家听,而是讲给银行家的客户听"。他要求编辑在记者稿件中巧妙地穿插情趣,使之"看起来像报纸,读起来像杂志"[7]。在其苦心"编织"下,该报形成"讲故事"流水线，并成为日发行 100 万份、风靡全美的大报。

2007 年 6 月 28 日，76 岁的鲁珀特·默多克忽然全球大热，是因为他透露了吞并《华尔街日报》的秘密，立刻引起该报记者编辑罢工。2008 年 5 月《华尔街日报》改版上摊，以"纽约读本"叫板《纽约时报》。"华体"从此进入第三个"讲故事"时期：从长篇分析评论的非事件性报道，转为偏重破解突发新闻内幕的深度报道；从传统的重点揭示重大财经新闻的真相，发散为时刻追踪世界和美国重大社会热点，并为这种"特稿"设立了"最新专栏"。

为抢占全球传媒制高点，该报讲故事的选题范畴为：

（1）全球热点。追踪灾害、战争等世界热点话题。譬如伊拉克战争、叙利亚内战，萨达姆被绞死、卡扎菲被杀、拉登被击毙，汶川大地震、日本大地震，钓鱼岛冲突、乔布斯逝世、李娜法网夺冠、斯诺登逃离美国，等等。

（2）财经大势。盯住世界经济每天发生的大事件。这是该报作为财经大报的主题。譬如《鸵鸟效应可怕吗?》描绘了这样的效应：在股市，投资者不再觉得自己"牛"，但也不会成为"熊"，因为你可能变成了"鸵鸟"。

（3）科技发明。这是顺应美国人的一个传统偏好。无论是轰动的、朦胧的还是有趣的天才发明，都会让美国人饶有兴致。譬如《狗活一年真等于人活七年?》质疑这个似乎根深蒂固的看法；《粒子对撞揭开宇宙秘密》针对科学家计划启动全世界最强大的粒子加速器提出疑问：这是否会引发黑洞让地球毁于一旦呢？

（4）中国话题。这是东方大国崛起引发的高频见报。如 2012 年 12 月 4 日《读报：外媒评中国领导人要求收起红地毯》报道："习近平上个月就任中共中央总书记后首次发表的公开讲话有着不同寻常的直率，他直接指出许多高级官员的那种帝王做派对中国共产党继续维持执政地位构成了威胁。报道说，习近平上世纪 80 年代末任厦门市副市长时，他住在单位宿舍里，自己洗衣服，并在单位食堂就餐。"[8]

2009 年，《华尔街日报》销量惊人地达到 202 万份，升至美国报媒第一位；2011 年 2 月，与苹果公司合创 100 个版的 iPad 网络报纸《The Daily》[9]，以每周 99 美分的低廉价格，赢得上亿人次的下载量。尽管《The Daily》23 个月后上演绝唱，但其试探性的"报纸接收器"、强硬的"网络收费墙"，让该报握紧了主语话筒，仅 2011 年底销量就达到 211.8 万份，远远甩开《纽约时报》。[10]

全球传媒人缘何关注《华尔街日报》？其直接原因显然有两个：一是"华体"笔法飞扬的气场，让人像看故事一样津津有味地鉴赏"特稿"；二是"华报"盈利模式的能量，使其身处上百家报纸申请破产的狂潮竟然屹立不倒，逆势勃发，创造了世界报业的一个奇迹。[11]

眼下，报纸文字、电视画面、广播声讯等传统传播业态正遭受网络新媒体文字、图片、视频的快捷、海量、互动等多维包抄，特别是网络和手机的奇特捆绑——微博、微信等自媒体横空出世，以及必将来临的三网融合，令传统媒体难以掩饰内心的惶恐：谁能够抵抗新媒体的冲击？报纸将会消亡吗？《华尔街日报》的故事笔法，像是大海里幸存的一艘邮轮，怎能不让人发出求救的信号？

2. 写新闻和讲故事的异同

对中国记者来说，1998年法兰西斯·迪利的专著《华尔街日报》中文版问世，是一个重要事件。因为随后网络新媒体呼啸而来，传统媒体生存模式发生动摇，这部专著催化《华尔街日报》笔法（亦称"华体"笔法）在中国学院和媒体成为前卫理念。

《华尔街日报》笔法，其实是记者借鉴文学创作中的故事描绘手法，通过伏笔、冲突、趣味、幽默等戏剧性、冲突性、悬念性片段，让人"如临其境，如见其人，如闻其声，具有激起读者共鸣的力量"[12]。该笔法强调视觉动感，逼真地再现人物和事件的现场画面，并通过叙述事件的来龙去脉，揭示其背后的规律特点。因此，从某种意义上说，《华尔街日报》笔法也是一种深度报道方式。

所谓故事，俗称以前发生的事，可能是真实的事，也可能是虚构的事。

故事笔法是一种文学叙述手段，指作者对某一事件的延伸主线、情节片段、人物特性等进行的逼真描述。

写新闻借鉴故事笔法，是通过运用故事记述的特殊方式和技巧，再现新闻事件的场景，阐述其发生发展的缘由。我们拆分故事笔法的选题、结构、角度、悬念、亮点、深度等关键点，融入特殊通道、第二落点、幽默导语、动画意识、情报新闻、暗访秘录等理念，其实只是说明："华体"并不神秘，就像讲述一个动人的故事罢了。

新闻和故事具有相同点：一是目的相同，新闻要传播、要耐看，故事也要吸引人、要有趣;二是元素相同,要回答什么时间、什么地点、什么人、什么事、为什么、怎么样;三是技巧相同,都要讲究落笔的角度、悬念、动感、趣味等。

新闻和故事也明显不同:一是性质不同,新闻是以真实为基础,故事是以虚构为主体。二是结构不同,新闻报道是倒金字塔,要把信息内核放在第一段落作为导语;故事叙述是正金字塔,要把趣味内核放在水落石出的结尾。三是功能不同,新闻是第一时间传递给受众想知情的新信息,以引导主流舆论;故事是以出乎意料的情节感染读者,以传递一种哲理……

写新闻就像写故事,强调的是"像",不是"编",是指借鉴故事笔法灵动描绘新闻的一种境界。因为报纸、电视、网络和 iPhone、Samsung 一样,只是一种商品而已,能否像初升的太阳那样,每天都以鲜活的新闻温暖受众心灵,关键是稿件能否将故事娓娓道来。哪怕有一天"电纸报"替代了传统纸媒,甚至《哈利·波特》中的魔法报纸梦想成真,"带按钮的兰开夏晚报"风靡全球——一张半透明的胶片可以像纸张一样折叠和携带,轻轻触摸就会出现 3D、4D 视频![13]也只能说明拯救传媒需要电子载体不可思议地涅槃,也只能导致媒体开始崇尚渠道为王、用户为王、粉丝为王,却改变不了记者的天职:新闻为王!

人类对于新信息的知情欲望与生俱来。新媒体虽然将逐步统治世界,"纸"可能会消亡,但"报"却将继续存活。传媒生存的内核是以新闻赢得受众,稿件耐读则是传播张力的源泉。无论《华尔街日报》如何崇尚"独立办报","正确使用真理",坚守的仍然是满足受众的知情权。

默多克曾解释:把故事讲给银行家的客户听,隐藏着一个精深的盈利逻辑,即以调查报道逼近真相,新闻人才能获得尊重、市场和金钱;传媒无论以枯树为载体,还是以网络为载体,发现和传播新闻都是媒体的天职;其中办报赚钱的数学非常浅显。

3. 讲故事的结构模式和关键节点

《华尔街日报》从趣味情节引入报道主题,目的是分析热点现象,揭示新闻真相。要牵引读者思绪流畅地滑入下一个新闻画面,在结构上则要精心设置,使叙述层次清晰,场景交接自然。

"华体"专家王晓露认为,"华体"故事笔法突出的是"剥竹笋般的新闻叙事结构"[14]。新闻学者张志安则形象地描述："'华体'结构就是一个葫芦。"[15]

历经百年探索，"华体"故事笔法形成了两种成熟的结构模式：叙述式、叙论式。前者以叙述事件来分析该新闻的本质，后者以夹叙夹议来推导该事件的哲理。

导语：叙述式导语，往往是一个饶有趣味的新闻，以一段像"鱼饵"般具有诱惑力的文字，挑动读者的好奇心来开头，切入事件报道；叙论式导语，则以一种有趣的现象、一个幽默的哲理来开头，强烈吸引读者，引入报道主体。"华体"专家廖卫民曾评价："这类似于大餐前的开胃酒或精美的甜点，它能使读者在准备咀嚼诸如债券、期货等信息之前，先接触到甜美之味。"[16]

此时，新闻导语不再追求教科书的"5W"，而是以趣味、悬念等手法，引导读者思维进入新闻主体。如2008年美国面临金融海啸，《巴菲特高盛入股记》[17]导语描绘：

在过去6个月信贷危机袭来的日子里，亿万富翁巴菲特打发走了一个个低眉顺眼的华尔街公司。他说，昨天我正坐在奥马哈的办公室里，腿跷在桌上、喝着樱桃可乐、吃着坚果，突然接到高盛一位投资银行家的电话。他以罕见的直率上来就追问我：请告诉我，你会考虑以哪种方式投资高盛？

主体：从导语过渡至新闻报道主体，其使命是依照逻辑顺序推导出新闻主题。其中叙述式的人物故事情节起伏跌宕，容易引导读者进入猜测状态；而叙论式的主体部分，导语讲述的人物可能不再是新闻主角，代之为夹叙夹议的数字、事例、故事、人物或观点，让受众乐于参与分析热点话题。

结尾：叙述式会再度让导语人物或故事亮相，使结尾与导语相互呼应；而叙论式则可能在结尾揭示一个哲理，升华主题，如《冰岛又要捕鱼为生？》[18]导语讲的是银行高级职员戴维森的命运，但在结尾却是冰岛首相的呼吁：捕鱼吧！

故事笔法有许多关键节点，包括伏笔、亮点、幽默、动感等，但最突出的是悬念和冲突。

所谓悬念，是新闻事件的脉络延伸发生突变，造成逻辑链条出现断点，致使受众知情欲望逼近陡崖的心理感受。直接后果是令受众对新闻未知情境陷入急切猜测、渴求结果。悬念笔法贯穿于新闻稿件的各个环节，不仅导语从幽默生动的角度制造悬念，以激活读者的好奇心，而且新闻主体也以悬念引发读者的获知欲望，使其进入期盼阅读状态，去推导出逻辑哲理。

《巴菲特高盛入股记》描绘巴菲特接了一通电话后，高盛宣布巴菲特将向其投资 50 亿美元，这被许多人看作投给美国金融的一张信任票。当日高盛股价上涨 7.95 美元，至 133 美元。但后续悬念是：

如果国会通过救助计划，他将能大赚一笔；如果国会不能通过救助计划，所有的赌注都将血本无归，他在高盛以及所有其他投资将被扼杀。

连带悬念更惊心动魄：

高盛似乎错误估算了危机的严重程度，公布了自 1999 年上市以来最差的一次季度业绩，巴菲特惊呆了："我应该继续吗？"

"这就好像是一个女人在脱了一半的衣服后问'我可以继续吗？'即便你是个 90 岁的无能老头，你也会让她继续的。"至纽约证交所闭市时，巴菲特敲定了这桩投资交易。

报道结尾又出现了新悬念：

已投资 240 亿美元的巴菲特还会在华尔街上有作为吗？

巴菲特说，他对 AIG（American International Group，美国国际集团）的某些业务依然有兴趣："我还剩一点钱。"

冲突，是指新闻事件两种以上因素或力量的相互碰撞状态。德国社会学家齐美尔认为冲突是一种互动。解决冲突，就要寻求改变现存方式的途径，包括回避、迁就、强迫、妥协、协同等。[19]新闻事件在冲突中起伏跌宕，才能给读者释解悬念，并带来阅读快感。《新泽西买房记》[20]记述的冲突如下：

人物："我"和妻子克拉丽莎

背景："我"是《华尔街日报》记者，最近从达拉斯调往纽约工作，因此发生了买房的故事。

经过：先是遇到别人也看中了同一套房子的冲突；再是"我"与妻子克拉丽莎对第二套房子看法不同的冲突，随之上演了一场婚姻危机；"我"看好第三套房子却遇到价格从 66 万美元提高到 68 万美元的突变。这一过程中房屋经纪人有从中捣鬼的嫌疑。这是美国人买房都会遇到的难题。每次冲突都带来房子能否买到的悬念。

结局：最后出乎意料的是第一次看过的价格为 58.5 万美元的房子，因另一位买主没有搞定贷款，"我"终于可以买下了！

冲突摆平，悬念化解了。这则报道，看似某一个美国家庭发生的故事，却是许多美国人都会遇到的难题。

二、"新闻脑"对故事笔法的深层影响

新闻人讲故事，有人压力重重，有人愉快轻松。何也？是新闻天赋不一样？是新闻嗅觉有差异？

"新闻鼻"留下一个研究线索：是谁在背后起支配作用呢？

"新闻脑"，是指人脑具有的新闻思维中枢系统。"新闻口"、"新闻手"、"新闻鼻"、"新闻眼"、"新闻耳"、"新闻腿"等必须依照"新闻脑"的指令行事。"脑"支配"口"、"手"、"鼻"、"眼"、"耳"、"腿"，而后者则是"脑"的外化。可见，"新闻脑"一词并不神秘，它只是对人脑新闻素质的象征性描摹。即记者讲故事，并不是简单地来自"新闻口"的叙述、"新闻手"的记述，而是源于背后中枢"新闻脑"的调控。

据美国心理学家路肯对2 000名双胞胎的研究证明，人脑基因将伴随人的一生，哪怕中了彩票，一夜暴富，或发生车祸，身陷轮椅，最长不超过3个月，天生爱别扭的人还会别扭，天生爱高兴的人还会高兴，思维类型难以替代。这说明，记者讲故事也要受天赋的左右，受"新闻脑"的驾驭。

本书将"故事笔法与新闻脑型"作为引论，目的是说明深藏"新闻鼻"背后的"新闻脑"是讲故事的主宰。这个理念也许会让你拿到在媒体"苦中作乐"的一把钥匙。

在思维气质这个范畴，繁杂的"新闻脑"大致分为5种类型：

1. 激情型"新闻脑"

激情型"新闻脑"即面对新闻事实，记者编辑会在情绪上立刻表现为激动、欢愉、愤怒或哀愁的"新闻脑"。这种脑型的特点是：（1）新闻嗅觉十分敏感。（2）情感震波直线上升。这种"新闻脑"往往会在通讯、报告文学上有建树。此类记者遇到令人感动的线索，往往会立刻奔赴新闻源，如饥似渴地搜寻素材；写稿时，常常会一边激情落笔，一边默默流泪。此类记者也往往是"写稿机器"，不知疲倦。尤其是那些"名记"，陷于新闻的喜怒哀乐之中，胸中荡漾起伏着潮水，字里行间无不流淌着真情实意。汶川大地震发生后，一篇网文广为流传：

发现她的时候，她已经死了，透过那一堆废墟的间隙可以看到她死亡的

姿势：双膝跪着，上身向前匍匐着，双手扶着地支撑着，有些像古人行跪拜礼，只是身体被压变形了。救援人员从废墟的空隙伸手确认了她已经死亡。救援队长费力地把手伸进去摸索，突然，他高声喊："有人，有个孩子，还活着！"经过一番努力，人们小心地把挡着她的废墟清理开，发现在她的身体下面躺着她的孩子，包在一个红色带黄花的小被子里，大概有三四个月大，因为有母亲的身体庇护着，他安静地睡着。随行的医生解开被子准备做些检查，发现有一部手机塞在被子里，医生下意识地看了下手机屏幕，发现是一条写好的短信："亲爱的宝贝，如果你能活着，一定要记住我爱你！！"[21]

手机传递着，看惯了生离死别的医生在这一刻落泪了，每个看到短信的人都落泪了。人们相信，记录这一片段的作者，也是流着泪水写下它的。

2. 跳跃型"新闻脑"

跳跃型"新闻脑"即记者编辑按逻辑顺序采写或编稿时，惯于跳跃式地记叙新闻事实的"新闻脑"。这种脑型的特点是：（1）分析路径惯于跳跃。（2）逻辑推导避轻就重。此类"新闻脑"思维张力极大，突出地表现在有成就的记者身上。普利策新闻奖作品的突出特点，就是对这种脑型的最好诠释：记叙新闻往往以很短的文字形成一个段落，而段落间既有逻辑连接，又舍弃细枝末节，形成推理跳跃。据美国《西雅图时报》高级记者巴娜金斯基分析，这种脑型往往对消息、现场新闻有浓厚兴趣。因为其习惯于运用"跳笔"、"跨笔"，链接一个个场景，使新闻事实"动"起来，让读者体会文字生命的美妙。

"美国之音"播过一条消息：

纽约一个刚刚失业的工人，在地铁站看到一个盲人跌下站台，摔倒在铁轨上，这时列车正在进站，眼看要撞到盲人。这名失业工人立刻跳下站台，救起了盲人。第二天报纸报道了这件事。

结果，这位失业工人接到了两个电话。

一个电话是总统打来的。

"你是××先生吗？"

"是。"

"我是罗纳德·里根。"

"请不要开这种玩笑，我刚刚失业，没有心情开玩笑！"

"不是开玩笑，我确实是里根。我要代表美国人民感谢你。"

另一个电话是这位工人原来的老板打来的。

"我看了报，你干得不错。我已经改变了决定，你明天可以来上班。"[22]

这篇消息从头到尾像是闲聊，似乎在讲述一件极平常的小事，却留下许多趣味和联想。其写作手法寥寥几笔，看似写意，但高明之处正是省略了细枝末节，跳跃地讲述了一个完整的动人故事。

3. 思辨型"新闻脑"

思辨型"新闻脑"即思维方式善于追踪新闻事实背后规律和特性的"新闻脑"。这种脑型的特点是：（1）思维路径延伸深远。（2）联想振幅扩展宽泛。思维方式归属于此种的记者编辑，往往思路开阔，善于分析，笔调凝重，大开大合，在新闻评论、分析报道上得心应手。CCTV 大型调查节目主持人王志，被专家们鉴定为典型的理性记者："荧屏上的王志，给人的印象是冷静沉着、饱经沧桑又睿智机敏，甚至他质疑的目光、探询的身姿，当然还有他良好的文化修养，都是新闻调查这样大型的新闻评论类节目所需要的。"[23]的确，无论是直面 SARS 医学权威钟南山、太空人杨利伟，还是以 82 岁高龄勇敢迎娶 28 岁新娘的诺贝尔奖获得者杨振宁，王志都在逼近新闻的幕后真相。"质疑是我的一种追求"，王志曾这样说。他的"新闻脑"显然是属于思辨型的。拥有这种脑型的记者，面对任何新闻素材，都会追问为什么。就连写消息也会萌生评议新闻的冲动。

CCTV 大型调查节目主持人王志在访谈中。

获得普利策批评奖的《赖斯的惊艳亮相》，是《华盛顿邮报》记者罗宾·基万的手笔。他采访一袭黑衣抵达威斯巴登空军基地的美国国务卿赖斯：

只见这位女强人的黑裙子外面，罩着长及小腿中部的黑色风衣，沿着风衣前襟一溜排下的七颗金色纽扣以及立式的衣领，像是海军陆战队的制服，或是电影《黑客帝国》中基努·里维斯的那身行头。

对此，罗宾·基万四下扫描，妙笔生花，围绕赖斯向士兵们致意时，风突然掀起了她风衣的前襟，露出了高至膝盖的靴筒和腿部线条，从而引起的性骚动，分别对强势女性、美国政客和世俗观念给予不同视角的抨击，让人拍案叫绝。

4. 幽默型"新闻脑"

幽默型"新闻脑"即惯于对新闻亮点进行夸张、讽刺、比喻、对比等幽默描述和评论的"新闻脑"。这种脑型的特点是：（1）思维线路起伏延伸。（2）激活亮点夸张搞笑。该新闻脑型是珍品，非常难得，善于在言论和通讯上添加幽默亮点，往往会拥有众多粉丝。虽然中国人的思维路径与欧美人的幽默习惯差距明显，但是近年来涌现出许多幽默作品：《天哪，贪官还"拳拳之心"》、《哪天开办"准吃证"呢?》、《印花税顶多就是"春药"》等。《一只鸡的生活意见》以拟人手法进行嘲讽，发人深省。《人民日报》为此刊发时评《鸡吃药，人有权知道》[24]，对食品安全提出警示。

5. 平和型"新闻脑"

平和型"新闻脑"即记者编辑思维平稳，情绪沉静，按规矩采写，照流程编辑的"新闻脑"。在现实生活中，这种脑型的特点是：（1）情绪稳定，兢兢业业。（2）头脑冷静，按章办事。媒体日常的大量报道稿件，需这种吃苦耐劳的"平和型"记者去完成；大量繁琐编务，需这种"平和型"编辑去应对。他们往往像蜡烛般"牺牲自己，照亮别人"，是媒体不可忽视的支撑力量。这类记者编辑由于踏实卖力，经验丰富，即使面对汶川大地震、击毙拉登、"神十"飞天、叙利亚危机等突发新闻，也不会像"激情型"记者编辑那样情绪难控，而是冷静地按程序采编。

"新闻脑"的粗线条划分，类似人的气质分为多血质、胆汁质、黏液质和抑郁质等类型一样，表现在某个人身上往往是以某种为主，兼有别样。某新闻人可能以"思辨型"为主，兼有"激情型"色彩；而"激情型"的又可能带有"跳跃型"的某些风韵。譬如有的"新闻脑"是思辨型、激情型、跳跃型、幽默型、平和型的混合脑型，就归结为复合型"新闻脑"吧。

人的一生是短暂的，干新闻的时间是有限的。人不可能在媒体所有岗位都有建树，但可以审视确认自己的新闻脑型，据此明晰从业优长。看清楚自己擅长新闻编采、新闻策划还是新闻经营，从而扬长避短；弄明白自己的长项是写消息、编通讯还是搞评论、拍图片、剪视频，从而成为特色记者。这对刚选择新闻职业的人有借鉴作用，对熟练记者编辑也有益处，甚至对改行当记者的也有启迪。譬如外语人才当记者，采访外国政要、企业家、运动员，语言无障碍，还可开辟"浦东蓝眼睛"、"英国人在虹口"、"大栅栏的俄罗斯人"等专栏。依据"新闻脑"来定位，寻求个人价值的最大实现，将为你打开一扇大门。

你能写出一篇动人的故事吗？

首先，记者要当一个瘾头十足的渔夫，千方百计捕捉新闻大鱼；

然后，记者要当一位手艺神奇的大厨，灵感迸发烹制报道佳肴；

接着，记者要当一回出众的小品演员，幽默搞笑穿插稿件亮点；

最后，记者要当一名精明的新闻律师，依照法规获取采写保障。

如此这般，当记者也许能在讲故事中享受快乐。

中国人很会讲故事，譬如《三国演义》、《西游记》、《水浒》、《红楼梦》等浩如烟海的名著，情节错综复杂，人物活灵活现。中国记者也早就有过故事笔法的应用。从《关广梅现象》、《基金黑幕》、《死亡名单》、《一块煤的利益之旅》、《车陷紫禁城》，到《紫金梦魇》、《江西宜黄拆迁"自焚"惨剧再调查》、《大 V 近黄昏？》[25]等众多深度报道，都以深刻揭示新闻事件的真相，让人心灵深深震撼。令人欣喜的是，如今故事笔法在中国记者的发挥下，不仅植入财经深度报道，还延伸到现场新闻、灾难新闻、风貌通讯、综合报道、会议报道、体育新闻、娱乐新闻、网络新闻等体裁上。故事笔法不仅得到了记者的偏爱，也得到了受众的推崇。

莫言的那篇《讲故事的人》，是他获得诺贝尔文学奖在瑞典学院发表的主题演讲。这位令中国人自豪的小说家，最后说了一段让人印象深刻的话："我是一个讲故事的人。因为讲故事我获得了诺贝尔文学奖。我获奖后发生了很多精彩的故事，这些故事，让我坚信真理和正义是存在的。今后的岁月里，我将继续讲我的故事。"[26]

这段话，让人感慨：记者也是一个讲故事的人。讲故事的笔法不仅让受众逼近事件的真相，也会让人相信，无论世间发生多少悲剧和荒诞，人类的真理和正义都是存在的。因此，记者知道的故事也将永远讲下去。

注释：

[1] 毕国顺，1948 年出生，哈尔滨人。1968 年开始在黑龙江生产建设兵团从事新闻工作，就读于"北大荒新闻系"。1980 年起在《黑龙江日报》拼搏 15 年，曾为老山前线战地记者，1988 年获评高级记者职称。1995 年任《黑龙江经济报》总编辑，1997 年任深圳《焦点》杂志总编辑，2001 年任深圳市政协《鹏程》杂志总编辑。《最后的冲刺》等多篇通讯获中国新闻奖。其中《激光一样的品格——记著名激光专家、哈工大教授马祖光》被人民教育出版社编入高中课本；《他就是最可爱的人——访著名通讯〈谁是最可爱的人〉中的"活烈士"李玉安》，引起新华社、港澳媒体等百家媒体记者蜂拥采访，《朝鲜新闻》全文转载。因其几乎每年都有新闻作品获得大奖，被同行戏称为"新闻奖专业户"。

[2] 参见《说说"新闻脑"》，载《新闻传播》，1998（1）。

[3] 参见耿伟：《给我一个动人的故事吧！——华尔街日报故事笔法的中国式解读》，载《新闻实践》，2009（3）。

[4] 参见［美］法兰西斯·迪利：《华尔街日报》，15、16、23 页，张连康译，北京，企业管理出版社，1998。克拉伦斯·巴荣身高 165 厘米，体重 146 公斤，绰号"海象"。1902 年购得《华尔街日报》，10 年后面临破产边缘，仅发行 7 000 份，经过他 16 年的努力达到 5 万份。

[5] 同上书，24 页。

[6] 参见上书，34、38 页。

[7] 同上书，51 页。

[8] 刘罡：《读报：外媒评中国领导人要求收起红地毯》，见《华尔街日报》中文网，2012-12-05。作者为该网编辑兼专栏撰稿人。

[9] 参见《首份 iPad 电子报 The Daily 倒闭》，见人民网，2012-12-07。2012 年 12 月 3 日新闻集团宣布 12 月 15 日《The Daily》"绝唱"。《The Daily》的资产、员工，整合到新闻集团的《纽约邮报》旗下。分析人士认为《华尔街日报》在推出数字阅读后重新找回了纸媒"春天"。

[10] 参见《2011 年世界日报发行量前 100 名排名》，载《新闻记者》，2012（10）。

[11] 参见亚比：《新闻集团第二财季净利润 23.8 亿美元》，见网易科技报道，2013-02-07。新闻集团 2013 年第二财季收为 94.3 亿美元，比去年同期的 89.8 亿美元增长 5%；净利润为 23.8 亿美元，比去年同期的 10.6 亿美元增长一倍以上。

[12] 张元斌：《华尔街日报体新闻的特点及采写技巧》，载《新闻窗》，2009（2）。

[13] 夏乙：《哈利波特的魔法报纸成真：文互式新闻纸》，见新浪网，2012-09-26。英国剑桥 Novalia 公司与中央兰开夏大学、邓迪大学、萨里大学合作，推广交互式智能新闻纸。人们可以通过触摸与纸上的内容进行交互。约翰斯顿出版社用此印刷"带按钮的兰

开夏晚报"。参见搜狐传媒2013年1月9日《"纸质平板"PaperTab如纸张一般可弯曲》报道。

［14］王晓露：《"华尔街文体"与非事件性新闻》，载《新闻导刊》，2007（5）。

［15］本书作者聆听张志安授课所做笔记。时间：2008年暑期，地点：复旦大学新闻学院。

［16］廖卫民：《华尔街日报"中栏报道"特色探析》，载《新闻记者》，2005（9）。

［17］［18］参见Susan Pulliam，Kate Kelly，Matthew Karnitsching：《巴菲特高盛入股记》，见《华尔街日报》中文网，2008-09-25。

［19］参见百度百科名片"冲突"。

［20］参见Neal Templin：《新泽西买房记》，见《华尔街日报》中文网，2008-09-26。

［21］参见《母亲临死手机留言　襁褓婴孩奇迹生还》，见金羊网—新快报，2008-05-17。

［22］参见师旭平：《我是一个叙事者》，载《体育博览》，1999（3）。

［23］欧阳询：《王志与"面对面"》，载《今传媒》，2005（9）。

［24］张铁：《鸡吃药，人有权知道》，载《人民日报》，2012-12-20。

［25］范承刚等：《大V近黄昏?》，载《南方周末》，2013-09-12。

［26］莫言：《讲故事的人》，见新华网，2012-12-08。

A 捕鱼说

　　记者想讲一个动人的故事，必须先当一个瘾头十足的渔夫。面对大量的新闻鱼儿，如何钓上来？"钢头、铁嘴、橡皮肚、飞毛腿"，乃笔者亲身感受也。新闻像鱼钩，标题像钓饵，导语像鱼钩上的倒刺，钓鱼术很精深呀。

A1 突发新闻——手疾眼快捕"游鱼"

在南方冰灾中，高速公路上冰面如镜，周围的山坡上白雪茫茫，没有一个人，也没有一辆车。

忽然，记者睁大了眼睛，远处的冰雪路面上有一个黑影，奇怪呀，近了才发现是一个年轻人，穿着单薄的衣服，鼻子冻得通红，背着行囊，行走在冰天雪地之中……

他叫杜登勇，25 岁，湖南慈利县人，在深圳打工。1 月 24 日，他的女友乘车返回慈利老家过年。不料冰雪封路，被困在湖南株洲境内。得知女友被困生病的消息后，1 月 27 日，杜登勇从深圳出发，坐车赶到韶关，前方的路再也无法通行。当晚 10 时许，他独自一

《南方都市报》报道南方冰灾"小人物"的消息版面（局部）。

人踏上了徒步寻亲路。记者在京珠高速公路发现杜登勇时，他已经在冰天雪地中徒步行走了 16 个小时。就这样，为了寻找被困女友，杜登勇徒步 200 多公里，历时三天三夜，从韶关走到郴州。直到晚上 11 时 30 分，他感觉脚已经没有了知觉……

刘忠平同样是在深圳打工。1 月 24 日，岳父岳母带着他六岁的儿子，从湖北云梦老家前往深圳准备一起过年，也被困在了冰封的路上。获悉岳父的低血糖和胃病又犯了，刘忠平从深圳坐车，辗转赶到乳源大桥镇，带着被子、毛毯和开水，爬上冰封的京珠北高速公路，寻找被困的岳父岳母和儿子。他徒步在雪地里走了 30 个小时后，终于幸运地找到了被困在路上

的亲人。

——摘编自林劲松、张志韬：《徒步寻亲友　雪地走一夜》，载《南方都市报》，2008－01－29。内容有改动。

这两人的事迹见报后，顿时引起轰动。杜登勇、刘忠平被请到香港凤凰卫视，做客《鲁豫有约》，讲述他们徒步冰雪寻亲的故事。对此，有女网友率真地说："嫁人就嫁杜登勇！"还有人称他们为"暴风雪中最让人感动的小人物"。这个故事深深感动了亿万人，也是成功捕捉突发新闻"第一落点"的典范。

在南方冰雪灾害中，众多记者冲上冰冷的第一线，记录下许多感人的瞬间。这让人联想到香港的"狗仔"，莫论刮风下雨、黑天白日，只要是有"情况"，立刻穷追不舍。什么"章子怡汪峰牵手"、"周迅秘恋谢霆锋"，无不真相大白。这种非凡的职业精神赢得了尊重：当记者就是要像猎犬一样，捕捉新闻。

一、"突发新闻"概念的新理解

新闻专家胡振[①]曾发起"悬疑新闻"的研讨。他认为，"悬疑新闻"是对尚未发生的或需要求证的新闻事实进行不置可否的报道，并试图通过存疑来吸引和满足受众知情的期待，以掘进式的报道节奏来探寻新闻的未知。新闻学者陈纪蔚在《"悬疑新闻"：还算"新近发生的事实"？》[②]中举例，2009年2月2日《环球时报》刊载《传奥巴马夫人要生白宫宝宝》的新闻，不少读者的第一反应"是不是真的"，第二反应"可能是真的"，这显然是一条热点新闻。新闻学者刘敬涛则认为"悬疑新闻"是假新闻滋生的土壤。[③]一时间，该命题引起媒体对新闻定义的重新认知。

新闻学与哲学、经济学相比，理论构架的缺陷显而易见：至今尚未找到公认的逻辑起点，缺少由一连串概念推理排列的逻辑链条。有关"新闻"概

---

① 胡振，时任《新闻实践》执行总编辑，曾在该杂志2009年3期组织展开"悬疑新闻"专题讨论。

② 参见陈纪蔚：《"悬疑新闻"：还算"新近发生的事实"？》，载《新闻实践》，2009（3）。

③ 参见刘敬涛：《解剖一则"悬疑新闻"文本——对"范跑跑事件"报道的分析》，载《新闻实践》，2009（3）。

念更是千奇百怪，归纳起来有 5 种主要观点：（1）认为新闻是新发生的事实。如徐宝璜 1919 年在《新闻学》一书中指出："新闻者，乃多阅读者所注意之最近事实也。"胡乔木 1946 年在《人人都要学会写新闻》中提出："新闻是一种新的、重要的事实。"（2）认为新闻是对新近事实的报道。如美国学者约斯特 1924 年在《新闻原理》一书中提出："新闻是已经发生或正在发生的事情的报道。"陆定一 1943 年在《我们对于新闻学的基本观点》一文中指出："新闻的定义，就是新近发生的事实的报道。"（3）认为新闻是受众感兴趣的事实。如美国威斯康汀新闻学院教授白来耶（Willard C. Bleyor）认为："新闻是新近发生的、能引起人兴趣的事实。"美国堪萨斯州《阿契生市环球报》主编爱德华·贺描述："凡是能让女人喊一声'啊呀，我的天哪'的东西，就是新闻。"（4）认为新闻是反常的事实。如美国杂志作家威尔·艾尔士说："反常的事情就是新闻。"美国《纽约太阳报》19 世纪 70 年代采访主任约翰·博加特对一个青年记者说："狗咬人不是新闻，人咬狗才是新闻。"（5）认为新闻是新近事实变动的信息。如复旦大学名教授李良荣认为：新闻是"新近发生的事实的报道"＋"新近事实变动的信息"。[1]

新闻，是能够引发受众萌生知情欲望的新信息。这个概念说明新闻的本质是"信息"[2]，是新闻学科的逻辑起点。**受众**，是指接受新闻传播的对象，包括个人受众、群体受众、大众受众，也包括报纸读者、广播听众、电视观众、网络网民，等等。在绚丽的生活中，可构成新闻的信息海量发生。这情景像是江河中那些长相各异的鱼儿尽情地游动，能否抓到鲜鱼，就看记者这个"渔夫"的本事了。

突发新闻，是指突然发生和突然发现的能够引发受众萌生强烈知情欲望的新信息。从"突然发生"和"突然发现"的角度推理，新闻实质上都是突发的，重复的则只能是旧闻。想不旧，只能去挖掘新素材；否则新闻价值就会减弱或消失。**新闻价值**，是新闻内核所具有的信息能量。这种信息能量的传播力，突出表现在新闻信息的可达空间和振幅大小。测评新闻价值有五个参考坐标：

时效：报道的速度，传递越快价值越高；

---

[1] 本书作者聆听李良荣教授授课所做笔记。时间：2008 年暑期，地点：复旦大学新闻学院。
[2] 新闻专家杨兴祝、王锦华 1991 年就坚持认为新闻的本质是新信息。

人物：事件的角色，名声越大价值越高；

关联：新闻与受众，关系越近价值越高；

情趣：稿件的情节，趣味越浓价值越高；

振幅：传播的效应，反响越强价值越高。

可惜，新闻学尚未发现一个测评新闻价值的严谨公式，这反证了这个学科的理论智慧和应用范畴都存在一个短板。譬如主流媒体选择头条消息时，往往主观性、随意性比例偏大，甚至宣传意图压过新闻价值。[①]

突发新闻的价值很高，是媒体争抢的"第一落点"。据说意大利"狗仔"布伦纳1997年7月偷拍到英国王妃戴安娜与其情人法耶兹在撒丁岛一艘游船上拥抱的图片，欧美各大媒体竞相购买，该图片最后以100万美元成交。从发生时效、获知态势两个角度来分析，突发新闻包括两种情形：

1. 突然发生的新闻

即突然打乱某一时空的社会生活节奏，能够强烈吸引受众萌生知情欲望的新信息。往往事故、灾难、案件最容易成为突发新闻。抗击"非典"、南方冰雪灾害、汶川大地震、鹤岗煤矿大爆炸、王家岭矿难、深圳龙岗大火、温州动车事故、上海地铁追尾、广东乌坎事件、四川什邡事件、钓鱼岛反日游行、北京特大暴雨灾难、四川雅安地震等，都是重大的突发新闻。这种新闻需要记者及时发现和记录。许多年前，获全国第二届好新闻奖的《抢款大盗成过街鼠当场被擒　2万巨款撒向街头失而复得》，全文740余字，及时记述了群众见义勇为追擒罪犯和拾交撒钱的两个主要场面。这一突发新闻的时限很短，可记者对当事人的记述十分准确。[②]

从发生时效来分析，突然发生的新闻分为两种类型：

瞬间突发新闻，是指瞬间突然打乱某一时空的社会生活节奏，能够强烈吸引受众萌生知情欲望的新信息。这是突发新闻的主流，如邓玉娇刺死官员、张海超"开胸验肺"、孙中界断指质问"钓鱼"、"我爸是李刚"事件、富士康员工跳楼、唐福珍自焚、孕妇被缝肛门、佛山"小悦悦"事件、药家鑫案件、钱云会案件、故宫文物失窃、周克华案件、王立军叛逃、雷政富不雅视频、

---

① 参见耿伟：《一版头条的智慧》，载《报道》，2013（8）。

② 参见王德义、耿伟、关小星：《"突发新闻"的一种新解读——从关于"悬疑新闻"的争论谈起》，载《新闻实践》，2010（2）。

美国突然发生"9·11"事件的瞬间

陕西孕妇引产、哈尔滨塌桥、莫言获诺贝尔文学奖、"最美女教师"张丽莉、冀中星爆炸案、北京女童被摔死、小贩夏俊峰刺死城管、"大 V"薛蛮子被拘、6 岁男童小斌斌被挖双眼、王菲李亚鹏离婚、南昌女童被洗衣机绞死、《新快报》陈永洲被拘事件等。当年肯尼迪总统突然遇刺丧命,有消息如下:

【路透社达拉斯 1963 年 11 月 22 日电 急电】肯尼迪总统今天在这里遭到刺客枪击身亡。

总统与夫人同乘一辆车中,刺客发三弹,命中总统头部。

总统被紧急送入医院,并经输血,但不久身亡。

官方消息说,总统在下午 1 时逝世。

副总统约翰逊将继任总统。

这篇快讯译成中文不到百字,5 句话,但新闻内容丰富完整,是一则世界著名的突发短消息。

2001 年美国突然发生"9·11"事件,当时最为严重的是纽约世贸中心大楼的 A、B 座相继被飞机撞中,致使几百米高的建筑物倒塌,人们在求生的本能驱使下四散而逃。这造成了纽约社会生活的轨道突然扭曲爆裂,成为一个世界性突发新闻。因此,CNN(美国有线电视新闻网)、HBO(美国有线电视网络媒体公司)等诸多媒体的记者纷纷冲向出事地点,全球各大媒体也立刻停止原有的节目，直播这一悲惨的事件。全球凝视美国！这就是瞬间突发新闻的力量。

趋势突发新闻，即某一新信息的内核运行动态显示，是能够强烈吸引受众萌生知情欲望的新信息。譬如英国威廉王子迎娶凯特、中国"神十"飞天、薄熙来案件审判、李天一涉嫌轮奸终审等。这种"趋势突发新闻"曾经引起诸多疑问和争论，焦点在于：为何突发新闻能"显露动态趋势"？其实这不难理解。2008 年 9 月 25 日"神七"上天，这是世界瞩目的重大新闻，人们事先已经知道发射时间，但是"神七"发射能否成功？航天员首次太空出舱能否顺利？返回舱能否安全着陆？人们也捏着一把汗。当晚，总指挥长常万全宣布 21 时 10 分许，"神七"在酒泉航天发射场发射升空，进入预定轨道，发射圆满成功时，神州一片欢腾；北京时间 9 月 27 日 16 时 41 分，航天员翟志刚实现中国人首次太空出舱，神州又是一片欢腾；9 月 28 日 17 时 37 分许，在太空遨游两天多的神舟七号飞船返回舱成功着陆，18 时 23 分许，翟志刚、刘伯明、景海鹏三名航天员成功出舱，神州到处一片欢腾。人们如此兴奋，这就是突发新闻的效应。其事件趋势强烈吸引人们的知情欲望，每个时间节点都满足了受众的心理渴求。

又如，2001 年 7 月 13 日，中国代表团在莫斯科申奥的关键时刻，谁都知道最后谜底揭晓的时间和地点，这一新闻肯定是要发生的，肯定会有申奥城市当选，这就是新闻显露出来的趋势。可为何在萨马兰奇读出"CHINA"的瞬间，中国代表团全体成员在现场全都蹦了起来？中国大地为何会立刻一片欢腾？那种忘情，那种拥抱，那些泪水，那些呐喊，经历过的人都会终生难忘。冷静下来，追问为何会发生这种狂热举动，当然是突发新闻所致！因为北京也有落选的可能性。人们仅仅知道该事件的动态，并不知道该新闻的最终内核。联想美国大选，历届都牵动无数人的视线。谁能入主白宫？谁能当上总统？揭晓的一刹那，无不让人突然激动起来，这当然是突发新闻的力量驱使。由此看来，构成突发新闻的最大要素不是"未知性"，而是"突发性"，不是时空要素，而是事件要素。

2. 突然发现的新闻

突然发现的新闻即是早已发生、或是已经发生并在延续的能够强烈吸引受众萌生知情欲望的新信息。这种信息被媒体突然发现并传播后，才能真正实现新闻价值。如山西黑煤窑、三鹿奶粉、罗彩霞被冒名顶替上大学、北大医院"学生治死教授"、"偷菜门"、玩弄女人的"局长日记"、山西问题疫苗、"房叔"蔡彬被举报、"房姐"龚爱爱被曝光、南京饿死女童案等事件，都是突然发现的新闻。高级编辑李延林①有一个特殊的经历，她是首批进入中国第一颗原子弹爆炸区采访的主力记者。那一篇篇爆炸性新闻，都是她以超乎寻常的新闻嗅觉，忘情地穿行于充满新奇感的险境而获得。这种新闻获知态势提示人们，围绕中国原子弹爆炸区的珍贵信息，已经存活于新闻源。谁能发现它、记录它？这对职业记者的热情、胆识和毅力是个考验。

从获知态势来分析，突然发现的新闻有两种情形：

现存突发新闻，即是已经发生并在延续的能够强烈吸引受众萌生知情欲望的新信息。当它被媒体突然发现并传播后，其较高的大众传播价值才会拥有生命光彩。如周久耕天价烟事件、张悟本涉嫌虚假宣传、局长微博约会开房、郭美美炫富、上海染色馒头、双汇瘦肉精事件、微笑局长成"表哥"、刘志军贪腐案等。在阿尔泰峡谷，有一个弯月牙形的哈纳斯湖，那里有关"水怪"的传说令人称奇：当地老乡说，露出水面的鱼头就有小汽车那么大，背上的鱼鳍约有 4 米，嬉戏时掀起的波浪有十几米高，湖边涉水的牛犊亦有被大鱼吞吃的。后来，一条爆炸性消息《哈纳斯湖发现巨型大红鱼》②见报，吸引了全世界的科考视线：

1985 年 8 月，《新疆日报》记者李延林在采访一个国际节水会议时，偶然获知有人在哈纳斯湖发现了大红鱼（学名哲罗鲑）。她立刻意识到这是一条爆炸性新闻。几经周折，当晚她找到科考队总指挥向礼陔的家，向教授给她播放了现场录像：7 月 24 日上午，考察队登上哈纳斯湖南端 700 米高的山头，往崖下一看，大家一片惊呼。只见湖面上静静卧着几十条巨型大红鱼，每条鱼间隔几十米左右，只有个别的两条挤在一起。考察队员迅速拍下照片，并用长绳子拴了一只烤羊腿，划着小船放入湖中央，可大红鱼就是不咬钩。大家猜想可能是大红鱼不吃死羊，又拴了两只鸭子放到湖里，可一条大红鱼围着鸭子游动，还是不咬钩。向教授将小船和大红鱼的身影进行比照，发现大

① 李延林，女，1952 年出生，陕西延安人。深圳特区报原编委、新闻编辑中心主任、高级编辑。她在《新疆日报》工作期间，以非凡的冒险精神，成为中国第一个穿越塔克拉玛干沙漠的女记者。在中国第一颗原子弹爆炸区采访后，写下《在这片神奇的土地上》、《现在可以说了》等 8 篇精彩通讯。
② 李延林：《哈纳斯湖发现巨型大红鱼》，载《新疆日报》，1985-08-11。

红鱼比小船长几倍，鱼体长约 10～15 米，鱼头宽度至少在 1 米以上，估计鱼重超过 1 000 公斤。向礼陔教授还分析了大红鱼繁衍的自然条件：一是哈纳斯湖位于额尔齐斯的分支，上下游进出水口很狭窄，大红鱼游不出去；二是当地人不吃鱼，为大红鱼的生存提供了充足食物。

第二天消息见报后，立刻引起日本、美国等国际科考界热烈反响，直到今天仍有许多专家前去探寻。当地也成为著名的旅游区。这条消息的启喻是：有关水怪、大红鱼的传说早已存在，只有在发现并证实后，才成为一条现存突发新闻。

尘封突发新闻，即是早已发生，因某种原因被遮蔽的能够强烈吸引受众萌生知情欲望的新信息。这种新闻因某种原因被埋没，一旦被媒体突然发现并传播后，就会以新颖感强烈吸引受众的关注。如 1964 年 10 月我国第一枚原子弹准备爆炸前，侦察飞机拍回的照片让总指挥张爱萍上将惊呆了：人迹罕见的沙漠爆炸区竟然发现有人！这一绝密消息，许多年后才被一家报社记者获悉，刊发了报道《原子弹爆炸前的意外发现》：

【本报讯】1964 年 10 月某日，在中国西部核试验基地上，举世瞩目的爆炸时刻快到了。

一架飞机从高空拍摄的一组照片使将军惊呆了——原子弹命中区有人活动！

"马上调查！"将军紧急命令。侦察机进行高空追踪，一批有丰富侦察经验的官兵组成小分队开赴沙漠，实地调查。

3 天后，意外发现，是一伙早巳销声匿迹的"马匪"——国民党马步芳、马鸿逵的残余部队。

这支有一二百人的杂色队伍，破羊皮袄一块一块像秋天即将飘落的黄叶，挂在树干一样的身躯上，女人身上脏得发黑的红棉袄发出阵阵腥臭。

几天后，一群在荒凉的戈壁滩游弋数十年的"马匪"，终于坐着去接他们的现代化交通工具，走出茫茫的沙漠。

1964 年 10 月 16 日，在北京，新华社报道：中国爆炸了第一颗原子弹。

这篇稿件仅仅 7 个自然段，像 7 个镜头，讲述了一个完整的故事。

据说，当时将那群在戈壁滩游弋数十年的"马匪"带出茫茫沙漠，可谓艰难异常，有的战士在执行任务时牺牲了，后来有一部电影《飞越绝境》描述了该事件。

但以前的许多新闻专家认为这种报道构不成"新闻",是已经发生的"旧闻"。因为包括陆定一在内的新闻权威对新闻时限的理解是:"新闻是新近发生的事情。"用这一概念来套,原子弹爆炸前的这个插曲已过了许多年,构不成新闻。而"新闻是能引发受众萌生知情欲望的新信息"的概念,在内涵上更深刻,外延上更周密。依此来衡量,这一信息不仅是一条"新闻",而且是一条"突发新闻"。

新闻概念的新解读,只是范畴和类别的粗略定位。其实采写实战很单纯,概念阐述很烦琐。《挟尸要价》是《江汉商报》摄影记者张轶拍摄,《华商报》首发的。2009年10月24日湖北荆州大学生何东旭、方招、陈及时为救溺水儿童壮烈牺牲,而面对同学们的"跪求",打捞者不仅不为所动,竟然挟尸要价,收取了3.6万元的捞尸费。2010年,《挟尸要价》夺得中国新闻摄影最高荣誉"金镜头"奖。这引起一片质疑之声。其实若论时效性,这已经是尘封新闻;但其因获奖而导致传媒炒作,又具有瞬间突发新闻的性质。[1]

2013年8月1日,互联网突然出现一个时长8分34秒的视频,曝光上海高院赵明华等5名法官去酒楼"吃请"、"挑选小姐"、"小姐进入房间"、"小姐离开房间"、"官员下楼乘车离开"等关键环节。这立即掀起轩然大波。这是上海市民陈玉献(化名倪先生)的暗访杰作,可谓是一则瞬间突发新闻;但因陈玉献3月份已经掌握有关法官惯常证据,何时逮住要害予以曝光,就使之成了趋势突发新闻。这也是一则已存突发新闻;因大量往日内幕让受众津津乐道,又构成尘封突发新闻。[2]上海法官集体嫖娼案在新闻学上的特殊意义,在于它是在不同时段既是突然发生,又是突然发现,全程具有4种具体特性的复合新闻。

可见,新闻概念和分类固然是学科建设的基础,可记者实战中则不会考虑消息归属何种类别,因为抓住新闻才是硬道理。

二、"突发新闻"应对招数

汶川大地震2008年5月12日14时28分突然发生,世界各大媒体纷纷争

---

① 经人民摄影"金镜头"评委会针对《挟尸要价》图片所涉及的新闻事实调查认为,该新闻是真实的。

② 参见张宏伟:《陈玉献"上海风格"的举报者》,见新华网,2013-08-06;张宏伟:《上海法官招嫖爆料人:跟踪他到50岁怎么也逮住一次》,见凤凰网,2013-08-10;杨金志:《上海公布法官集体嫖娼经过 4人被开除党籍》,见新华网,2013-08-06。

抢这一新闻制高点：

14 时 35 分，新华网在地震发生 7 分钟后发出快讯："12 日 14 时 35 分左右，北京地区明显感到有地震发生。"地震发生 25 分钟后，新华网再发快讯："四川汶川发生 7.6 级地震。"① 14 时 45 分 43 秒，新华社打破常规，第一次在没有正式文件和上级通知的情况下，凭感觉发出第一条英文快讯："北京有震感。"14 时 46 分，中国国家地震局发来通报。新华社 14 时 47 分 52 秒，发出简明消息："据中国国家地震台网测定，北京时间 2008 年 5 月 12 日 14 时 28 分，在四川省汶川县北纬 38 度、东经 103.4 度发生 7.6 级地震。"14 时 56 分，新华社从成都发出第一张地震图片。

14 时 51 分，华龙网发出有关汶川地震的原创消息。

15 时，CCTV 新闻频道在地震发生 32 分钟后首发新闻，15 时 20 分，即推出直播特别节目《关注汶川地震》。

15 时 04 分，中央人民广播电台中国之声发出第一条地震快讯。

16 时 40 分，中央人民广播电台、CCTV 记者随温家宝总理登上专机，奔赴灾区，并于飞机降落 10 余分钟后，经电波和荧屏，播出温家宝总理在专机上发表的重要讲话，将中国领导人抗震救灾的决心展现在世人面前，也令人们意识到灾难的严重程度。②

据透露，国外通讯社争抢这一新闻的速度令人惊讶：14 时 39 分 10 秒，美联社发出没有电头的快讯："北京有震感。"14 时 39 分 52 秒，路透社发出快讯："北京有震感，办公室摇晃。"这两家通讯社虽然比新华网慢 4 分钟，却比新华社快 6 分钟。

俗话说，不想拿新闻奖的记者，不是好记者。但是好新闻得碰得上；碰不上，再好的文笔、灵感和策划都是"无米之炊"。可好新闻碰上了，还要敏感地采，巧妙地写，否则等于零。

据记载，1993 年，一位叫格拉斯曼的球员爆料："马赛队将花巨资购买一场胜利，对方也将会脚下留情，踢假球。"但多家媒体不屑一顾，只有《队报》立刻派记者暗访。6 天后，马赛在欧洲冠军杯决赛中击败 AC 米兰，为法国夺得历史上第一个欧冠奖杯。但第二天，《队报》披露特大新闻：马赛队在

① 杜耀峰：《中国媒体新闻创新的突破》，载《新闻战线》，2008 (7)。
② 参见李春冀：《成熟·自信·忠诚——从汶川地震报道看中国媒体的变与不变》，载《新闻战线》，2008 (9)。

参赛前夕，以巨资贿赂法甲决赛对手瓦朗西安队，目的是以逸待劳迎战 AC 米兰，以在欧冠称霸。

法国足协立刻申请司法介入，查实后将马赛队降为乙级队，解除马赛俱乐部主席塔皮的职务，将总经理贝恩开除出俱乐部，3 名行贿、受贿球员被禁赛 3 年。《队报》则赢得了众多读者的信赖。[①]

这个事例提示新闻人：当你巧遇"突发新闻"时，该如何捕捉"活鱼"？记者是"全天候"职业，24 小时待命，一旦身边有新闻突发，就应敏锐快捷地作出反应，将新闻"拿下"。**"新闻意识"**，是记者头脑对新闻的感觉、反应、思维等心理活动的总和。1992 年夏天，全国省报记者采访团赴郑州。晚上有七八位记者前去当时大名鼎鼎的"亚细亚商场"，突遇停电，大家扫兴地往外走，此时却有一名记者独自留下来，暗自观察："很快，柜台上陆续点亮了蜡烛，轻柔悦耳的钢琴声响起，亚细亚像是要举办一场温馨的晚会。"这名记者当晚发出一篇现场新闻。他面对突发情境，经受住了新闻意识的实地检测。

敏捷应对"突发新闻"，主要是在 5 个方面快速行动：

1. 第一时间进入新闻源

新闻源，是新闻发生的空间以及能证实新闻真相的人和物。新闻源分为第一新闻源、第二新闻源，直接新闻源和间接新闻源。无论是突然发生还是突然发现的新闻，记者要抢占新闻第一落点，这有两种实用通道：

第一，立刻赶赴现场，才最有发言权。重大新闻突然发生，媒体要不顾一切追踪采访。此时难说什么策划，只要第一时间到达第一现场，就是胜利。亚特兰大奥运会时，公园发生爆炸，《人民日报》海外版体育部主任陈昭不顾生命危险，冲到第一现场，获取真实素材。1984 年，射击选手许海峰在洛杉矶为我国夺得奥运会第一块金牌。新华社记者高殿民发稿比路透社快 15 分钟，比美联社快 20 分钟，令外国同行刮目相看。

2008 年，索马里海盗猖獗，引起全球关注。2009 年 1 月，上海《新闻晨报》首席记者张源、曾玉冒险赴索马里采访，他们从吉布提艰难入境，惊动索马里国防部长，在 5 名手持 AK-47 的保镖的保护下，冒着生命危险深入探

① 《前流浪球星揭马赛"假球案"内幕》，见新华网，2011 - 02 - 24。

访，终于找到颇为神秘的海盗"纳吉彼"。在那里他们写出 4 万字稿子，发回 20 张图片。那段日子，上海人天天等待两位记者的最新报道，此举也被许多传媒视为神奇之举。①

2011 年 2 月 17 日利比亚发生武装冲突；2 月 26 日，联合国安理会通过首项决议，冻结卡扎菲资产，并把事件交由国际刑事法院处理；3 月初，卡扎菲军队与反对派力量在东部据点班加西激战。在战火中，《东方早报》记者张喆从埃及进入利比亚采访，他甚至冲破反政府军防线，拍照军人祈祷的场面。② 这种可能成为"靶子"的疯狂行为，虽然违背战地采访的原则，但一篇篇发自炮火连天战场的稿子，迸发出记者的职业奉献精神。

若受限不能到达现场，也可通过当地传媒聘请特派记者。2003 年 3 月伊拉克战争爆发前，新华社提前特聘了一名当地职业记者贾迈勒，预定伊拉克炮声轰隆一响就发稿。后来，贾迈勒对新华社记者王波口述：

3 月 20 日凌晨 5 点，天没有亮，我还没有睡熟。由于一直担心美国会在这一两天深夜发起对伊拉克的军事行动，所以整夜都是在半梦半醒之中。刚进入梦乡，一声凄厉的空袭警报打破了巴格达黎明前的宁静，也将我从梦中惊醒。我意识到一直等待的时刻终于来了！顾不上穿衣服，立即从床上蹿了起来，飞快跑到位于隔壁的办公室，抄起海事卫星电话，用几乎颤抖的声音向位于埃及首都开罗的新华社中东总分社阿文编辑部主任刘顺先生报告："巴格达响起警报声。"这是我发出的关于伊拉克战争的第一条消息。

紧接着，我又听到了猛烈的防空炮火声，伴随着的是震耳欲聋的爆炸声。我又拿起电话，向开罗发出快讯："巴格达响起爆炸声，美国对伊拉克开战。"③

此时为伊拉克凌晨 5 时 36 分 55 秒（北京时间 10 时 36 分 55 秒），第二天更正为伊拉克凌晨 5 时 33 分 50 秒。新华社立刻用 7 种文字向全世界发出这一重大新闻，比美联社、法新社提前 9 秒钟，新华社也成为全世界最快报道伊

① 参见《中国记者探访索马里　当地姑娘都想嫁海盗》，见中国新闻网，2009－02－23；《你不知道的索马里》，见《长江商报》网，2010－11－24；《央视〈东方时空〉专访晨报赴索马里记者》，见《新闻晨报》网，2009－03－03。

② 参见张刘行：《挺近战争腹地，你准备好了吗——利比亚归来记者讲述"非常采访"非常之道》，载《报刊业务探索》，2011（5）。

③ 《新华社报道员贾迈勒自述：我在巴格达报道战争》，见新华网，2003－04－03。

拉克战争爆发的媒体。

接着，香港凤凰卫视台的记者闾丘露薇、蔡晓江凌晨冒着极大的危险，赶到伊拉克首都巴格达，实地现场报道。CCTV 著名主持人水均益也顶着沙尘暴和炮火，进入巴格达采访，表现出新闻人的意志和精神。

1989 年 2 月 11 日，《深圳特区报》记者陈寅①在丰顺探亲，一位在县供电公司的朋友告之有一架飞机坠毁，须马上赶赴失事处抢修电缆。陈寅立刻意识到这是一条难得的新闻素材，便提出跟他一道驱车前往。20 分钟后，他们来到了飞机失事现场。因飞机是掉在山上，他们还在通往现场的田埂上小跑了十几分钟。

当天下午 4 时写毕稿件，5 时送当地主管领导审阅《台湾空军一架飞机坠毁于丰顺境内 飞行员跳伞获救》一文。晚上 9 时，终于打通了报社编辑部的电话，值班主任亲自记录。

【本报丰顺 2 月 11 日专电】（记者陈寅）今天上午 9 时 50 分，台湾空军一架 F—5E 型飞机（编号 400977）在这里的汤南龙山中学附近山坡上坠毁，飞行员林贤顺中校跳伞获救，安然无恙。

记者闻讯赶往现场，看见一个直径约 5 米的大土坑，机头栽入土中有 5 米多深，残存的机翼露出坑外，溅出的碎片和泥块遍布附近山坡。在该机坠毁的山坡上做农活的两位当地农民告诉记者，飞机坠毁前，曾在山坡上空盘旋了四五圈，不久便听到一声轰隆巨响，但见浓烟滚滚，山坡上烟雾弥漫。

坠机事件发生后，广州军区空军司令部、梅县军分区司令部和当地驻军、公安部门负责人迅速赶赴现场察看。据当地公安部门称，驾驶员林贤顺祖籍广东梅县，现年 36 岁，已婚，有一子。他驾驶的飞机于今天上午 8 点左右在台东某军用机场起飞，后因油料耗尽而跳伞降落。他神色安定，受到当地有关部门的热情接待。②

这篇报道是独家的，在各家媒体报道中最为翔实（新华社通稿只有 70 多

---

① 陈寅，男，1962 年 11 月出生，广东丰顺人，暨南大学中文系毕业。2001 年 2 月起任深圳特区报业集团副总编辑，同年 7 月起创办阳光媒体《晶报》，任总编辑。2009 年 12 月起任《深圳特区报》总编辑，现任深圳报业集团党组书记、社长。

② 陈寅：《台湾空军一架飞机坠毁于丰顺境内 飞行员跳伞获救》，载《深圳特区报》，1989 - 02 - 12。

字）。此稿被评为广东省 1989 年度好新闻一等奖。他的切身感悟是：做一个名副其实的"24 小时记者"。①

第二，网络追踪，发现奔赴现场的最佳路径。包括调查突发事件的地理、历史、人物等人文背景，搜索热点空间、帖吧、QQ 群、图片、视频、微博、微信等。2013 年 4 月 20 日 8 时 2 分，四川雅安突发地震，全国各路记者蜂拥而上，此时《深圳特区报》编委吕延涛正率领报道组赴汶川采访，他们很快查询微博获知：雅安发生 7.0 级地震。于是 4 人立刻驱车赶往灾区。此时，报社从深圳和成都给予远程路线指导，先是避开成雅高速，后找到夹关镇至龙门乡有一条山路，180 公里的路程，一路人流和车辆最少报道组由此路第一批进入雅安采访。该报新媒体部还及时建立"雅安地震临时微信群"，为前方记者提供强力支撑，终于采写了《芦山地震首日直击》等大量稿件，并且推出 8 个版面的"震区全景报道"。②

抢时间就是抢新闻。要以先进设备快速传送新闻。美联社、俄通社记者2001 年在日本福冈采访，就使用了一种先进的手机语音录入传播系统，即记者不用打字，而是一边在现场采访当事人，一边通过手机口述，将语音变成了文字。这在今天也可能是最快的采写、传稿方式。

进入大数据时代，网络与手机捆绑，微博、微信蹿红，成为突发新闻报道的新式"武器"。多数微博以 140 字以内的长度，将文字、图片讯息分享给他人，打破了传统媒体的线性传播，也区别于此前新媒体的网状传播，而是一种几何级数的立体裂变传播，可谓是引发了一次新的传播革命。③ 譬如突发交通事故、重大矿难时，每一个"脖友"都可以成为记者！2010 年 1 月 28日，天津在建高楼失火刚发生几分钟，"小白泥"在新浪微博上传了一张照片，大火呈一竖线蔓延二十多层楼房。接着网上直播，人们观看了大火燃烧直至被扑灭的全过程。4 个多小时后，新华网发出报道，这时现场已经只剩下一些烟雾和烧过的焦黑痕迹。16 时左右，凤凰卫视《天下被网罗》主持人闾丘露薇评论说："网络这一次走得比官方媒体还要快。"④ 有关《中国足协要员

---

① 参见陈寅：《做"24 小时记者"——关于〈台湾空军一架飞机坠毁于丰顺境内 飞行员跳伞获救〉的题外话》，载《深圳特区报通讯》，1990（2）。

② 参见《报道》杂志 2013 年第 5 期刊载《深圳特区报》记者吕延涛、陈冰、丁庆林、曹崧在雅安地震灾区采访的成功案例。

③ 参见孟波：《新浪微博：一场正在发生的信息传播变革》，载《南方传媒研究》，2009（21）。

④ 转引自《天津高楼大火 网友快速报道完胜媒体》，载《华西都市报》，2010-01-30。

失踪》的消息，2010年1月20日凌晨，新浪"脖友"开始求证，上午8：00报媒刚刚上摊，"脖友"已多方证实失踪者就是掌门人南勇，报道了中国足坛发生大地震。

如今，微信的突然崛起，预示了媒介一个新时代的来临，也给突发新闻的报道带来了宽阔前景。

2. 尽快采访核心当事人

记者进入新闻源后，采访核心当事人尤为关键。此时，记者要在短暂时间里，像太极散手那样把核心人物粘上；像电脑扫描那样把有典型意义的人和事拷下。譬如彼得·阿内特(Peter Arnett)① 长期跟踪报道越南战争、海湾战争以及阿富汗战争，获得了普利策奖。他在国际风云的漩涡中，总是能采访到大众最关注的人物，如萨达姆、阿拉法特、贝·布托、卡斯特罗等等，他还是西方媒体第一个采访到本·拉登的记者。

高级记者毕国顺有一次特殊的采访经历：

彼得·阿内特（Peter Arnett）专著《我怎样采访本·拉登》。

著名作家魏巍有一篇脍炙人口的散文《谁是最可爱的人》，叙述了抗美援朝曾发生的惨烈的松骨峰战斗，描绘了李玉安等烈士的故事。然而1989年的初夏，《黑龙江日报》却突然得知李玉安没有牺牲，生活在巴彦县兴隆镇，并成为当地的"活雷锋"。这一突然获知的信息，引起许多记者想去采访的冲动。此时，一名叫毕国顺的记者却悄悄地连夜动身，走过泥泞的小路，找到了默默无闻40年的"活烈士"李玉安，并怀着无限敬慕的饱满情绪，连夜采访了许多知情人，写出7 000字的

---

① 彼得·阿内特（Peter Arnett），世界著名战地记者，曾任汕头大学长江新闻学院访问教授。

通讯《他就是最可爱的人》。该新闻发表后立刻引起《人民日报》、CCTV、香港媒体等上百名记者蜂拥而至，形成了一次铺天盖地的报道浪潮。

毕国顺事后深有感触地说："这是一块埋藏了40年的寄世真金。他还活着！于是我不敢停锹，一挖到底。使这块真金光耀全国的第一人却是我。发现不等于挖掘，全部挖掘出来，才算得上真正的发现。"①

同时，快速采访当事人也要讲究"提问"艺术。因为人和人的交流有一个"解冻期"，记者的"提问"要巧妙，要问到关键和要害上，才能提高采访效率。如果在3分钟之内不能"解冻"，基本上采访会失败。一般来说，要诱发被采访人愿意回答问题，针对兴奋型、平和型、羞涩型、逃避型、拒绝型等不同类型被采访者，记者提问要有专业技巧：一是要在瞬间找到"赞美"或"挑剔"被采访者的话题，激活其回答问题的兴奋感；二是记者要从媒体立场转换到受众角度，设计最为关注的"绝问"；三是提问的口气要像CCTV的王志那样，多用"接下来呢？""为什么呢？"尽量不用判断式口气提问，因为你如果已经说出了一个结论，人家还回答什么？譬如采访刘翔，记者过多使用"是不是"的口气提问，效果就不尽如人意：

"你比赛服的号码是441，4+4+1等于9，今天你又在第9道，是不是这次9是你的幸运数字？"

"你是不是在比赛前对自己特别有信心？"

"经常参加国际大赛对提高你的心理素质是不是非常有帮助？"

"你的教练是不是给了你很大的帮助？"

采访刘翔队友史冬鹏：

"你觉得和刘翔在同一个时代是不是很悲哀？"

"你有没有信心得亚军？因为冠军已经是刘翔了。"

这些"雷人"的提问，让人很难打开话匣子，被采访者只能说："是"、"嗯"，陷于冷场和尴尬。

对于媒体来说，要迅速制作版面、节目，以独家新闻抢占传播制高点。《拉林村生产机器人了》的独家报道，是记者王晓东在一个文件上获知的新闻线索。他敏锐地意识到，哈尔滨市郊的一个村与哈尔滨工业大学合作，打算生产机器人，这件事足以吸引读者想看个究竟。于是他跟踪采访村长杨东来、

---

① 毕国顺：《纤夫在格子里拉纤》，8页，哈尔滨，北方文艺出版社，1991。

哈工大教授蔡鹤皋，在首次制出码垛机器人，第一单进账 2 300 万元时予以报道，获得了中国农业新闻奖一等奖。[①] 2008 年 11 月 6 日，奥巴马当选美国总统，世界媒体纷纷倾力报道，《晶报》记者孙妍则采写了一篇独家新闻《奥巴马弟弟深圳卖烧烤》，格外抢人眼球。文中叙述奥巴马同父异母的弟弟马克，6 年来义务为深圳市福利院教钢琴，娶了一名河南姑娘；他还开了一间木屋烧烤店，市民纷纷慕名前往，生意十分红火。

3. 最快速度与联系沟通

最快速度与联系沟通，这是为编辑部运筹新闻策划抢时间。1993 年 8 月 5 日，深圳清水河发生"共和国成立以来最大的一次爆炸事故"。记者赵连勤、王军、郑东升、赵清、孟远等听到第一声巨响，就立刻奔赴现场，并向编辑部报告现场情况。由于报纸、电台等媒体得到省市领导的支持，得以迅速进入大型策划报道通道。其实，即使不是这么大的事件，记者也需要尽快向媒体值班领导汇报。一是明确该报道在当天所有新闻中占何位置，二是寻求编辑部人力物力的援助。获得全国商报新闻一等奖的《"益仁"何以大器难成》，是《大众商报》记者张桂英在 1996 年 8 月赴绥化市采访，偶然得到的一条"活鱼"：当地曾有一种叫"益仁"的杀菌剂，它和"娃哈哈"都曾是全国消费者喜爱的 50 种产品之一。可几年过去了，"娃哈哈"红遍中国，"益仁"却销声匿迹，连的士司机都不知道厂子在哪里。这刺激了她的好奇心，几经执拗的寻找，才在一个胡同里看到了"益仁"的牌子。在紧张的采访途中，她及时向总编辑杨凤君汇报，得到指示：写成深度报道，配发评论。于是采写＋策划＝联动，一组独家报道成功出炉。

突发新闻策划，是媒体对于突然发生和突然发现的有轰动效应的新闻，紧急进行的搜寻、制作和传播活动。突发新闻策划如同梁山泊拥有一百单八将那样，是个庞大的家族。按照时效分类，包括瞬间突发新闻策划、趋势突发新闻策划；按照状态分类，包括静态突发新闻策划、动态突发新闻策划；按照内容分类，包括政法、经济、文化、教育、体育新闻策划等。媒体强弱的一个重要指标就是"策划"攻略的高低；策划，可谓媒体"核心新闻脑"之智力较量也。

---

① 参见王晓东：《拉林村生产机器人了》，载《黑龙江农村报》，1996 - 05 - 17。

　　突发新闻类型的多样，决定了新闻策划的复杂。特别是瞬间、动态突发新闻正是因为难以预知才具有极高的策划价值。2003年11月13日晚，《深圳特区报》记者陈震拿回公安部门"打拐"的消息：深圳有9名被拐儿童获救，6名找到父母。面对这一突发性独家新闻，报社立刻展开策划，集中5个版面，1版登载"打拐"主打稿件，2～5版刊发不同角度的"打拐"新闻，消息灵通的广告商还立刻请求在每个版面投放半版广告。第二天早晨，该报上摊一抢而光。当天恰巧全国报纸总编辑会议在深圳举行，大家对此赞不绝口，《深圳特区报》顿时光芒四射。

　　突发新闻策划的流程主要有三个阶段：

　　第一阶段，打响第一枪（统一指挥、新闻破题、保障支撑）。即媒体24小时等待突发新闻的到来，最重要的是指挥系统要"眼观六路、耳听八方"，随时打响第一枪。在获取突发新闻后，媒体要稳住阵脚，诊断其新闻价值的大小，从而选准该突发新闻的卖点，以独特的角度去统筹报道。比如"三八"节，俄罗斯珍稀动物白熊突然造访深圳动物园，有媒体针对动物园安排女饲养员来招待这些高贵的"客人"，推出《与野兽打交道的女人》等一组报道，故事娓娓动听，读者津津乐道。

　　第二阶段，掀起报道风暴（事件真相、深度评论、新闻链接）。即突发新闻的策划报道，要通过新闻事实的能量引起社会的强烈反响。为此，媒体不是单纯地跟踪突发新闻，而是要主动融入新闻源，周密策划与读者互动的有关活动，推动该突发新闻报道掀起一个个高潮。1999年1月26日，中国老女排突然来深圳，《深圳特区报》追踪采访，包括消息、通讯、图片等，甚至连老女排队员的签名都印到报纸上，连续几天牵引住深圳广大读者的视线。当时有个小插曲，在总体策划中增加了一篇小稿《老女排今何在》，由郎平、孙晋芳、张蓉芳、曹慧英、陈亚琼、陈招娣、杨希、梁艳、张洁云、朱玲、周鹿敏等人自述自己的年龄、身高、场上位置、家庭近况、工作单位等。此稿记者一挥而就，阅读率却高得出奇。

　　第三阶段，重视后续炒作（激活亮点、各界态度、解决方案）。即媒体策划突发新闻报道的目的，是要解决提出的问题。这就必须表达新闻人物和社会各界的看法，以及有关政府职能部门的态度、有关领导的批示，最终获得一个圆满的解决方案。倘若达不到这种轰动效应，那么突发新闻策划就只能是一次失败。1996年《生活报》为抢救身在加拿大患白血病的华人孩子小明月，组织哈尔滨市民进行捐献骨髓登记，在采血样的那天凌晨两点，市公交车全部出动，送无偿验骨髓者去定点医院。后来，CCTV 专门进行了连续 3 天的跟踪报道。直到 1997 年 5 月小明月痊愈，该报道才画上一个令读者激动落泪的句号。

4. 抢拍现场的珍贵图片

突发新闻图片很珍贵。那种真实的瞬间定格，以视觉冲击力深深打动人。新闻摄影理论专家姚敏夫在威海讲学时，讲述了一个真实的故事：我国刚进入联合国时，有一天，联合国大厦前其他各国的国旗都垂落着，唯有五星红旗迎风招展。一位中国文字记者见状毫不犹豫，举起相机，"咔嚓"一下把这个情景留了下来。后来这幅图片获得了中国摄影大奖。这说明了什么？这个文字记者有个"摄影脑"。

深圳特警在汶川大地震中抢救伤员的场景。　**马彦　摄**

"摄影脑"，是记者捕捉现场画面中枢指挥系统的形象描绘。[1] "摄影脑"支配"摄影眼"、"摄影手"、"摄影腿"、"摄影鼻"等功能。从摄影人的气质上分析，"摄影脑"大致可分为五种：敏感型"摄影脑"、思辨型"摄影脑"、艺术型"摄影脑"、幽默型"摄影脑"、沉稳型"摄影脑"。研究"摄影脑"的理念，有助于加速记者转入全媒体。摄影记者不仅要拍片，要写稿，还要利用专业相机的摄像功能记录视频；文字记者也要有个"摄影脑"，不仅要写，

---

[1]　参见岑志利：《论"摄影脑"的类型和功能》，载《报道》，2011（6）。

还要拍和摄。

首先，记者要有职业精神，用镜头记录历史。透过镜头，拍下精彩的大千世界，也触发灵魂深处最柔软的感动。2005年3月深圳首届华赛新闻图片展览，新闻人物现场肖像类单幅获奖的《风雨中的小布什》，是美国著名摄影家Larry Downing的作品。2004年6月1日在安德鲁空军基地，当布什步下海军一号直升机时，狂风暴雨将雨伞吹翻，布什拼命握住伞柄，才没让雨伞吹跑。这一幽默镜头描述了总统也有常人的窘态，给读者留下会心一笑和深刻印象。"哈尔滨大沉船"悲惨事件发生后，有位资深摄影记者被眼前的惨景强烈震撼而目瞪口呆，以致错过了一些珍贵镜头，事后他很后悔，自责不职业。

20年前，中国青年报摄影记者解海龙到安徽金寨县采访，在张湾小学看到了正在上课的苏明娟，一双特别能代表贫困山区孩子"渴望读书的大眼睛"摄入他的镜头。这张题为"我要上学"的照片发表后，引发了"希望工程"。20年后，摄影记者吴芳在"六一"儿童节这天拍摄到合肥一所民工子弟小学的情景：破旧的教室，破旧的桌椅，躺在课桌上下睡觉的学生。看到这样的场景，让人唏嘘不已。这幅图片，给人震撼，引人沉思。①

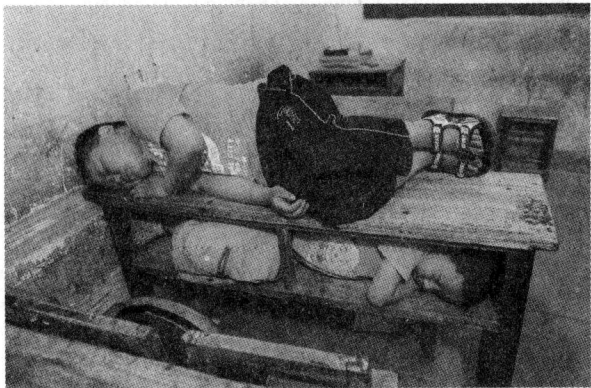

摄影记者吴芳在"六一"儿童节这天拍摄到合肥一所民工子弟小学的情景。

其次，要讲究摄影艺术，使画面充分表达主题。文字记者要向身边的内行——摄影记者多学多问。"会照"和"照好"绝不一样。一位文字记者采访钢琴王子郎朗的演出，他抢拍了几张观众沉浸在音乐旋律中的场面。不料图片主题人物不突出，大部分虚化。原来他是用中长焦距镜头拉拍的，没想到这样的拍摄会使景深变得很小。试想，如果他熟悉景深的因素，就会挤到观

---

① 参见胡蕾：《一样的瞬间，一样的震撼》，载《报道》，2011（6）。

众跟前，用短焦距抓拍出画面清晰的瞬间。

按照美国媒体风暴公司总裁布莱恩·斯道姆的观点，记者在现场最重要的是收集声音，把声音和图片搭配，制作类似电视新闻的报道。其实全媒体记者在时间充足的情况下，在突发现场已经很少用笔去记录，而是干脆打开手机的录音功能，或是直接摄像，甚至主持解读、网上直播等。这在本书"网事报道"一章专有讲述。

5. 加速度扫描现场片段

突发新闻，无论写成文稿，还是用于声讯、视频、网络，都必须突破常规，快速记述、拍摄现场片段，第一时间运送新闻。譬如几名记者在一个小山村采访，意外发现如此偏僻的地方竟然有个档案室！难得的是该文运用"跳笔"描绘8个镜头，连接成一个完整的故事：

眼前，一座乳白色的3层小楼，是齐齐哈尔市碾子山区的城西村委会。

打开二楼档案室的门，我们3个记者惊呆了：

一卷卷、一盒盒，从地面到房顶，各种档案分7层静静地"睡"在架子上。

年近6旬的村书记刘瑞山兴奋地爬上梯子，取下一卷档案，是土改时分田的土地卡。

他如数家珍地说："这屋里有文书档案473卷，财务档案4262卷，资产档案27卷，科技档案3卷，荣誉档案220份，图片档案470幅。从建国到现在的118枚公章一个不少，你看，这录音档案还是大盘的呢。"

这么多档案是怎么保留下来的？老刘感慨地回忆说，1955年搞"合作化"后，"运动"不断，干部们怕交代不清楚，就把账目和文件往麻袋里装。"那时我当团支书，帮着装。到'文革'时，更怕账本丢了，我就夜里偷着把所有档案都藏到小学仓库的天棚上。"

他拿出一份发黄的档案，激动地告诉记者："这是功臣。"原来，1984年，相邻的砂石场拿出一份契约，说以雅鲁河为界，村里的140亩耕地都归他们。"这哪能吓住我，连夜一查，是'以道北村船口为界'。后来，'官司'打到市里，我把这份档案往上一递，就赢了！"

看着眼前这些档案，记者们感觉这似乎变成了刘瑞山的心肝宝贝。因为在这15平方米的小屋里，装着全村300多户庄稼人的创业史。

　　这种细节描绘，既有新鲜感，又能加快新闻采集和制作速度。一篇《老车新技黄金宝》，先是抓住主人公外貌："身穿一袭标有'CHINA'字样和紫荆花图案的粉红色短运动服，头戴白盔，脚踏银履，两只手紧紧地攥着车把，古铜色的两腿泛着力量的光泽。"再挖掘他以前没有透露的新信息："据说他那辆金黄色意大利产的自行车，价值180多万港币。"还插入一个新名词"大雁战术"："只见黄金宝裹在主车群里，神情怡然，像大雁飞行一样随着滚滚车流奔驰，省去许多气力。这一'大雁战术'搞得那些以为黄金宝会杀出重围、一骑绝尘的高手们一头雾水。"

《新快报》汶川地震号外。

　　出版《号外》，也是第一时间传播新闻的应急招数。《人民日报》曾经出过几次《号外》，包括我国第一颗原子弹爆炸成功、"神五"上天、申奥成功和奥运开幕等，传播效果都非常热烈。2008年5月12日，汶川突然发生强烈的8级地震，给人们带来了灾难性的打击，震惊了全世界。为了铭记这段苦难的历史，当天《新快报》、《天府早报》、《成都晚报》、《成都商报》、《重庆时报》、《重庆晨报》、《公益时报》迅速出版"号外"。其中，《新快报》的出版速度最快，及时将这一重大灾难消息传送给读者。

A2 第二落点——借风看水追 "快鱼"

刘翔退赛的悲壮背影。《深圳特区报》2008年8月18日《奥运特刊》局部版面。

8月18日11点50分,天大的意外降临到奥运会田径场,降临到中国人气最高的明星刘翔身上。

这是一个令人心碎和难以置信的时刻。在男子110米栏第一轮比赛中,飞人刘翔冲出起点只跑了两三步,便因疼痛而开始跳步;只见他从大腿上摘下了道次牌,无奈而艰难地走出赛场。摄像机的镜头聚焦在他背影上——他的奥运会结束了;对于很多人来说,奥运会也结束了。这一刻,亿万人的巨大失望从鸟巢现场和电视机前喷发蔓延。

为什么?这是为什么?!这一场景令全场观众和记者吃惊得无法相信自己的眼睛。刘翔看上去是受伤了,是腿还是脚?为什么赛前一点消息也没有透露?刘翔可以不赢,刘翔可以摔倒,刘翔不能这样不明不白地退出比赛。

事后的新闻发布会上，刘翔的教练孙海平透露了刘翔退赛之谜。刘翔的脚伤已经持续了多年，近来越来越重，他今天的退赛是脚伤所致。刘翔 16 日进入奥运村后，曾到医院让专家会诊，做了核磁共振，发现他的右跟腱根部有炎症。"刘翔的脚骨和正常人不一样，比别人突出。所以，一开始是磨破了，后来成为茧子，但现在是炎症。"

孙海平讲着讲着，突然痛哭失声，他说："刘翔一直在坚持，刘翔一直在玩命，他不到万不得已不会退出比赛。赛前，三个医生在为刘翔做紧急处置，最后实在没有办法，用药喷没用，冷敷没用，最后请专家为刘翔硬按摩，刘翔疼得全身发抖，嘴唇都咬破了。"

这就是刘翔退赛的真实原因和背后秘密。

刘翔在进入赛场前就使劲地踢着海绵墙，别人被他的举动惊呆了。其实，他那时已经伤势严重。在比赛前试跨时，他跨了两个栏就蹲下来，表情痛楚，但当时人们并不知道他正在忍受着脚伤的巨大痛楚。

刘翔退赛后一个人走进通道，在一个台阶上静静地坐着，接着，泪水慢慢湿润了他的眼眶。

——摘编自杨明、肖春飞、刘丹：《刘翔因伤退出北京奥运会比赛》，新华网，2008－08－18。内容有改动。

这一事件，震动了北京奥运，震动了世界体坛！

这一天里，CCTV、凤凰卫视、新浪、网易等电视、网络媒体干脆滚动播出"刘翔退赛事件"，各种新消息铺天盖地呼啸而来。截至当日 17 时，新浪网友留言 30 万 5 443 条，腾讯网友评论 24 万 7 777 条，网易网友评论 30 582 条，搜狐评论 13 202 条，远远超过新华社的发稿数量。

这一时刻，让中国大报立刻意识到生存短板：传播速度远远慢于网络新媒体以及广播、电视。从 11 点 50 分至第二天凌晨，在十几个小时的有效时间里，除全国晚报系列恰好赶上中午抢发消息，获取了主动外，其他大量晨报、日报、都市报等纸质媒体受出版周期的限制则只能被迫"哑声"。好不容易熬到清晨给读者送去油墨未干的报纸时，诸多有影响的报媒并未提供更多新鲜的消息，与已经知晓的情况相比，读者不能不感觉报媒的内容似乎太陈旧，并没有让如饥似渴的人们了解到深层次的真相。

这意味着：如此重大新闻的突然发生，对报媒既是一次极其宝贵的传播机会，某种意义上也是一次"新闻报道危机"！

这也提示：突发新闻"第一落点"诞生后，报媒要以应对"新闻报道危机"的理念，争抢该新闻的"第二落点"，全力展开调查性深度报道，给读者讲述一个"动人的故事"，才能避免在没有硝烟的新闻大战中无奈地败下阵来。

如今，网络新媒体称雄的大背景下，揭示"刘翔退赛事件"的诸多警示，对于记者捕捉新闻"快鱼"有哪些启迪呢？[①]

一、新闻大白天下，争夺第二落点立刻上演；以"情报新闻"理念追踪新闻，跑在其他媒体前面

难点：如何情报架网

当刘翔在亿万人的注视下退赛时，突发新闻曝光于天下，地球人都知道了。

此时不仅报媒只能被动地寻求"第二落点"，就连已经开动传播机器的网络、电视、广播等媒体，同样要发现新线索，才能牵引受众的眼球。包括刘翔为何退赛、是事先安排的还是临时发生的、刘翔的脚伤严重程度、来自田管中心、教练组、医生、观众、亲人、外国运动员等的反应。由于几千名记者围堵在鸟巢出口，中国代表团破天荒地召开了新闻发布会，有关刘翔蹲坐在通道里蒙脸落泪、教练孙海平的痛哭、CCTV记者冬日娜的失态、国家领导人的慰问、多篇新华时评的出炉等，迅速公开发布。一场体坛新闻危机转眼化解，第一时间展开报道的传媒也算过关，可世界主流大报的新闻危机仍在上演。

从刘翔退赛的一刻到报媒凌晨3点出片付印，至少有15个小时的有效时间去搜集新闻。但是这首先提出一个难题：很难得到来自刘翔这个新闻源的后续新消息。第二天许多大报上摊，版面美化到极点，新闻内容却没有猛料。

这是一个标志性的事件，也是一个警钟式的时刻。因为报媒无论时效还是内容，都无奈地被新媒体超越。

---

① 参见卞灏澜、耿伟：《刘翔退赛事件给报媒的警示——兼论搜寻新闻"第二落点"难点和技巧》，载《新闻传播》，2009（1）。

其实，刘翔当晚 10 点就接受了中央电视台的采访，并表示向全国人民道歉。但此事直到第二天早晨 6 点 55 分才播出。谁能得到这条一字千金、价值不菲的消息呢？

"临时抱佛脚"恐怕是无济于事的，即使早就情报架网也未必得手。但是以"情报新闻"理念追踪后续新闻，肯定是没错的。

情报新闻，是指新闻范畴和情报范畴在外延上相互交集时，所重叠的部分就会显露出新闻即是情报，而情报即是新闻，是能够引发受众萌生知情欲望的新信息。关键是编织搜集情报新闻的灵敏网络，一旦有突发新闻，就可以依托密集的网格化配置，确保不漏发。北京媒体一般将京城划分为 17 个区域，每个区域配备 1 名记者，一旦有突发新闻，保证骑自行车 30 分钟能赶到现场，发回消息。当然，记者首先要清醒地判断哪条路是捷径，要"快"。而"快"的保障是"准"，否则"快"也只能是"乱撞"。广州媒体体育部门多年来就有目的地架设新闻情报网络，记得以前发生"刘国梁涉嫌兴奋剂"的传闻时，有的资深记者甚至可以一个电话打到国外，请主教练蔡振华亲自接电话，直接获知内情。深圳女记者涂悄曾住进 10 元店，打入"二奶"村，与艾滋病人交朋友，进行隐性采访和体验报道，得到珍贵的情报新闻，引起社会轰动和关注。这对于我们今天如何得到有关刘翔的消息，亦有启示。

2013 年 3 月 23 日，习近平主席在莫斯科国际关系学院发表重要演讲《顺应时代前进潮流　促进世界和平发展》提到："抗日战争时期，苏联飞行大队长库里申科来华同中国人民并肩作战，他动情地说：'我像体验我的祖国的灾难一样，体验着中国劳动人民正在遭受的火难。'他英勇牺牲在中国大地上。中国人民没有忘记这位英雄，一对普通的中国母子已为他守陵半个多世纪。"这一动人的新闻线索，立刻引起诸多传媒的关注：

3 月 24 日，新华社记者韩振、叶锋从重庆万州发出新媒体专电：《苏联飞行员援华抗日牺牲 中国母子为其守墓半个多世纪》；3 月 25 日《重庆日报》、《重庆晨报》、《重庆商报》利用地缘优势，刊发守墓人的专访消息、独家图片等。这些报道讲述库里申科的故事。他 1903 出生于乌克兰，1939 年和考兹洛夫率两个轰炸机大队来华。当年 10 月 14 日，库里申科飞临武汉上空时，遭到日军机群的拦截。经过激战，击落 6 架敌机。但他的飞机遭到重创，仅靠一个发动机沿着长江向驻地返航。到达万州上空时，机身失去平衡，迫降在长江水面上，为中国人民的抗日战争献出了年轻的生命。

《广州日报》为了抢"第二落点"，特派记者肖欢欢远赴重庆，撰写更为新鲜准确的一组报道，包括现场新闻《母子为苏联英雄守墓 55 年》，新闻链接《库里申科生平简介》，人物对话《两代人守墓 55 载源自对英雄敬意》，3 月 26 日该报刊发专版，提供新信息：英雄长眠于长江畔的重庆万州区西山公园；谭忠惠已经 86 岁高龄，魏映祥也已经 59 岁。记者来到谭忠惠老人的家里，老人家表示没想到会引起这么大的反响，当初自己完全是凭良心做事，出于对英雄的尊敬。记者还发现了新线索：库里申科的遗体被打捞起来后，80 多岁的刘海田和其他人埋葬了这位英雄，还搭起一个简陋的茅棚，为英雄守墓，地点是太白岩山脚下。

这一报道时间虽晚，但由于内容鲜活和扩展，仍然令人称道。

关于刘翔退赛事件的报道，不仅 CCTV 记者可以接触到核心新闻源，当时紧急应对该事件的鸟巢新闻运行负责人①也十分清楚来龙去脉，谁找到他都能获得有价值的最新素材。其他如参加新闻发布会的工作人员，国家体育局有关部门、田径运动管理中心等也有许多人进入第一新闻源、第二新闻源。

看来，关键是报媒的情报新闻架网达到何种程度。

二、制作长篇调查性、解释性深度报道，给读者一个"动人的故事"，才能让人们了解事实真相

难点：如何讲述故事

如今，报媒虽然面临网络新媒体的冲击，但大路朝天，各走一边。做观点、做深度，是报媒倚重的优势。尤其是面对刘翔退赛这样的突发新闻，完全可以迅速撰写调查性、解释性长篇深度报道，给读者一个"动人的故事"：一是还原事实真相，二是分析后续事态。

故事式写作的技巧很特别，它需要悬念、起伏、冲突等出乎意料的情节。对于一般等级的新闻来说并不具备这些可能，只有较高等级的新闻才能提供这些故事写作的元素。

可惜，此次新华社虽然发出 5 000 字的特稿《悲壮刘翔》，并配发了一组照片，也仅是刘翔足迹的罗列记述，缺少那种故事式写作特有的悬念和意外。

---

① 张振鹏，时任鸟巢新闻运行负责人，《深圳特区报》资深体育记者。

媒体完全可以利用十几个小时撰写一篇有分量的报道，全面解释刘翔退赛的原因和后果。这篇"动人的故事"，将是对媒体的最大考验。关键是能否将刘翔退赛的原因分析得入情入理，融入悬念、冲突等元素，使故事发展脉络既在情理之中又在意料之外；最大的前提是能否获得更新的内幕消息，以便为故事的出乎意料注入能量。

刘翔为何退赛？这可能是北京奥运留下的最大悬念，藏着一个最精彩的故事。包括刘翔老伤的追踪、治疗的方案、临赛的选择，以及发生退赛后为何突然举行新闻发布会，背后都有哪些起伏跌宕的故事？此外，可延伸"刘翔是上帝为 110 米栏创造的"数字分析：从刘翔的身材、跨幅和 10 个栏、栏距 9.14 米、栏高 106.7 厘米等之间的关系，看刘翔三步上栏的优雅。而他的对手、高大的罗伯斯虽然腿长却受步幅限制，导致被迫局促碎步上栏这样的分析可增加"故事佐料"。

还可分析造成人们巨大失望的"公关危机败笔"，假设刘翔在知道自己伤情的情况下，在出场和不出场，比赛和退赛等"救场"方案之间如何选择。这样也许会使刘翔退赛事件的报道更加真实、丰富而动人。

看来，关键是如何讲述一个催人泪下的故事。

三、在新闻同质大势下，以独特视角剖析新闻事件，以公众声音解释新闻价值，以巧妙策划驾驭新闻传播

难点：如何牵引读者

随着资讯的快速传播，即使是突发新闻也会出现媒体间的同质化。刘翔退赛事件发生后，新华社连发 30 篇稿件，可谓是从未有过的，但这也加重了新闻的同质化。如何突破这一点，占据主动？

一是要以独特的视角剖析新闻事件。网络、电视、广播、报纸等都有本身的传播优势。"深度报道"＋"新闻评论"，是大报独特的长处。《人民日报》在刘翔退赛的第二年，强调大报观点和报道深度，在 30 多种版面上设置 50 多个评论栏目，几乎每个版面都有发人深省的言论。譬如《电荒是不能拒绝的恶客吗?》、《"送温暖"何必带记者》、《井下 150 米，调查组找到事故痕迹》等。这份在中国有重大影响的大报，直面抨击社会时弊，远远超出许多省市党报的胆量。这种气势，被称为"人民日报评论现象"。

　　当年，特派记者陈强撰写的现场新闻《轮台东门送君去——本报记者"鸟巢"现场目击刘翔告别》，让读者看到了一个现场真实的刘翔。记者陈晨撰写的评论《龙之腾也必潜乃翔》，也使报道深化一层：

　　我们无法想象刘翔用了怎样的力气和勇气，选择转身离开。我们相信如果可能，刘翔愿意用一条腿去为全体中国人换取一次荣耀，可与这样的荣耀相比，我们宁肯只看见刘翔离去的背影。恩师的眼泪、家人的眼泪、央视女记者的眼泪、现场观众的眼泪、志愿者的眼泪，唯独刘翔不需要落泪，奥运会冠军、世锦赛冠军和曾经的世界纪录保持者，他早已不需要再用成绩去证明自己。[①]

　　新华社记者杨明、肖春飞、刘丹撰写的《刘翔是人不是神》则发出感叹：

　　遗憾的是，中国田径队应该早些透露刘翔被伤病困扰的消息，这不是什么丢人的事，早点透露既可以给刘翔减压，也可以让国人和观众早做心理准备，完全可以避免今天观众和媒体目瞪口呆的窘状。

　　这些评述，不避讳国家田管中心的失误，对化解观众的疑虑有益处。

　　著名主持人黄健翔则有不同的视角："我不接受刘翔的道歉——因为他不需要道歉。"这句有煽动性的"格言"，诱发人们要有大国公民风范的思考。

　　报媒刊载这些独特视角的稿件，才会让人感到这家报纸有思想、有深度。

　　二是要以公众的声音解释新闻内核。譬如网友批评刘翔的声音：

　　据了解，刘翔目前签约的公司就有耐克、可口可乐、维萨、伊利、中国移动、中国平安、安利等十多个国内外品牌之多。我真的不知道刘翔一年有多少时间花在拍摄广告上，游走在商业活动中！网上一个小女孩给刘翔的留言是这样说的："刘翔哥哥，事实证明，喝了可口可乐，吃了安利纽崔莱，刷了 VISA 信用卡，穿上耐克黄金战靴，用上 EMS，喝伊利的鲜奶，腿还是会发软的。请你把做广告的那些时间都用心养伤吧，中国人民泣血感谢你了！"

　　还有追溯历史的举例者：

　　在 1992 年巴塞罗那奥运会上，英国运动员德里克·雷德蒙德在 400 米半决赛比赛中，刚刚跑过了 250 米，右腿肌肉撕裂，他重重地跌倒在了跑道上！别的运动员一个个地从他身边跑过，纷纷到达了终点；救护人员也迅速跑上来，想把他抬上担架。但他苏醒过来，却嚷着推开救护人员，从地上爬起来，泪流满面地一跳一跳地冲向终点。他的父亲也从看台上跑下来，扶着德里克

---

　　① 参见陈晨：《龙之腾也必潜乃翔》，见《深圳特区报》，2008 - 08 - 19。

的胳膊，和儿子一起慢慢地走向终点，现场 6.5 万名观众掌声经久不息。刘翔如果真的是个民族英雄的话，他应该像德里克·雷德蒙德一样，一步一步地走向终点，110 米只是很短的一段距离，既然他能走回后台，肯定能走到终点！国人和现场的观众也一定会有足够的爱心和耐心击掌相伴，并将给予刘翔更大的尊敬！

体育报道名家李承鹏则反对这种做法，他在新浪博客发表《1356 号的刘翔有没有资格退赛?》，设计了另一个场面：

刘翔乘一辆急救车来到鸟巢，面部戴着呼吸机，胸前插着起搏器，他颤悠悠走上跑道，哇地吐了一口鲜亮的血，但奋力推开企图劝阻他的护士，说让我走完人生这最后 110 米。此时万马齐喑，大地无声，鸟巢九万颗心脏在为这个 25 岁的青年跳动，各国参赛运动员默默看着这位才华横溢的同行。刘翔向前走着，踉跄地走着，这时，天空飘起了小雨——那是苍穹在为他流泪；这时，鸟儿叼来了羽毛——这是生灵在为他送行；5 米、50 米、100 米、108 米、109 米……突然他倒下了，但努力用指甲抓住地面向终点爬去，爬去。余秋雨老师哽咽了，在旁边忍不住为同乡配上画外音：这是刘翔的一小步，也是人类的一大步，夕阳西下，残阳如血……

显然，他认为刘翔硬行带病参赛不能体现奥林匹克精神，而是发神经。

这些公众的不同声音，是不是会给人以更多的信息，更深刻的阐释呢？

三是要以巧妙的策划驾驭新闻传播。一个重大新闻发生了，新闻策划应该定位何处？是否要派出记者赶赴新闻源？要从哪些方面报道受众最想知道的新闻？像张艺谋设计实施的北京奥运开幕式那样，巧妙驾驭一个大的主题，策划的招数千奇百怪：静态的、动态的；单项的、全景的。记者的差异是应变能力的高低，媒体的差异在于策划招数的多少。可谓脑力之较量也。在报道力度上，要围绕最吸引眼球的事件，配备人力、增加版面，做大做强，甚至放弃次要新闻报道。像 CCTV、凤凰卫视报道美军进攻巴格达、奥巴马要打叙利亚，NHK（日本放送协会）报道日本大地震那样，不顾一切，集中力量，不同角度，传播到位。

媒体对突发的有轰动效应的新闻，也要为实现"两个效益"而紧急启动全景策划应变预案。如凤凰卫视在刘翔退赛后，围绕这一新闻，一边 24 小时滚动播出，一边启动广告应急预案。媒体全景运作概念的被承认，是一个"与时俱进"的典型实例。近年来，媒体全景运作渐渐不被看作"见钱眼开"，尖刻保守的批评声音随着这种策划的裂变，变得越来越微弱。因为媒体间对新闻猛料和市场份额的竞争，如同"没有硝烟的战争"；"媒体也是资本"的意识导致新闻人从资本运作角度来考虑新闻传播的双赢。这意味着，重大的突发新闻高质量传播，也会激活潜在广告市场投放。

看来，关键是驾驭报道引导读者跟着走。

四、传播媒介必须进行革命性转变，"电纸接收器"让受众更便捷地接受资讯

难点：如何技术革命

刘翔退赛事件过去许多年了。当时人们看到，报媒与电视、广播、网络和手机相比，在新闻传播模式上甚为被动，最突出的是两点：一是出版时间受限制，突发新闻不能即时印制发行；二是印刷花费大量纸张，成本远远高出其他媒体。如何破解这些难题？

2010年1月27日，在美国旧金山芳草地艺术中心，苹果公司首席执行官史蒂夫·乔布斯宣布iPad问世。这让人们萌生无尽遐想。

面对新媒体的围剿，传统媒体为生存而试图寻求技术突破。这种强烈需求引发技术推进，出现了诸多时尚的"电纸接收器"：（1）可弯折的OLED屏幕阅读器。（2）柔性胶质E-Ink阅读器，最大限度实现阅读体验。（3）公众场合的硬板屏幕阅读器。（4）屏幕能够折叠成连环画大小的阅读器。（5）苹果iPad、亚马逊Kindle DX、汉王手捧式阅读器，等等。这些都是"电纸接收器"的重要里程碑。

"电纸接收器"让老式报纸运作流程发生变革。这种新型传播媒介不用紧张印刷，更不用投递，只要将各类稿件、图片、甚至视频编排发送，即可到达受众手里，至于滚动刊发，更是小菜一碟。同时受众还可以将自己的意见、观点和图片反馈给编辑部，形成互动。人人都可以是记者，人人都可以是新闻的制作者和发布者，这种浩瀚无际的新闻源可以来自于地球的任何地方，世界真正就是一个"地球村"。空间的距离显得那么狭小，只要动动手指，不同国家、不同种族、不同年龄、不同思维的人群，甚至整个世界都可以同步。传媒将传统文字优势、新颖传播优势融为一体，前景岂不是一片光明？！

"电纸接收器"以动感、图片、视频等新形式开一代先河。这是媒体对于

新闻传播的形象加工，是一种艺术创作，让传统媒体转向全媒体。新式记者要会写稿件、会拍照，会摄像、会剪辑；编辑不仅要是编排高手，还要会策划、监审、督导；新闻集团也将以大采访中心替代报纸、广播、电视、网络分设的采编系统。不能不承认，全媒体记者时代到来了。

"电纸接收器"，引发人们无尽的遐想。也许会让传统媒体枯木逢春，如虎添翼。事态很明显：媒体谁转型，谁主动；谁先转型，谁占据先机。否则，面临的只有两个字：淘汰。然而，这其中的一个最大难点是："电纸接收器"如何克服目前的高成本，走向平民化。

"电纸接收器"为何没有取代报纸？

一是这些阅读器价格太贵，对于一般受众来说，还难以接受。只有大批量生产才能降低成本和价格。二是还没有找到新的赢利模式。虽然阅读器提供了一个极具诱惑的机遇，但利用大屏幕阅读器延续传统赢利模式，面临广告商的质疑。因为即使是 iPad 界面，也没有传统报纸的版面宽阔，广告投入将因版面面积小而大幅跳水。三是阅读器厂商往往希望自行确定订阅价格，控制与受众的关系，这也不能让传媒接受。

加州大学洛杉矶分校《网络大脑》一书的作者盖瑞·斯默尔博士说："技术的列车已经驶出车站，不可能停下来。"也许有一天人们看到今天的报纸，就像看到文物；看到今天的"电纸接收器"就像许多年前的大哥大。主动融入全媒体是一种心境明亮的抉择。

倘若刘翔退赛事件有了"电纸接收器"，那么报媒不用特意出版"号外"，也不用紧张印刷，更不用投递，只要将各类稿件和图片编排发送，即可到达受众手里。

看来，关键是让"电纸接收器"早日成为受众的必备品。美国自 2008 年12 月 8 日《洛杉矶时报》申请破产，《洛基山新闻报》等 30 多家报媒陆续停止印刷，改出网络版。这说明报媒向"电纸接收器"寻求生路，既是一种洗牌，也预示着世界媒体新时代的启幕。[①]

拯救传统媒体，将要依靠人类媒介技术的彻底革命！

---

① 参见耿伟、刘绩辉：《关于"报纸阅读器"的对话》，载《新闻实践》，2011（8）。

A3 "新闻群"——撒开大网捞"鱼群"

夜晚，深圳东门灯火辉煌。

紧贴着深南路边的振华歌舞厅，大幅标语在高楼飘荡：特种搞笑部队——东北"二人转"来了！

走进去，豪华的舞台周围早就坐满了上百名观众。优美的曲调响起，更多的人从包房走出来看戏。

第一副架出场的演员叫王老七、冯秀红，他俩先唱了一段小帽儿《送情郎》，侃了一通"说口"，然后正戏唱了《白猿献桃》。王老七五短身材，圆乎乎的，光头锃亮，一伸脖子一瞪眼，一走矮子步，活脱脱像个"乌龟"。然而他却能灵巧地空翻、头顶地旋转。冯秀红则擅长舞手绢花，忽而顺转，忽而抖扇，托绢、踢绢，神出鬼没。

第二副架出场的是司旭、毛毛，他俩是大学生，科班出身。司旭先是一通俏皮嗑，逗得满堂欢笑。接着与毛毛唱《小拜年》，穿插"逗口"，正戏是《回杯记》，说的是中榜的状元张廷秀回乡试探未婚妻"二兰英"变没变心。这段戏他俩曾在全国调演中拿过大奖，尤其是毛毛，小巧俊俏，娇美风骚，说口利索，妙语连珠。

"二人转"演员都有绝活儿，那天王老七用牙咬住几十公斤重的琴桌，将其叼起来，令人惊讶。小帽儿《大实话》，把社会各阶层，包括明星、大款、退休者、跳舞的，都刻画得淋漓尽致，人们像是在听真切的倾诉。

"二人转"萌发于清朝嘉庆末年，那时满族的皇封地刚开放，大量山东、河北移民涌去开垦，同时也带去了山东的大秧歌和河北的莲花落。每逢过年过节，大秧歌红红火火地扭到哪家，便会有人敲着竹板，随着秧歌唱莲花落。慢慢地就出现了艺人，有了节目。如一个演员的独角戏《红月娥做梦》，叫"单出头"；两个演员演的《大西厢》，新中国成立后定名"二人转"；还有多名演员上场的"拉场戏"，如《锯大缸》等。现在所谓的"二人转"其实是一树三枝。

"二人转"呼啦啦来到了深圳,但它毕竟是东北的地方戏,能否适应南方市场,还有许多疑虑。

一位香港客人,他听"逗口"时,对什么是"下晚黑儿、埋汰、坷磣"等,根本听不懂。看来,"二人转"必须对东北话加以改造,才能为深圳观众扫除语言障碍。

还有"二人转"对性文化极其热衷,突出的是禁品《十八摸》,其词汇千锤百炼,曲调精美绝伦,但内容却绝对属于"扫黄"之列。据说,有的为了取悦观众,在出演《刘伶醉酒》时,扮刘伶的男演员因喝杜康醉倒,扮刘伶老婆的女演员先是亲吻,继而骑到男演员身上"运动",还往男演员脸上抹灰尘,弄得那"刘伶"像妖怪一般。

对此,司旭认为,"二人转"那些艺术语言,如"小两口进洞房——研究人事问题",就挺好。至于性演绎到何种程度合理,比如"现在找处女比抓拉登还困难","癞蛤蟆配苍蝇——压力不小"之类是否合理,似乎是个"哥德巴赫猜想"。

——摘编自《呼啦啦来了"二人转"》,见《深圳特区报》,2002 - 01 - 19。内容有改动。

《呼啦啦来了"二人转"》报道了发生在深圳的一个热点。那天晚上记者得到的信息太多,不仅有演出剧情、演员绝活,还有"二人转"的发源流脉、段子种类、演出程序,以及"二人转"粗口等。此时遇到的不是一条新闻消息,而是一个"新闻群"。于是,写了一篇长稿,多视角报道"二人转"。

记者常像饥饿的难民幻想食物那样,诅咒新闻"料"稀少。但偶尔也会像报道《呼啦啦来了"二人转"》这样:新闻信息竟然像五颜六色的"鱼群"般扑面游来,让你目瞪口呆。此刻,该如何应对?

作为职业记者,思路和文笔虽然会有一定的差距,但不会有天壤之别。能否写出好稿件,总体上是采写、编辑、刊载和策划的综合效应,其中记者能否捕捉到具有获奖价值的新闻,则是尤为关键的头步棋。

"新闻群",即能引起受众萌生知情欲望并具有大众传播价值的"集群"新信息。遇上它,则是施展分析性报道手法的良机。然而值得注意的是,记者碰到"新闻群"的机会并不多,假如只选其中一条采写,就浪费了大量的珍贵信息;如果写成多篇消息,则遗憾地将该"新闻群"分割零碎。

一、冷静审视"新闻群"

记者成年累月地奔波采访，处于大量社会信息、新闻信息的包围中。能否清醒地意识到自己碰上了新闻"活鱼"，尤其是能否分辨出新闻"鱼群"，这是对记者新闻敏感度的测验。"新闻鼻"的功效在于嗅到新闻线索，"新闻脑"的功效则是对新闻线索和素材分析认定。即"鼻"是"脑"的外化，"脑"是"鼻"的内核。

"新闻群"游来，有两种情形：一种是**"同属新闻群"**，指记者获得的相互联系密切的大量新闻信息。这为写出一篇有分量的大稿提供了素材。另一种是**"异属新闻群"**，指记者获得的相互联系较弱的大量新闻信息。这可以按照不同类属采写成多条消息。

报纸不再是新闻第一时间的报道者，而是新闻的解读者，深度报道就自然成为主角。从 1890 年美国女记者伊丽莎白·科克伦的《疯人院 10 日》算起，深度报道产生 120 多年了。这个学术概念诞生于 20 世纪 40 年代。新中国的"深度报道"，曾在 20 世纪 80、90 年代围绕《渤海 2 号调查》、《关广梅现象》、《傻子瓜子年广久》、《唐山大地震》、《兵败汉城》等报道出现后，逐渐被公推为突破单一新闻事件的报道模式，去深度挖掘新闻事实的真相，揭示其因果关系和深层动因的"重武器"。在背景报道、精确报道、典型报道、分析报道、预测报道、体验报道等方式中，逐渐形成以追踪报道、解释报道、调查报道为三种境界，揭示新闻真相的"解读兵种"。近年来，有关"孙志刚之死"、"周老虎真相"、"躲猫猫"、"挟尸要价真相"、"渭南书案调查"、"富士康员工跳楼迷局"、"大 V 近黄昏"等事件的报道，每每引起轰动。《人民日报》在 2009 年 7 月 1 日改版后，让人耳目一新的即以深度报道为各版主打，甚至有底气在网站上对 5 版以后的资料浏览收费。《浙江日报》每天也以 20 个版面主打"深度"。

其实，世界进入大数据时代，中国主流媒体就已经纷纷将深度报道作为"导弹"。

2002 年 10 月，有位叫王家雄的极限运动员骑自行车飞越黄崖关长城，因自行车后轮撞在城墙的外沿上，在四周惊恐的叫喊声中，瞬间摔落在防护垫外面的山坡上。

这一消息引起世界轰动。当时"亚洲第一飞人"柯受良刚刚回到深圳中海华庭家中，就有记者连夜对他专访。魁梧结实的柯受良情绪激动，滔滔不绝，说他 16 岁时，在《女英雄飞车夺宝》的电影里，与 5 个伙伴轮流"飞车"，也轮流受伤进医院。这迫使他动了脑筋，意识到不能蛮干。经过四处学艺，他的技艺突飞猛进，可以驾车穿过一座大楼的第三层大玻璃窗，从马路上行驶的电车上飞过，从容落地。他最得意的是 1989 年在成龙、谭咏麟主演的电影《龙兄虎弟》中，飞越了南斯拉夫的一条 75 米宽的公路，成为经典一瞬。在他看来，首先是要考虑为什么"飞"。1992 年 11 月 15 日他驾驶雅马哈 250 型摩托车，飞越金山岭明长城遗址，就是为了和英国人埃迪争先。"长城是中国人自己的长城，怎么能让外国人先飞呢？"

记者对于柯受良批评"乱飞越"深有感触。的确，"没有主题和历史价值，飞越有什么意思？可是有的地方为了提高知名度，你飞 50 米，我飞不了，就飞 18 米，这有啥意思？"柯受良恳切地说，"你要飞 50 米，就要有模拟飞越 60 米的能力，不可以临时现场冒险，拿生命开玩笑。"为了飞越黄河，他曾 14 次亲临黄河考察。除了香港卫视的巨资赞助，自己又投入 380 万元，添置安全设备。他驾驶的三菱车，备有完整的电脑系统和自动操作装置，可应付各种可能发生的意外。1997 年 6 月 1 日中午，他在黄河壶口燃香跪拜，泰然启动，跑车在空中划出一道优美的弧线，平稳落地。这一瞬间，震惊了世界。

这些信息形成了一个"鱼群"，如果仅仅写柯受良的看法，就可惜了素材。于是，记者决定写一篇深度报道《挑战极限，不能跟风和蛮干》，此稿获得中国体育新闻奖。

2004 年 3 月 11 日，在全国"两会"上，针对"保护私产入宪"的话题，广东团代表黄德明提交了一份建议，呼吁制定《保镖条例》。这一提案，顿时引得舆论沸沸扬扬，各大媒体热炒猛料。

私人保镖不同于普通人的"另类生活"，让一名记者萌生了探寻其隐秘生活的强烈冲动。于是，他先后听取 18 名私人保镖诉说那些行踪神秘莫测、充满苦辣酸甜的离奇故事，构成"新闻群"，一篇深度报道《深圳私人保镖揭秘》出炉了：

1. 谁能雇用私人保镖？

当然不是普通的工薪阶层。谁见过打工仔，甚至白领身后跟着一个机敏威猛的保镖？但是，有钱人也不是都会雇用私人保镖，他们往往是因为偶然的缘由，才被迫冒出"雇个保镖"的念头。

经济纠纷。一位曾老板为一个楼盘配置绿化，工程完工，验收合格，但对方留一部分工程款迟迟不兑现。而他分包的一个公司又鼓动工人来催款闹事。于是他通过熟人，雇了两个保镖。

人际矛盾。一位李老板在宝安做电脑连线的生意，由于和副总发生矛盾，大怒之下将其辞退，令那位副总强烈不满，几次威胁说要报复。李老板只好托公安局的熟人，找了一位私人保镖。

贪图虚荣。有的老板很可笑，回老家过年搞排场，雇用私人保镖要高大威猛，1米90，一选就是4人，乘着劳斯莱斯、卡迪拉克，摆阔气。

私人保镖训练的片段。郑东升　摄

2. 当私人保镖有何条件？

初级私人保镖，要会武打、会开车、会粤语等；中级私人保镖，要懂公文、会写作、会电脑等；高级私人保镖，要懂外语、知法律、会策划等。不同的雇主对于私人保镖，也有自己的要求。

深圳还没有挂牌的"私人保镖公司"。网上从事这一活动的，有蓝狐、忠超、猎鹰、福可思等；私人介绍的就复杂了，有的是亲属、老乡，有的是通过公安系统的熟人引见挑选。

3. 私人保镖的生活如何？

私人保镖的压力很大，每时每刻都要面对来自任何方面的挑战，精神处于十分紧张的状态。李健是深圳一家网络公司的私人保镖，老板雇他，是要对付情敌。可人家什么时候来，如何对付，发生格斗应打到什么程度，他都要事先慎重思索设计。每次当值，他紧张得连上洗手间都不敢。

受访的私人保镖有一个共同的请求：千万不可将真实的名字曝光。通常都是用"司机"、"秘书"、"总经理助理"。他们希望有一天保镖能被社会看作一种受尊重的职业。

最令人惊讶的是，几乎每个私人保镖都说老板永远对他们有戒心。然而所有的老板都强调一条：是否有忠心，甚至敢献身，这是考核私人保镖的首条标准。给一家夜总会老板当保镖的严明伤心地说："老板家养了一条大狼狗，从不让我接触，是用来对付我的。"

深圳私人保镖大约分3个档次，初级的4 000～6 000元，中级的7 000～10 000元，高级的则10 000元以上，特殊的20 000元。当一叠票子捧在手里时，私人保镖心里的所有苦楚，都会烟消云散。

4. 这种职业有法律依据吗？

一种观点认为私人保镖是一种客观现象。无论你是否为其提供法律保护，都消除不了越来越火的社会需求。另一种观点针锋相对，认为私人保镖虽然是一定圈子离不开的特种职业，但它毕竟缺乏法律的保护，这和私人侦探一样，仍是"边缘职业"。

5. 私人保镖会成为黑势力？

一种观点认为不加限制的话，私人保镖有可能成为某种黑势力的基础。另一种观点认为，私人保镖的武力特征，并不能证明其有天然的违法基因；恰恰相反，私人保镖正是由于行业的特殊性，必须在法律范围内生存，如果真的滑入黑势力，就不是私人保镖了。

《深圳私人保镖揭秘》先是发表在《凤凰周刊》，由于反响热烈，《鹏程》杂志特约记者撰写10篇私人保镖报道，连续刊载，一时间为市民追捧。这个选题，至今仍可继续追踪。

二、全身解数捕"鱼群"

记者捕捉新闻"鱼群"，要施展浑身解数。"碰"和"采"是一个整体，"碰"是机遇，"采"是实施。发现"鱼群"，是"新闻鼻"的功效；而采还是不采、怎么采，则是记者综合素质的反映。

若想采访到鲜美的新闻"鱼群"，记者必须具备4个综合素质：有能顶住各种采写压力的"钢头"；有能言善辩引出真情的"铁嘴"；有能容下苦辣酸

甜的 "橡皮肚"；有行动敏捷善于奔跑的 "飞毛腿"。这样才会意志坚定、措施灵活地把 "新闻群" 的信息搞清楚，"捕" 到 "鱼群"，写出好稿。

《大 "机" 为啥斗不过小 "机"?》有关报道的局部版面。

《大 "机" 为啥斗不过小 "机"?》叙述了黑龙江省绥化市国营大型电机厂被一家乡企小电机厂斗败的离奇故事。

一位《黑龙江日报》记者乘火车时听说，绥化小电机厂从几间草房和一台焊机起家，发展成国家机电部定点企业，厂里给技术人员买楼房，算个人财产，等等。他很感兴趣，前去采访时获得许多 "小机" 的传奇故事，并把相距一步之遥的大电机厂扯在了一起。

记者首先是遇到来自市里主管部门和大电机厂惧怕曝光的情绪，导致知情人纷纷回避。几位熟人也受托前来说情。此时稍一动摇，采写即告失败。虽然 "两机" 蕴藏着不可估量的新闻价值，但却像是 "听到辘轳响却不知道井在哪儿"。于是记者找当地通讯员和熟人领着混入 "大机" 厂，直接接触车间工人、技术人员。采访持续了半个月，逐渐将庞杂素材梳理清楚了。这一报道的分析叙述路径为：

1. 观察 "地形"

在黑龙江省绥化市的城南有两只 "机"：一是建在圣忠庙风水宝地上的国营大型绥化电机厂，俗称 "大机"；再是几间草房和一台焊机起家的乡镇企业，叫绥化电机有限公司，老百姓称 "小机"。

2. 再查 "档案"

10 年前，"大机" 根本没把 "小机" 放在眼里，因为 "大机" 拥有 3 万平方米的偌大厂区，146 台（套）设备和上千人；而 "小机" 则白手起家，似乎不堪一击。然而随着"小机"日益发挥出乡镇企业用工、销售灵活的威力，"大机"却愈发暴露出人浮于事、经营呆板的弊端。以致"两机"发生了种种碰撞和较量。

3. 倾听"舆论"

在民间也传出一个个离奇的故事：说是"大机"技术人员给"小机"干私活，"大机"新产品刚形成图纸，"小机"就投入试制了；"大机"购货员有时发回一车皮原料，竟有一半儿是"小机"的；据说火车站的出租车司机都被"小机"收买了，只要拉回一个买电机的主儿，"小机"就给10元钱奖励。这些都无暇证实。但"大机"堂堂国营厂的技术副厂长姜玉林、电机检测权威王兴荣却真的跳槽到乡镇"小机"，当了工程师。

4. 对比"数据"

目前，"小机"已拥有8 800平方米的厂区、46台（套）先进的设备和210人的职工队伍，成为机电部定点厂家，并实现利税60万元。而"大机"呢？不仅没赢利，反而亏损140万元。

"大机"退休人员开支和支付沉淀贷款的利息负担太重。同样生产一台电机，"大机"价格就比"小机"高。今年两家一样干到600多万元，但"小机"赚60万元，"大机"却亏得一塌糊涂。

5. 用工机制

"大机"人多，但每年转业兵、毕业生甚至刑满释放的原厂工人，你都得接收。而"小机"总裁白广忠则神采飞扬地说："我这没那事儿，在册210人，活少时就打发一些回家种地去。"总装女工徐成环、冷雪艳在听到记者问，回家有生活费吗？都惊讶地说："啥？不上班还发钱？"

"大机"20多人陆续"雁南飞"，高级工程师走得一个不剩。而"小机"则趁此招揽人才。"你不就是缺住房吗？"白广忠劝"大机"技术副厂长姜玉林放弃去烟台，留下来，给钱买楼，房产归个人。如今"小机"研发能力压过"大机"。

6. 销售机制

在销售措施上，"'大机'个人销20万元以上提1.2％或1.8％，今年销售形势不好，1.8％拿不到。"销售科魏振芳诉苦说，"就算1.8％，请人吃饭、给人佣金1％，剩下0.8％用于出差，到河北一趟就得几千元，都不够开销。"

可"小机"销售提成则以2.2％为起点，超过30万元给2.5％，超过50

万元给 3‰，超过 100 万元给 3.5‰，达 200 万元给 4‰。"小机"宗海一人完成销售 150 万元，立刻兑现 5.25 万元。

这篇报道先发表在《黑龙江农村报》头版头条，引起新华社记者注意，立刻追踪采访，在《经济参考》刊发出来。经验丰富的绥化市委书记李殿科果断地把"两机"合并为电机集团，"小机"总裁白广忠就任新集团总经理。老白新官上任三把火，把"两机"1+1＞2 的优势迅速体现出来，收入扭亏为盈。6 个月后，《黑龙江日报》特派高级记者朱正高、路学斌跟踪采访，刊发了《十年相斗终有果 对手合为一家人》综述；绥化市委宣传干事曹凤鸣也撰写了长篇报道《"大机"是怎么飞过篱笆的》、《"小机"斗败"大机"之后》，一时间该新闻成为报纸、电台和电视台追访的"热点"，"小机"公推为改革创新的成功样板。

三、精心制作"鱼"更香

记述"新闻群"，是记者驾驭大量素材的综合制作过程。"捕"和"烹"还有一步之遥。如何将其制成诱人垂涎欲滴的佳肴，尚需诸多环节的精心加工。

这让人联想到，纽约哥伦比亚广播公司 1968 年推出的一个王牌栏目《60 分钟》。它没有栏目主持人，但主题涉及政府政策、司法公正、突发灾难等"新闻群"，高居美国联播网黄金时间收视率前 10 位。[1]

CCTV 在 1996 年 5 月 17 日开播的《新闻调查》，可谓是中国的《60 分钟》。其口号是"探寻事实真相"。像《透视运城渗灌工程》、《海灯神话》、《温岭黑帮真相》、《南丹矿难内幕》等节目；另一种是被道德观念和认识水平所遮蔽的真相，比如《眼球丢失的背后》、《死亡可以请求吗》、《婚礼后的诉讼》等，都是新闻报道精品。[2]

《南方周末》的成功，在于选题不仅集中在"新闻群"，而且注重制作长篇深度报道。譬如《省委书记"开炮"，痛斥昆明拆建》、《土地纠结 60 年——被遗忘的北大荒》、《中国医疗暴力史》、《凡客：两年裁员八千人幕后》、《"大武汉"悬念》、《县委书记和县长眼中的基层官场》、《复制"贱

---

[1] 参见张洁、吴征：《调查〈新闻调查〉》，7 页，北京，文化艺术出版社，2006。
[2] 参见上书，31 页。

民"——南京饿死女童母亲的人生轨迹》、《比特币在中国——虚拟世界的疯狂游戏》、《周其仁：土地改革的诱饵与根子》、《被包装的"苦难"？——傅苹在美国讲"文革"故事》、《贾平凹：不要嘴说，要真操那个心》、《郭宝昌，那个爷》等，几乎都因为深刻揭示新闻事件真相，透彻分析背后原因和规律，成为一篇篇精品。这也为今日报媒如何守卫原有的传播领地，做出了一种示范，赢得了一份尊重。

《山西官员清房记》[①] 是针对山西省大规模清理党政机关超标办公用房的全景报道。时间短、范围广、素材多，如何驾驭？记者经过梳理筛选、逻辑排列，写成一篇 5 000 字的大稿。

1. 主题反映什么

主题，是叙述新闻事实时所表达的主导思想，它集中反映作者的意图和境界。这是深度报道的原点和终点。这篇报道反映：

2013 年 9 月，山西官员的办公室不再有往日的安详平静，一场全面清理腾退超标办公室行动，在各地市党政机关紧急进行。截至 10 月中旬，山西全省已清理出超标办公室面积达 65 万平方米，各级官员腾退办公用房近 30 万平方米。原山西省委书记李立功、原省人大常委会常务副主任申联彬等离退休省部级官员，也在这个秋天清退了省委大楼内的办公室。

该文主题为：党政机关办公用房普遍超标到何种程度？清退办公用房对基层官员有哪些影响？地方官员如何应对？

2. 结构怎么设置

结构，是作者叙述新闻事实的逻辑顺序和文字框架。该文的叙述分析顺序为：

一是办公用房普遍超标。标准规定，省级正职官员每人办公使用面积 54 平方米，省级副职 42 平方米；正厅级 24 平方米，副厅级 18 平方米，处级 12 平方米，处级以下 6 平方米。山西近期清理中，发现正省级官员办公室面积超标 59 平方米，副省级官员也超标 199 平方米。

二是省领导超标办公室一并清退。山西省纪委的数据称，此次山西离退

---

① 参见褚朝新：《山西官员清房记》，载《南方周末》，2013 - 11 - 07。

休老干部腾退办公室面积约 1 232 平方米。

三是腾退中的各种应对。临汾市某局办公楼内，一名副局长的办公室最近在中间竖起一堵木墙，在外墙上新开了一个门，一间变成了两间。记者发现这堵墙并未完全将大房间一分为二。新砌的墙留了一个一米宽的通道，外面看起来是两间房，实际成了暗中相连的套间。

四是困扰基层的新问题。上世纪八九十年代修建的办公楼，最小房屋 15 至 20 平方米；2000 年后修建的办公楼，最小房间 20 至 25 平方米，导致最小房型都超出国家标准。孝义市的政策是，只要不超过 6 平方米，允许部分官员办公室超标几个平方米。这一做法并未得到上级认可。

3. 细节如何复原

深度报道的背后主线是论理。但完全是分析语言，就会改变为新闻评论。而报道的论理是以事实说话，以新闻素材作为证据进行逻辑排列。这些素材有的是综合数据，有的是现场描述，后者的功能则是复原现场情景：

导语：2013 年 10 月 28 日，山西省孝义市市委书记张旭光的老办公室杂乱不堪。约 30 平方米的屋子里，大量书籍、书柜和一些文件、字画等堆放在地上。

对比：记者调查发现，实权大、强势部门官员的办公室，明显大于同级别的其他官员。两位副厅级官员的办公室不足临汾市公安局局长安占功的四分之一。与领导们办公室严重超标形成鲜明对比的是，同在孝义市，市委却有 8 名普通工作人员挤在一间办公室的情况。

场景：身为吕梁市委常委的张旭光，属副厅级官员，按规定办公室面积是 18 平方米。现在的新办公室很小，书和一些过去用的沙发摆不下，只好暂时存放在腾出来的老办公室里。

疑问：很多单位腾出的办公用房并未被收回，多被原单位以各种理由占据了；若机械执行 1999 年的国家标准，会花费更多资金改造原有办公用房，拆墙、砌墙、打洞开门，甚至购买新的办公设施。

深度决定高度，这种写法有详有略、有血有肉、推理判断，将一个重大的改进机关作风举措的真实情况报道得清清楚楚。

44 政务报道——清江淡水藏"鲜鱼"

《中国青年报》记者王尧曾采写《两张饭费收据》：

第一张饭费收据，发生在 1984 年 4 月 8 日，时任共青团中央书记的胡锦涛陪同胡耀邦、乔石来到鄂西山区边陲的咸丰县黄金洞乡土家山寨调研时，在当时的黄金洞公社食堂吃了一餐具有土家族风味的豌豆嫩芽煮红苕稀饭。胡锦涛去公社食堂总务室买单结账时，总务会计罗幸然知道他们是中央领导同志不肯收钱票，经过胡锦涛再三解释，罗幸然才按规定收取了三位中央领导同志每人交的二角钱和三两粮票。后来，罗幸然就把这三张生活费收据存根联和六角钱、一市斤粮票一同保存下来，作为今后教育子孙后代的传家宝。

第二张饭费收据，发生在 2002 年 12 月 6 日，刚刚担任总书记的胡锦涛到西柏坡村考察，在他离开时，让工作人员结算饭费。于是西柏坡纪念馆宾馆留下了一张收据，交费单位：胡锦涛；项目：5 日至 6 日餐费；总计：30 元。菜单：葱花炒鸡蛋、炒豆腐、烤红薯、蒸南瓜、煮花生等家常菜。

这两张饭费收据，是一个生动的例子。告诉我们大大小小的官员们，你该考虑，哪些费用该公家掏钱，哪些费用该从自己的腰包掏钱。从"饭费收据"延伸到"职务消费"上，公务用车、公务接待、出差、会务、办公等费用支出，如果监督管理不好，就会有轮子上的腐败、盘子上的腐败，围着裙子转的腐败，还有公费拿文凭的腐败。

——摘编自王尧：《两张饭费收据》，载《中国青年报》，2004 - 03 - 10。内容有改动。

这一发生在最高领导者身上的新闻，有血有肉，情节感人，怎能不说是一篇精彩的政务报道呢？如此报道，情节细腻了，观点深刻了，读者产生强烈的认同感，被紧紧地吸引住了。当然，报道成功了！

可惜，这样的报道实在太少。

政务报道的改革，因步履缓慢而被形容为"戴着镣铐跳舞"，陷入了忽明忽暗的误区：或是政务"鲜鱼"溜掉，报道清汤淡水；或是报道看似铺天盖地，传递的新闻价值却低得可怜。

党中央将政务报道的改革，看作政治文明建设的一个重要内容。2012 年 12 月 4 日中共中央政治局审议通过八项规定，不仅强调中央政治局全体同志要轻车简从、减少陪同、一般情况下不得封路、不清场，而且特别强调要改进新闻报道，中央政治局同志出席会议和活动应根据工作需要、新闻价值、社会效果决定是否报道，进一步压缩报道的数量、字数、时长。紧接着，习近平总书记参观大型展览《复兴之路》、视察深圳，不封路、不清场，以表率获得国内外广泛赞誉。

一、政务报道对于主流媒体是一把"双刃剑"

谁知道今天有多少政务活动？谁知道会议有多少鲜活新闻？政务藏有新闻，新闻有待传播，可谓清江淡水有"活鱼"。

政务报道，是媒体对党委、政府中心工作和公务活动进行的采写和传播。一方面它是来自社会高层的资讯，是媒体获得要闻的重要来源，具有值得大众传播的价值；另一方面它衡量着一家报纸的权威性和影响力，对于引导舆论热点、吸引广告投放具有重要影响。因此，主流媒体无论从政治导向还是经济利益上，都必须把政务报道放在极其重要的位置。

政务报道活动的优势在于：（1）素材丰富多彩。政务活动是重要新闻集散地。无论是全国人大会议、地方政府会议，还是市委市政府例会，媒体都要经过精心准备，收集大量的信息，包括领导讲话的例子，典型材料的事例，以供参考。最典型的是"两会"，议案五花八门，为政务报道提供了丰富多彩的新闻线索。（2）采访可走捷径。政务活动集中了各行各业的人才，许多代表就是新闻人物，这为采访提供了便利。记者可以坐享其成，顺手拈来搞报道。（3）报道易于策划。对于预知的大型政务活动，会议召开之前就可以进行炒作，使其成为人们关注的一个焦点。此时，一是事先策划的专题报道能够集中进行采访，易于成功，不像平时那样分散；二是社会热点难点问题能够得到有关部门的迅速回应，媒体据此权威解释底气十足。

许多年来，最成功的政务报道是 1992 年陈锡添①撰写的《东方风来满眼春——邓小平同志在深圳纪实》。该文不仅清雅脱俗，内容震撼，而且在中国改革的关键时刻，一份地方报纸敢于大胆冲破桎梏，抢发邓小平的行踪和国计，实属罕见。此稿为何敢撞底线？说到底，是当时深圳市委、《深圳特区报》有魄力，抓住了历史给予的一次千载难逢的机遇。该通讯被称为"中国历史关头的一篇雄文"：

《东方风来满眼春——邓小平同志在深圳纪实》3 月 26 日见报后，陈锡添并没有如释重负的感觉："当时这篇文章发出去后，我就害怕了，睡不着觉。不是怕丢官，乌纱帽掉了算啥？一个小小的副总编算什么？国家的大事，才是真正重要的啊。通讯中很多是'邓小平说'，'邓小平说'，弄错了怎么办啊？"30 日晚上，陈锡添值夜班，突然发现接收新华社通稿的机器嚓嚓嚓嚓打个没完，原来他的稿子出来了，一万一千字。陈锡添心中的石头才落了地。②

2005 年 11 月 10 日，出席"全国优秀新闻工作者表彰大会"的陈锡添（左）、徐华，回到深圳时受到英雄般的迎接。

3 月 30 日晚上，中央电视台在新闻联播之后，主持人邢质斌口播《东方风来满眼春——邓小平同志在深圳纪实》全文，达 45 分钟。31 日，《人民日

---

① 陈锡添，男，汉族。1941 年 2 月生，广东新会人。1966 年毕业于中国人民大学新闻系。1967 年起任《湖北日报》记者；1978 年任广州外语学院马列主义教研室教师；1983 年入《深圳特区报》，历任记者、部主任、副总编、总编辑；《香港商报》副社长兼总编辑，高级记者。长篇通讯《东方风来满眼春——邓小平同志在深圳纪实》获中国新闻奖一等奖。其他作品曾获韬奋新闻奖、广东新闻界首届金枪奖。2012 年获得广东首届"新闻终身荣誉奖"。

② 摘编自陈新华、吴清华、钟华友：《〈东方风来满眼春〉发表前后》，载《南方周末》，2003 - 07 - 12。内容有改动。

报》在头版头条的位置转载了《深圳特区报》这篇长篇通讯，《羊城晚报》、《文汇报》、《中华工商时报》等数百家报纸，亦全文或摘要发表。该通讯获得了中国新闻奖一等奖。刊发这篇通讯的《深圳特区报》不但进了中国革命历史博物馆，还进了法国卡昂和平纪念馆。

美联社、路透社、共同社等外国通讯社，都十分敏感地捕捉到了 3 月 30 日中国舆论发生的重大变化，当晚用"3 月 30 日北京电"的形式，向全世界报道："新华社、国家电视台的新闻节目都第一次发表了邓小平一月份的华南的讲话。"一时间，全球媒体关注中国，这成为中国新闻史上前所未有的盛事。①

可惜，由于种种原因，许多政务报道往往无法与《东方风来满眼春——邓小平同志在深圳纪实》相提并论。令人遗憾地出现两种情形：

第一，官职视为坐标

有两种情形构不成新闻：一是领导出席没有新意的一般性例会。这没有报道的必要，只能增加"文山会海"的分量。从费钱费力的角度来说，倒可以进入"批评报道"范畴。但会议的主管部门，甚至当地党政领导十分重视，不发消息不行，发小了也不行。二是新闻性不大的领导的行踪。比如《×××市长到基层调研》，平平淡淡，却充斥版面，以至于领导成为"电视明星"、"报纸模特"，使人对其产生"爱出风头"、"指挥无方"的感受。应该说，"有一流的工作，才能上一版；有大的影响，才能上大块"，要以新闻论位置。然而目前主流媒体往往选派"白宫记者"，天天跟随当地主要领导，唯恐遗漏了"领导新闻"。

出于政治敏感性和策划周密性的要求，媒体容易按照官职大小排列稿件，把"为领导服务"当成"把握正确舆论导向"。按新闻价值还是按领导级别安排版面，其实二者不必对立。在同等重要的新闻事件中，新闻人物的分量是"新闻价值大小"的一个坐标，某个村长出国当然不能与国家元首出访同日而语。

---

① 参见吴松营、陈锡添：《春风化雨润神州——1992 年邓小平南方谈话报道追忆》，载《新闻战线》，1999（10）；吴松营：《邓小平南方谈话真情实录——记录人的记述》，155 页，北京，人民出版社，2012；张昆、陈寅：《旗报——深圳特区报史稿》，78~80 页，北京，中国人民大学出版社，2012。

第二，"说"式报道流行

有新闻价值的政务活动，报道手法却常常陷于"语录式"、"他说式"的窘境。消息写法往往流行用"他说"、"他又说"、"他最后说"、"他充满信心地说"等，似乎不"说"不行。这种写法还用得着职业记者去煞费苦心地咬文嚼字吗？难怪读者讥讽媒体："想当喉舌却不会唱悦耳的歌曲。"是现在的记者不会写新闻吗？当然不是，相反是我们的调控机关虽然下发了有关领导报道的改革条例，"审定稿"却未减少，令记者编辑甚至传媒老总不敢越雷池一步。

看来，政务报道对于主流媒体是一把"双刃剑"。搞好了，是独门绝技，扩大传播力；搞不好，反倒因平淡死板成了劣势。

其实，政务活动藏有大量的新闻，是主流媒体拥有的独特优势，只是我们没有激活其新闻内核。重要的政务活动，上级机关会要求主流媒体派记者跟随采访，这样，记者与领导有着近距离的交流，可以得到核心消息。相反，一些被挡在政务活动之外的媒体，虽然千方百计地想得到这些高层新闻，却苦于没有进场资格，这反衬出主流媒体的政务报道机会的难得和珍贵。

如今这个世界上谁都不是傻瓜，领导们也不会喜欢那些死气沉沉的老套报道。一篇精悍的会议现场消息《授牌仪式用了25分钟》，摆脱了看着领导脸色的"说"式笔法：

"为什么还没到，大家都已经等着了。"

昨天下午2点28分，首批市级廉政教育基地授牌仪式会场，一位干部在电话中压低声音提醒另一位快迟到的参会人员。

此时，市委常委、市纪委书记丘海和多位参会的市直部门"一把手"已经就座近10分钟了，会场里一片安静。

2点30分，会议准时开始。

2点31分，几位迟到人员弯着腰进了会场，没有按照座位名牌的指引落座，而是就近找了个空位赶紧坐下。

2点45分，宣读文件、授牌仪式等程序完毕。丘海开始讲话。

2点53分，讲话完毕，仅用8分钟。

2点55分，散会。

"不好意思，不好意思，停车难，所以晚了一点。"此前迟到的参会人员赶紧解释。

市纪委有关工作人员告诉记者，纪委大院与市政协大院仅一街之隔，"两会"期间，两个大院中间的公共停车场基本用于政协大会，车位确实比较紧，考虑到这一点，他们在会议通知上已经提醒参会者要提前15分钟入场。"大家都提前到了，个别迟到说不过去。"

一位区纪检干部会后向记者感慨："80多个人的会，25分钟开完，改作风抓会风，见了实效。"①

二、政务报道要善于有创意地"跳舞"

形象地说，传媒老总们处于风口浪尖上。他们的乐趣，是在这个特殊的位置上有创意地"跳舞"，巧妙扩大政务活动的影响力。2013年全国"两会"，涌向首都的境内外记者竟达3 000人。因为那里是个大信息场，是中国政务报道的制高点！你不去占领，就不是主流，就没有权威，就被边缘化了。

新闻平台，是媒体展开报道的基石。这几年，由于技术能力的支撑，距离北京较远的南方广电、报业集团，纷纷推出"全媒体直播室"，将新闻采集、制作和传播的平台前移至会议所在的首都。这样汇聚起来的"多兵种"，包括文字、摄影、评论、新媒体、技术保障等种类，聚合文字、图片、视频、官微、网络等多元传播形态，立体化、全景式展现"两会"、"党代会"盛况。特别是在那里可以整合记者、编辑等传媒力量，策划如何采访有关国家领导人、部长等题目；也可以搭建直播间，针对热点问题专访人大代表和政协委员，或邀请嘉宾召开专题座谈会，冲破以往的种种困境。

角度，是政务报道的方位。在记者海洋中，传媒政务报道要角度怪异，斜刺里杀出。老总和记者要像渔夫那样观察水向，正确判断哪里会有值得捕捉的"鲜鱼"。政务报道的新闻手法也要灵活多样，要闻版面不可绝对地按照领导职务高低排序，更要消除文笔僵化和字数过长的现象。

1. 政务报道要及时发现和精心策划新闻选题

在政务活动中突然发现的新闻，要格外重视。因为这可能具有轰动性，使主流媒体占据报道的制高点。1999年2月27日《长江日报》刊载消息《簰

---

① 任琦：《授牌仪式用了25分钟》，载《深圳特区报》，2013-01-17。

洲湾溃口"淹"出 7 000 多人》一稿，是记者雷祖兵根据湖北省九届人大二次会议的一个信息进行的跟踪报道。该稿被评为第十届"中国新闻奖"二等奖：

6 岁小女孩江珊在湍急的洪水中坚持 9 个小时等待救援的传奇经历，使她成为簰洲湾溃口后新闻报道中的"名角"。这个小姑娘的另一段"经历"不太被人知晓——她是被洪水"淹"出来的没上人口统计年报的 7 000 多簰洲人之一。

簰洲湾包括嘉鱼县的簰洲镇、合镇乡，其人口统计数字中的"水分"，在去年 8 月 1 日溃口后不几天就浮出了水面。省计生委办公室主任肖自学前天向记者介绍了当时的情景：灾后省里曾派出两个督办组，到簰洲湾落实救灾物资发放——给每位农民每日救济 0.5 公斤粮、1 元 7 角钱等。他所在的督办组接到很多灾民投诉，救灾钱粮没如数领到手，怀疑村干部搞了鬼。一位村干部向督办组吐"苦水"：他们没有截留救灾粮款，是以前上报的人口数字有假。有一个村民组本来有 250 人，因为原上报的是 190 人，上面救灾按 190人核发，到了村里自然不能使每位灾民足额享受救灾粮款。

大水退后，簰洲镇、合镇乡向外公布挨家挨户统计出来的总人口数为64 096 人。此数字与灾前的人口统计年报数 57 048 人相比，竟有 7 000 多人的惊人差异。

这个会议新闻价值不小。若漏发，会让人感到可惜；写出来，精彩！

在政务报道中发现独家新闻，价值更加特殊。独家新闻，是指单独一家媒体发现的能够激活受众知情欲望并具有大众传播价值的新信息。记者徐勖风在参加深圳市的一次局级领导会议时，得知今后参加会议迟到者要受罚坐"迟到席"，便细致观察，记录难得的素材，采写了《开会迟到者请入"迟到席"——昨有 3 人坐在深圳会堂"令人遗憾的席位"》，引起读者叫好。这个报道看似选题小，但很新颖，比会议主打稿还受读者欢迎，获深圳新闻奖一等奖。在北京市七届人大六次会议上，大礼堂内立着"场内禁止吸烟"的牌子，但市长焦若愚、副市长赵鹏飞等在大会主席台上吞云吐雾，当时就有人提出意见。在会议上采访的记者蔺安稳马上跟踪这一信息，请焦若愚对此发表看法，写出独家新闻《北京市长焦若愚在开会时吸烟受批评后立即改正》。

政务报道同样是争夺读者的利器。经过策划的报道选题易于进行团队采访，获取成功。尤其是"两会"一类的政务报道，策划的热点难点能够得到有关部门的迅速回应。譬如围绕"民生追击"主题，请规划部门负责人回应如何根治"脏乱差"，交通部门回应蓝牌车治理等问题，不仅增强了代表委员与政府部门的互动，也有力地促进了问题的解决。《深圳特区报》有一个"阿庆茶馆"专栏，是"两会"报道的记者个人专栏，由该报记者冯庆邀请代表委员座谈热点话题，策划话题很鲜活，报道手法很灵活。

2. 政务报道要深度分析领导关注的工作难点

随着社会的发展进步，各种矛盾也会不断暴露出来，党和政府为解决这些矛盾而开展的中心工作，给政务报道提供了大的背景。媒体的政务报道如何选择最典型的事例，巧妙破题，打好第一枪，很关键。1995年4月22日深圳市政府召开常务会议，然而议题《深圳市优秀新产品评选管理办法》草案没有通过，当时到会采访的记者大都觉得没啥可写的，而《深圳特区报》记者张兴文、钱飞鸣却认为这恰恰是鲜活的新闻，立刻采写了《"规章"没有被通过》现场消息。此稿获得广东省新闻奖二等奖、全国副省级城市党报短新闻竞赛一等奖。

由于某些政府管理部门之间的权限模糊、相互掣肘，一些问题得不到及时解决，媒体对此要选择时机，大胆曝光。深圳政协委员高书环曾提出合理确定市政费用价格，为此，《深圳特区报》开设"热案天天读"专栏，刊发《市政公用收费不能说涨就涨》、《上涨费用用在了哪里》等稿件，分析这些收费的现状和对策，链接《美国燃气如何定价》等提供借鉴。在报道手法上，《13个瞬间留下的信心和期待》一稿，是记者团队11点38分到12点40分记录投票表决深圳"十一五"规划的13个瞬间。通过对13个人的采访实录，并将这13个片段串联起来，真实地记录了外籍人士、企业家和普通市民对规划的看法。这种手法非常有创意，包含的信息丰富，读起来新鲜有趣。

3. 政务报道要快速反映百姓呼声高的舆论热点

当中心工作和百姓呼声踏在一个节奏上时，是政务报道的最佳时机。此时媒体及时反映民意，呼吁解决热点问题，既能赢得决策部门的肯定，也能赢得受众的信赖。在2013年全国"两会"上，主流媒体集中在"中国梦"主题下，围绕教育改革、医疗改革、审批制度改革、公车改革、户籍制度改革、收入分配改革、科技体制改革等舆论热点，从不同角度展开报道。在深圳"两会"上，政协委员王树佳针对出租"黑的"收入超过"白的"提出"药方",媒体为此刊发《的士应降价 市场要放开》、《坐"黑的"无奈 盼"白的"降价》,吸引了无数受众。针对委员和市民反映消防车、警车、救护车深夜鸣笛的问题,刊发《特种车辆深夜出警应该禁鸣》,配发了漫画,链接重庆、长沙、武汉和广州特种车辆"禁鸣令",获得受众共鸣。深圳路口斑马线常出现人与红绿灯赛跑的情形,记者在"关注城市细节"专栏报道了《道路不畅和车辆剧增矛盾突出》,同时配发了大幅图片,形象地反映了这一现实。这对于反映市民呼声,解决现存问题,产生了良好影响。

从事政务报道的记者,尤其是跟随领导的"白宫记者",在新闻稿件送审前要由媒体主要领导编审,再送上级领导审定。这个环节很重要,不仅可以使稿件经过反复细致的斟酌,也可避免记者直接送审后难以改动的恶果。

三、政务报道要以灵活手法去记述

视角,是新闻报道的破题始点。由此延伸的路线,构成新闻主体的剖视画面。一个新闻,可以有十种百种采写方法,构成侧剖、全剖等不同的视觉画面。难就难在如何找到最佳视角。原任广东省委书记汪洋曾两次上网求策,网民一呼百应,这样的新闻是否可以打破老套的报道方式呢?2008年7月20日,温家宝总理视察康佳集团,一名女员工管伟与温家宝总理拉钩,约定题词。《那天我和总理拉钩约定题词》传遍天下。8月25日康佳集团接到温家宝总理的题词,人们奔走相告。①

2010年7月2日,温家宝总理在长沙拓维信息系统公司考察时,接受了员

2008年7月25日,《南方都市报》报道康佳集团女员工管伟与温家宝总理拉钩,约定题词的版面。

---

① 参见刘军锋:《敢创新就有报道空间——从"温总理接受漫画像"说起》,载《报道》,2010(4)。

工赠送的漫画像。漫画像恰到好处的夸张，让人从心底涌出愉悦。这是新华社播发的图片，几乎所有中国的传媒都在抢发这一新闻，也有媒体干脆头版就是这张图片！这则政务新闻不但生动有趣，而且意味深长。国家领导人漫画像成为政务报道内容，是中国传媒的一次突破，也是中国政务报道尺度明显放宽的体现。

这条消息倘若都发通稿，没有新意。有的报纸换个角度，采访到漫画像作者、26 岁的动漫女设计师黄华，写了专访，报道就扩展了；深圳《晶报》发了评论，报道深化了。其实这次共有 6 幅温总理漫画像，是否可以全部展示？这就要"合理撞线"，就要施展不寻常的手段。此前，2009 年 3 月 6 日在全国"两会"上，浙江《青年时报》记者给温总理画过漫画像；2010 年 5 月31 日温总理出访日本，也得到过漫画像。如此挖掘起来，题目真的很多。①

1. 重大政务报道要寻找主线，破题角度新颖

举世瞩目的中共十八大，人们最期待的是新当选的政治局常委首次亮相的那一刻。全国诸多主流媒体，基本都选用新华社授权发布的通稿：《习近平等十八届中共中央政治局常委同中外记者见面》。然而《中国青年报》却刊载了该报记者付雁南、刘世昕采写的现场新闻《自信》，其图片也是该报记者刘占坤、徐京星、丁林拍摄。这篇报道找到了一个主题、一条主线，就是"自信"。由此展开叙述：

一是真实记录新闻现场。"道歉"是第一个画面。记者敢如此写，是要有胆识的。该文的 22 个段落，除了几个过渡段和概括言论外，大都是画面描写。这就改变了惯常的"新华体"，跳出严谨呆板的路数，让读者看到逼真的现场：

——在一片掌声与密集的快门声中，他面带微笑，语气恳切地说："女士们，先生们，朋友们，大家好，让大家久等了！"

——在他所站的讲台左侧，其他 6 位政治局常委身着深色西服，依次站在人民大会堂东大厅的主席台上。习近平称呼他们为"常委同事"，并且把他们一一介绍给台下来自全世界的媒体。

——在谈到现阶段的矛盾时，习近平的话语变得掷地有声。他说："新形

① 参见耿伟：《政务报道如何新鲜热辣》，载《青年记者》，2010（11）下。

势下，我们党面临着许多严峻挑战，党内存在着许多亟待解决的问题。尤其是一些党员干部中发生的贪污腐败、脱离群众、形式主义、官僚主义等问题……全党必须警醒起来。"说到这里，他表情严肃地停下来，等待翻译。台下，摄影记者的闪光灯持续不断地闪烁。

——"在这里，我代表新一届中央领导机构成员，衷心感谢全党同志对我们的信任。我们一定不负重托，不辱使命！"讲话时，他语调沉稳而坚定。

二是外媒表述赞赏语言。有关对新一届领导班子的称赞，不仅由中国媒体来讲述，更多的是通过外媒来评价，这样会更加客观中肯：

——前来采访十八大的西班牙《世界报》副总编说，中国已经是国际舞台上不可或缺的一员，在各个领域都无法忽视。

——一位在现场的中国记者评价，习近平的讲话"务实、亲切、自信"；活动结束后 4 个小时，英国路透社在报道中写道："习的讲话通俗易懂，表现非常放松。"

——在现场采访的英国广播公司(BBC)记者注意到了这里"人性化的表述"。她在自己的微博上写道：

《中国青年报》2012 年 11 月 16 日 5 版。

"习近平的演讲受到了赞扬，很多人喜欢他更加'非正式'的遣词造句。"

三是场景写意轻松明快。这种笔法的"人性化"，以及表露的幽默感，应该是受到了主人公的潇洒自如的感染。

——在 18 分钟的讲话中，习近平 19 次提到了"人民"。他称赞中国人民是"伟大的人民"，并强调"人民是历史的创造者，群众是真正的英雄"。

——这场被形容为"没有官话"的讲话，在中国网络上赢得了普遍赞誉："没用那么多排比、对仗来壮声势，平实的话语，透露出真诚，充满着使命感。"当讲话接近尾声时，习近平恢复了微笑的表情。

——在一张巨幅山水画《幽燕金秋图》前，他伸出手，向台下端着"长枪短炮"的记者摆了一个邀请的手势。此刻，快门声再次密集地响起。

四是点睛之笔意境高远。对于中国第五代领导集体的首次亮相，该报道借用外媒的评说，以及报社的独立见解，恰到好处地表达了中国人民的殷切希望：

——当新一届政治局常委在主席台上依次站定时，居中站立的习近平和李克强曾几次向记者挥手致意。有外媒就此评价，中国已正式步入"博士治国"的时代。

——巴西《圣保罗州报》一位记者表示，中国是一个崛起的强国，并且将成为世界上最重要的经济体。

——这是中国第五代领导集体在中外媒体前的首次亮相，他们将领航中国。

这几处性质评定的言论，虽然很短，却很有分量，是记者在深度思考的基础上所进行的引用和阐述，使这一报道提升了思想高度。

《自信》能够刊出，也应归功该报总编辑的自信。没有这一点，没有这家报纸富有激情的文化流脉，这篇稿件恐怕难以如此高调刊出。

以往中国记者对于全国"党代会"、"两会"报道，都做过大胆的、精心的成功探索。《深圳特区报》编委叶晓滨曾写过一篇《27 次掌声意味深长——政府工作报告旁听记》，动用声频、跑表等工具，记录时间最长的掌声、最热烈的掌声等，被传媒此后几年采访所模仿。这种做法，将会议重要新闻策划成为多视角、有冲击力的报道，势必吸引受众的眼球。

2. 热点政务主题要灵活解读，强化传播效果

通过言论、图片、图表、漫画等，把一些枯燥的数据转化成生动的报道形式。每逢"两会"，新华社、CCTV、《人民日报》、《北京青年报》、《南方日报》等不仅播发大量有分量的"重型言论"，摄影记者抢拍大量图片，还往往将报告涉及的热点问题、重要内容制成图表和漫画。譬如针对药品价格飞涨的问题，制作了流程图解，形象表现药品从药厂到患者的各个环节是如何加价的。围绕深圳人大代表建议整治城管十大顽疾、提出十大民生问题，《深圳特区报》制作 20 幅漫画，形象地表现了"胡乱张贴"、"垃圾短信"等老百姓呼吁解决的问题。记者沈清华报道致公党深圳市委递交的提案《尽快修建深圳至中山跨海大桥》，由美编配发一幅蓝色调的示意

图，视觉明晰。

3. 重要政务活动要专题报道，形成舆论中心

1987年12月1日下午4点，深圳会堂被挤得水泄不通。中共中央政治局委员、国家体改委主任李铁映，国务院外资领导小组副组长周建南，中国人民银行副行长刘鸿儒，广东省政府副秘书长兼省特区办主任丁励松，深圳市领导李灏以及上海、宁波、青岛等17个沿海城市市长都来到了拍卖现场，观看这次历史性的卖地。当天晚上，香港电台、电视台就播发了深圳拍卖土地的实况和消息。第二天，《人民日报》、《经济日报》等国内十几家大报报道了这个具有历史意义的事件。美国《纽约时报》、泰国《中华时报》、香港《文汇报》、《大公报》、《信报》以及澳门《澳门时报》等36个国家和地区的新闻媒体报道了这一中国改革的里程碑事件。"惊天一槌"改变了《中华人民共和国宪法》第十条第四款的规定："任何组织或者个人不得侵占、买卖、出租或者以其他形式非法转让土地。"①

《深圳特区报》更是首当其冲。当天就在报纸一版刊发消息《土地按照商品属性进入市场　市政府按国际惯例拍卖土地　时间：今日下午四时　地点：深圳会堂》，引起世人瞩目。12月2日，刊发记者叶兆平、钟闻一撰写的消息《突破国有土地传统管理方式　首次土地公开拍卖在深圳举行》、见闻《卖地记》，评论员文章《土地管理体制的重大改革》，摄影记者许光明拍摄的竞投现场图片。12月3日，又刊发通讯《胸中自有丘壑——访拍卖土地首块买主骆锦星》。该报道轰动天下，获得全国新闻奖一等奖。这不仅是因其新闻价值极高，记者写作手法清新，更重要的是该报在专题策划上倾注了极大的力量，引起海内外强烈的轰动。如今人们提起来仍然津津乐道。

《卖地记》记录了"惊天一槌"的现场情景：

1987年12月1日下午4点。

---

① "惊天一槌"发生后，1987年12月29日，广东省第六届人大常委会第十三次会议通过《深圳经济特区土地管理条例》，增加了土地使用权可以有偿出让、转让、抵押等内容。1988年4月，全国人民代表大会第一次会议通过《宪法修正案》，在《宪法》原第十条第四款后加上了"土地的使用权可以依照法律的规定转让"的条文。参见深圳市史志办公室：《深圳改革开放纪事（1978—2009）》，134页，深圳，海天出版社，2009。

中国首次土地拍卖

1987年12月1日下午，深圳市人民政府举行首次土地使用权公开拍卖。此次拍卖8588平方米地块50年使用权，有44家企业参加角逐，竞拍从200万底价开始。叫价声、应市声此起彼伏，当41号从楼位上站起来高举应价牌，喊出"525万！"时，拍卖官一声槌响，整个拍卖会落幕，全过程只用了17分钟，从此开创了新中国有偿使用土地的先河。

记者刘廷芳瞬间定格拍卖现场的摄影报道《525万》，1987年该图片获第七届全国新闻摄影银牌奖、1999年获共和国50年新闻摄影奖、2008年获改革开放30年摄影大赛金奖。

深圳会堂座无虚席，人声鼎沸。

西装革履、手握电子计算器的买地商人在会堂内外高谈阔论；捧着一叠土地资料，前来出谋划策的"智囊团"成员在席间窃窃私语；更多的是抱着新奇态度的旁观者。人们焦灼地等待着一个令人瞩目时刻的到来。

这里将要进行我国首次土地公开拍卖。

拍卖就要开始了，中航工贸中心的一位干部领着他的助手匆匆踏进了会堂：

"才看到报纸，来晚了。公开拍卖土地，我们也要参加。"这位干部成了这次土地公开拍卖的最后一位领取应价牌的竞争者。他的应价牌的编号：44。

4点30分，主持这场拍卖的市政府官员刘佳胜和廖永鉴喊出了拍卖底价——200万。

语音未落，会场四处都已经亮出了白底并标有红色编号的应价牌。

"205万！"

"210万！"……

几十块应价牌不约而同地齐刷刷地举起来。

有人等不及了，"呼"地一下站起来，响亮地喊出了"250万元"。会场气氛顿时热烈起来。

地价很快上升到了390万元。竞争者明白这个价已比前不久公开招标成交的地价每平方米高出了86元。

场内突然出奇地安静。

市工商行房地产公司的代表突然站起来：

"400万！"

"哗！"场内一片掌声。

"420万！"深圳特区房地产公司经理骆锦星坐在那里笑眯眯地举起了应价牌。

场内又响起一阵掌声。

几个回合后，房地产公司喊出了"485万元"。

市工商行房地产公司在仔细斟酌以后，"到此为止"了。就在主持人准备去锤时，场中冒出了"490万"的喊价。

骆锦星又与这家企业开始了决战。直到"525万"时，对手才鸣锣收兵。

刘佳胜一锤击下，庄严地宣告：

"这幅土地使用权归深圳特区房地产公司！"

掌声淹没了拍卖官的声音。①

政务报道如何激活新闻内核？难，也不难。就看媒体老总、记者编辑是否有这一强烈意识，用新闻手法去记述政务活动。国外媒体有关领导人的报道，手法灵活多样。譬如新加坡《联合早报》报道十六大的一篇现场新闻《常委挥手见个性》，说的是"对于政治领袖来说，挥手是学问，挥得好可以拉近距离，也可以显示威严。胡锦涛挥手比其他人自然、熟练。其他常委向记者挥手各有特点：吴邦国挥手左中右各摆动几下；温家宝笑容可掬地挥手；曾庆红点点头，微微笑；李长春沉着；吴官正在空中来回划了6次，淳朴得很，有基层的味道"。这种报道虽然我们难以实施，但是其写作手法却有借鉴意义。

2013年12月5日，南非前总统纳尔逊·曼德拉逝世，世界为之哀悼。在大量悼念曼德拉的报道中，英国《金融时报》刊发的《曼德拉的神奇魅力》，以不同寻常的白描手法，独树一帜：

一是角度独特。该文没有叙述曼德拉轰轰烈烈的丰功伟绩，而是从一个英国记者和一个黑人总统的谈话切入："1996年7月一个值得纪念的日子"开笔将场景拉到17年前，作者以最简洁的笔墨，交代了几个新闻要素。地点："白金汉宫"；时间："离早餐还有一小时"；人物：曼德拉与《金融时报》

---

① 摘编自叶兆平、钟闻一：《卖地记》，载《深圳特区报》，1987-12-02。内容有改动。

记者。

二是记述细腻。采访曼德拉通常要写谈的重大内容，可让人意外的是作者没有详细记录这位大人物谈论的世界问题，而是以谈话"三十分钟后"跨笔跳过，直接问询最后一个问题：记者以老朋友女儿的名义，问曼德拉是否养宠物。笔端落在一个个细节上："让门卫非常高兴的是，曼德拉跟他说了几句话，还热情地和他握了手"；"不，我没有宠物"；"曼德拉当时与第二任妻子刚离婚"。至此记者采访结束，报道似乎完全跑偏，没有进入正题。可就在这时，记者抛出了一个"预谋"已久的的请求：

不过，我是在比勒陀利亚才最终被曼德拉的魅力所征服的。当时，我已与曼德拉见过几次面了，但一直未能鼓起勇气请他跟我拍张合影。提出这样的要求似乎有点不专业。不过，这一次，我准备了一个理由："我母亲想看。"

英国《金融时报》已故的老牌摄影师阿什利·阿什伍德（Ashley Ashwood）为我们拍了合影。那些照片现在就在我书房墙壁最显眼的地方挂着。我以为拍完就完了。这时曼德拉问："阿什利的母亲呢？"他指着一名助手说："阿什利，你把相机给他。来，站到我这儿来。"

采访戛然而止，给人无尽回味。

三是评述点睛。为什么曼德拉如此有人性的神奇魅力？该报道没涉及丝毫政治，那些常人不注意的真实细节、随性举止和朴实对话，给读者再现了一个政治之外的曼德拉，一个地地道道的普通人，一个活生生的平民总统。记者最后以内心感受点评：

常言说，在贴身仆人面前，英雄也是普通人。让记者把一位政治家当作英雄，那也是不大可能的事情。

我们用采访本和根深蒂固的怀疑主义精神保护自己，用这两样东西当作盾牌，抵挡崇拜自己采访对象的冲动。这个办法对我有用，至少，在我遇到纳尔逊·曼德拉之前还是管用的。

再见了，总统，一路走好。①

---

① 摘编自刘绩辉：《政治人物报道中的平民视角》，载《报道》，2014（1）；迈克尔·霍尔曼：《曼德拉的神奇魅力》，载《金融时报》，2013－12－06。内容有改动。

A5 国际赛事——特殊通道钓"大鱼"

澳大利亚世界游泳名将索普。

2001年7月，我有幸作为特派记者赴日本福冈采访第九届世界游泳锦标赛。当时，澳大利亚世界游泳名将索普是世界泳坛的英雄，是人们心中的偶像。来自世界各地的400多名记者也都像猎犬一样搜寻着他的踪迹，而他则挖空心思地躲闪着记者，因此能够采访到他千难万难。

福冈街头、商场、地铁里，到处都贴着"大脚怪"索普的大幅宣传画：这位名将，一袭黑色鲨鱼皮泳装，露出骑士般的酷感，无数日本青少年为之倾倒，他们为"大脚怪"尖叫，为"大脚怪"疯狂。许多人好奇地询问："大脚怪"的那双大脚到底有多长？

其实，这是谁都想知道的一个问题。于是我试图通过玛丽媚色游泳馆的那条"特殊通道"，去寻找那位隐蔽的索普和他那双神秘的大脚。

下午4点，索普和荷兰人霍根班德的"飞鱼大战"就要打响了。这场200

米自由泳决赛引起了人们的极大兴趣，门票早已抢购一空。

在休息厅，我和《北京青年报》的记者汪浩舟先是遇到了霍根班德，他很谦卑，还给我们签名留念，只是他的女教练很"捣乱"，总是让霍根班德躺下按摩。

忽然休息厅一阵喧哗，索普来了！大牌明星就是不寻常，其他运动员纷纷给他让路，这位"星中星"仍然是一袭黑色鲨鱼皮装束，高大潇洒地出现在人们面前。

"索普！索普！"他简直使这里的日本青年如痴如醉。

此时，最吸引我的是眼帘里他的那双大脚：啊，像是 40 厘米长！

发令音清脆地鸣响，"飞鱼大战"拉开战幕，顿时水面翻花。索普在前 50 米 24 秒 81，而对手霍根班德 24 秒 67，索普稍慢一点。只见索普不慌不忙，手臂舒展，依然以优美姿势紧紧咬住霍根班德。当索普在 100 米转身后，他的那双大脚就像上足了劲的螺旋桨，哗哗地突然发力，渐渐超过霍根班德并拉开距离，最后以 1 分 44 秒 06 率先触壁，又一次打破了世界纪录！索普看来真的游"疯"了！他已夺得 4 枚金牌，其中 3 个项目打破了世界纪录！

"索普！索普！"震耳欲聋的喊声持久不息。

那天，我终于如愿以偿写成了一篇《我见到了"大脚怪"索普》。

——摘自耿伟：《借风看水钓"大鱼"——赴日采访游泳世锦赛札记》，载《深圳特区报通讯》，2002（2）。

这篇稿件说明两个问题：一是体育已经深刻影响人类社会。体育报道比以往更多地登上传媒头条。尤其是 2008 年北京奥运会以来，体育的魅力在中国备受推崇。二是记者在大牌体育明星面前，永远是被动的。如何变被动为主动，你的智慧很重要。尤其是国际赛事采访，很少有"巨星"邀请记者。大都是记者像"狗仔"一样跟踪、等待和捕捉锁定的采访对象。假如你有幸去美国采访 NBA、去西班牙采访皇马、去牙买加采访田径，能否捕捉到科比、詹姆斯、C 罗、博尔特等巨星？

一、寻找人脉帮助开辟"特殊通道"

许多记者以亲身经验和实证素材告知我们：在国外的每一天采访，都是一次激烈的战役，要在最短的时间得到最新的体育新闻，捷径是寻找到"特殊通道"，直接与最有名气的运动员"对话"。特别是采访到当天破了世界纪录、成为焦点的体育明星，捕捉到"独家新闻"，这是所有记者都梦寐以求的。特派记者如果在这一点上没有突破，跟着哄哄嚷嚷的记者大队乱跑，新闻大同小异，还不如在家直接刊发新华社的通稿呢。

所谓采访的**"特殊通道"**，是指能够直接接触和采访到新闻焦点人物的非常规途径。开辟"特殊通道"，目的是甩开记者大队伍，营造获得独家新闻的机缘。

国外体育采访，特指走出国门围绕某一体育活动进行的新闻搜寻过程。它包括对体育赛事、体育人物、体育现象等进行的新闻挖掘，属于新闻采访的一个分支。

国外体育采访程序，大致可以分为筹备采访阶段、开展采访阶段和总结采访阶段。筹备采访有三项工作：一是办理出国手续。最佳的途径是获得国家体育总局的批准，拿到正式采访名额，也可以设法得到对方非正式邀请，办理私人出国手续，还可以通过旅游方式前去采访。二是落实住宿通讯。有了正式采访名额，组委会就会把住宿和通讯的订单寄来。如果是随着旅游团出国采访，应提前说明意图。要多准备几个渠道传稿，比如手提电脑"点对点"，通过因特网发邮件，一旦出现意外情况时则改发传真。若去日本，那里的电压110伏，电脑插口特殊，要备好，确保无误。三是准备采访资料。要提前熟悉有关赛事的历史、现状、焦点人物，预测可能会出现的亮点，设计突发新闻的应对预案。

国外体育采访与国内体育采访有明显不同，突出的是受到两方面的限制：(1)采访空间的限制。在国外，纵有天大的新闻，所赴区域若签证受阻，亦寸步难行。譬如世界杯足球赛极为严格，球员大都与记者处于隔离状态，奈何？(2)采访时间的限制。赴国外体育采访不像国内体育采访那样有充裕时间，即使碰到当红世界级明星梅西、费德勒、伍兹等，因签证时间已到，回程急迫，也只好放弃难逢的机会。

诸如北京奥运会这样的重大体育赛事，运动员11 468名，而正式注册的外国记者达21 600人，中国正式注册记者达1 000人，以其他身份前来采访的外国记者、中国记者的真实数量远远超过这些，几乎平均每名运动员就对应4名记者。那么，在茫茫人海中采访，你能找到新闻吗？

体育记者的人脉网格分三个档次：一是能和国家体育官员、明星直接联系。发生重大事件时，打个电话，请领导或明星表态。二是与全国体育部主任关系铁。发生体育大事了，10分钟发来消息。三是与当地体育部门、体育俱乐部十分熟络。发生体育大事，随时可以拿起电话采访。这其中的能耐就看你是否人脉丰富，能否建立一条可靠的"特殊通道"。

赴日本福冈采访第九届世界游泳锦标赛，是一个值得借鉴的报道成功案例。

从香港乘机出发的那天，空中5个小时，《深圳特区报》特派记者除了整理中外名将的资料，就是遥望碧空冥思苦想：如何能直接与国际大腕"对话"，捕捉到"独家新闻"？

果然，日本人对赛事"戒备森严"，记者、观众、运动员都有固定的通道，世界各地前来采访的几百名记者只能在特设席上看比赛，在新闻发布会上采访，很难单独接触到运动员。

经过一番"侦察"，他发现运动员乘车处、就餐处等都有警察看守。先来的记者们也诉苦说动了几天脑筋，没招，"你想单独采访名将？做梦吧！"

坐在高高的赛场记者席上，记者们都是那么无助。俯瞰清澈见底的碧池，像是一群找不到鱼在哪里的渔夫，只能安慰自己：先看看"地形"吧。

大约快到11点了，中国代表团团长李桦出现在主席台上，一名特派记者换了一件摄影记者背心（文字记者不许上主席台）前去采访。他发现，获奖运动员从泳池或从颁奖台走过来时，要先到主席台左侧让摄影记者拍照，然后回运动员休息厅。而主席台后面有一个楼梯直通那个拍照处的后门，那里有个洗手间，一条走廊直通运动员休息厅，往前就是运动员热身池。

呀！这一拐，不就可以采访运动员吗？难怪看到日本记者可以自由出入，原来是日本人自己安排好的一招。

其实，"特殊通道"很多，包括组委会每天中午组织参观海上公园的游艇、剑道表演的场地、运动员免费拍照点、入住酒店外面的酒吧，等等，都可以耐心地等到记者想捕捉的大牌明星。

这一发现，让这名记者和中国运动员熟悉起来，还得到了齐晖、杨雨、罗雪娟等人的酒店房间电话及手机号码，随时可以通话。尤其是穿过"特殊通道"直接面对荷兰的霍根班德、美国的埃尔文、澳大利亚的索普等名将，为采写"内幕消息"提供了便利。

二、巧妙设计路线抢占"特殊通道"

2001 年中国跳水女将吴敏霞与郭晶晶在福冈首次搭档，夺得 3 米板双人冠军。这是她俩赛后第一幅照片。 **耿伟 摄**

在国外体育采访中，节省时间、不跑"瞎路"、选择赛场很重要。第九届游泳世锦赛有 5 个赛场：中心游泳馆、跳水馆、男子手球馆、女子手球馆和长距离游泳场。这 5 个赛场相互距离很远，乘快速大巴大约需要一个半小时，来回路上就要浪费 3 个小时。先去哪个赛场，后去哪个赛场？记者们这样分析：

中国男队的游泳、长距离游泳、男子手球和女子手球都没戏，不用"跟"；中国男女跳水、女子游泳和预计能破纪录的外国选手要"跟"。每天先到一个会提前结束比赛的赛场，然后再赶到另一个赛场。一旦要"跟"的这些比赛时间相同时，这名深圳记者就和重庆、北京记者分头行动，搭成一个报道组，保证不漏稿。

这次采访，深圳特派记者参加了两次只有几名中国记者出席的新闻发布会。一次是许冕获得 10 米台冠军，一次是王峰获得 1 米板金牌。这两次不是因为游泳馆有重要赛事大家放弃去跳水馆，而是因为中国跳水队在这些项目上是弱项，尤其是许冕才 13 岁，王峰的资料大家都不清楚，在比赛后才仅仅知道王峰是山东的。结果中国记者去提问，去记录，还出现在日本的荧屏上。几位记者还递上手机，让许冕往国内给她妈妈打电话，得到了绝对的独家新闻。而此时远在玛丽媚色游泳馆的众多记者们，只能在直播的荧屏上猜测跳水馆许冕和王峰的情况。当参加完新闻发布会的记者回到游泳馆时，受到众星捧月般的欢迎。记者们问这问那，目的当然是想得到跳水赛事新闻。

凭借采访路线的正确选择，可以在同行中抢得先机。这相当于以巧妙的采访路线创造了一条"特殊通道"。其实，新闻采集和其他行业的竞争相似，都遵循着一个"你无我有、你有我新、你新我多、你多我转"的规律。谁获得了鲜活的新闻，谁就赢得了主动。

为了每天能写好 3 至 4 篇稿，并争取获得独家新闻，深圳记者请跳水裁判委员会主任宣增镛帮助分析哪个运动员的状态最好，明天谁最有戏，从而准确预测出哪个赛场能有猛料，还根据宣增镛的统计写了《中国有了 60 个跳水世界冠军》一文：

【本报福冈 7 月 27 日电】今天在王峰获得 1 米板跳水冠军后，记者身边的跳水裁判委员会主任宣增镛和另一位技术专家都一下子站了起来，异口同声说："成了!"并转身对记者兴奋地说，中国跳水已经产生 60 个世界冠军了!

他们细细地给记者数起来：按照世界杯、世锦赛和奥运会这三大赛的范畴来计算，本次比赛郭晶晶和吴敏霞取得 3 米板的冠军，其中吴敏霞是第一次夺冠，是新的世界冠军；田亮和胡佳获得 10 米跳台冠军，胡佳是第一次，也是新的世界冠军；再加上这几天段青和桑雪获双人 10 米台冠军，其中段青是第一次拿到世界冠军；还有彭勃和王克楠获得 3 米板双人冠军，许冕获得女子 10 米台冠军；加上王峰的 1 米板冠军，中国这次新产生 7 名世界冠军。

从 1980 年世界杯上海选手史美琴为中国跳水获得第一个世界冠军算起，中国在本次比赛前已经有了 53 个跳水世界冠军，加上 7 名新的世界冠军，一共有 60 个世界跳水冠军了。

三、舍得独家新闻换来"特殊通道"

在那次赛事上，深圳记者尽可能地采访那些新华社记者不写的、CCTV 电视转播看不到的新闻。那篇激情燃烧的专访《我见到了"大脚怪"索普》，带来新的转机，许多媒体记者悄悄来交换"特殊通道"的信息。这时大家都才发现，每个有经验的记者都有自己的"特殊通道"，相互交换这些宝贵资源，采访途径就宽了。尤其是有的记者与明星运动员早就是朋友，随时可以通话，还可在宾馆咖啡厅聊天，甚至午饭在游艇聚餐，自然搜寻到了新闻。

由于连续与中国队的游泳女将罗雪娟、齐晖等见面，大家熟悉了，记者们也随着教练张亚东叫罗雪娟"罗罗"。"罗罗"没有去成悉尼奥运会，始终憋着一口气，她说："别急，等着，我就是为了拿第一来的。"那天她在100米蛙泳比赛中，以1分07秒18如愿以偿地获得第一，中国代表团的成员在看台上挥舞着五星红旗，兴奋地欢呼着、呐喊着，忘乎所以。中国记者也都不知不觉地流下了激动的泪水。这天，《我要成为世界第一》的通讯也迅速发往国内。

"顺利采访是写作成功之大半。"作为记者，谁不会写稿子？但能如愿拿到新闻的人并不多。特别是能在激烈的赴国外体育采访中，发现"特殊通道"，随心所欲地进入运动员区域，采集鲜活信息，甚至用"独家新闻"拓宽"特殊通道"，采写就变得"随心所欲"了。

2001年中国游泳女将罗雪娟在福冈首次获得世界冠军后，与教练张亚东合影留念。　　**耿伟　摄**

四、发挥专长拓展"特殊通道"

赴国外采访，语言障碍是一只"拦路虎"。来自深圳的这位记者虽然拥有吉林大学的硕士学位，但既不会日语，也不懂英语。从深圳到香港时还好说，等到飞机一离开香港，语言障碍就立刻凸显了。入境、乘车、换汇等，只好靠写中文来表达意思。

采访第二天，他在游泳馆的运动员休息厅突然听到了俄语，这一下子兴奋了，虽然学过的俄语已经扔了多年，变得半生不熟，但毕竟学了10多年啊。于是他问那几位老外是不是俄罗斯选手，他们摇头否认，说是斯洛伐克的。一打听，有10多个代表团都可以用俄语交流，包括白俄罗斯、乌克兰等。

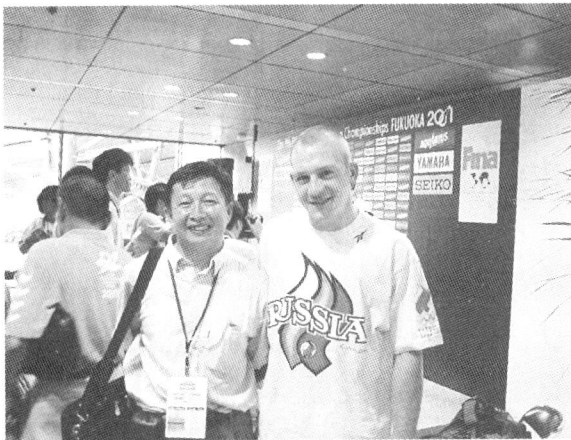

萨乌丁与中国记者亲密合影。

　　中国跳水的最大对手是俄罗斯的老将萨乌丁。记者壮胆用俄语向他问好，有趣的是这把萨乌丁吓得一愣：因为他来日本许多天，一直没有外国人和他讲俄语。他高兴地说，已经为俄罗斯立下了7次大的功勋，心情比较平静了，但如果国家需要他继续参加奥运会，他还会全力以赴。这通闲聊，把中国记者的眼神都吸引过来了——《深圳特区报》的记者会俄语！大家纷纷问"萨乌丁讲了啥？"一时间这位记者倒成了"明星"，甚至还有记者商量换信息和稿件。此时让人真的体会到了外语的重要和"知识的力量"。

　　有趣的是，由于会点"俄语"，这位记者得到许多新闻信息，结果每天在发稿时数量最多。尤其是涉及俄罗斯选手的情况，一下子成了"第二新闻发言人"。

　　后来，接连几天，萨乌丁一见到这位记者就用俄语称他"朋友"。他也大声用俄语答"德卢戈"（朋友）。他俩还亲近地照了两次相。细看上去，萨乌丁近乎秃头，额头深陷着一条条的皱纹，像是跳水运动员中的一位"老伯"。这位曾经是中国熊倪、肖海亮等名将的强敌的俄罗斯人，在悉尼奥运会上一败涂地，与金牌无缘，引来一片"老萨老了"的议论。可在福冈游泳世锦赛上，他却以精彩的一跳"光芒四射"。中国跳水总教练周继红评价说："萨乌丁比悉尼奥运会时跳得好。"那天，记者写了一篇通讯《萨乌丁宝刀未老》。

　　在那些日子里，这位记者和编辑部的同事配合默契，每天发回三四千字的稿件，报社以两个版面刊发图文并茂的鲜活消息。10天里，《深圳特区报》的体育新闻在鹏城独树一帜，赢得了读者，报道获得了成功。

46 新闻工作室——机制灵活抓"活鱼"

深隐于北京西山脚下的亚洲电视城，出现过各种各样的嘉宾：童安格、李敖、胡因梦、赵传、罗大佑、成龙、刘德华等众多演艺界明星；也有艾滋病患者、同性恋者、私家侦探、魔术师、北漂、未婚妈妈、海啸空难幸存者这样的嘉宾。

"我也要做一档奥普拉式的节目，也带好多观众，也每天都播。"这是陈鲁豫1995年初次到美国时攒下的一个梦想。

从2002年开始每周《鲁豫有约》两年后，鲁豫重新捡出10年前的想法。

2004年6月12日，凤凰卫视中国内地节目总监郭志成宣布了节目的改版计划：《鲁豫有约》搬进演播室，每场300个观众，每天一期。那天是陈鲁豫的生日。

奥普拉被西方人誉为"心灵女王"，她的节目是一种非常开放的形态，上至总统，下到小贩，什么样的人都可以进入她的节目，而且她有和任何人对话的能力。

在陈鲁豫看来，主持人面对一个所谓的名人或者政界要人的时候，观众希望你是不卑不亢的，但你面对一个普通人的时候，他希望你的姿态放低，观众希望这样。主持人应该具备这样的能力。要让一个特别是从来没有上过电视的人不紧张，能够很快地说话，该说什么说什么，那确实是需要一种应变能力。

作家刘震云说，鲁豫是个对生活有帮助的人。

曾经有记者追问陈鲁豫当主持人有何秘密武器，她轻松地说："让你的嘉宾爱上你。"

——摘编自夏榆：《让你的嘉宾爱上你》，载《南方周末》，2007-02-05。内容有改动。

有记者形容，在众多主持人中，陈鲁豫很特别，清爽、聪慧，你只要打开她的节目，就很容易被带入那个场景中。

《鲁豫有约》是凤凰台为陈鲁豫量身定做的华人世界名栏目。她每天都给观众述说一个动人的故事，这不仅证实她很勤奋，也说明其背后有一个很棒的"新闻工作室"。她曾访问过的名人包括著名作家李敖、奥运长跑金牌得主王军霞、著名诗人汪国真、青年偶像谢霆锋等。

2010 年 1 月 1 日，《鲁豫有约》正式与安徽卫视签约，并更名为《爱传万家——说出你的故事》，每周一到周五的晚间 21：27 分与观众见面。首期节目嘉宾是国际巨星成龙。2013 年她开始做《超级演说家》，和乐嘉、李咏、林志颖一起，开创出一片新天地。①

"新闻工作室"是从"工作室"概念嫁接过来的，流行于创意、IT、广告人、制片人、作家、画家等领域。本世纪初，电视、广播、网络普遍设置了新闻工作室，目前成为常规阵地；平面媒体则鲜有它的身影，往往是零星的一个独立部门。值得记载和借鉴的是《深圳特区报》的"徐华新闻工作室"、"朱文蔚新闻工作室"、"金涌工作室"，以大批有分量的新闻大特写，给人留下了深刻印象。

一、"新闻工作室"现状类属

新闻工作室，是媒体为了达到人力资源的最大优化，吸引更多受众和提升效益指标，以名人效应特设的新闻策划和传播平台。这个平台的生存风格，不是简单地采编，而是以智慧和灵感去策划报道。因此它是一种新型传媒运作组织，正在逐渐代替老套的新闻行业分类。特别是主流媒体开辟新媒体、全媒体，以及全文化产业战略的境遇下，原有的新闻发现、制作、传播组织架构，将逐渐被多元的新闻评论、深度报道、社会新闻、热点扫描、理财论坛、科技发现、阅读欣赏、收藏世界等新闻工作室替换，而且平台功能也将发生根本性颠覆。

回顾我国新闻工作室的运作情况，基本类属为：

---

① 参见百度百科"陈鲁豫"。1993 年她担任中央电视台《艺苑风景线》主持人；1996 年加盟凤凰卫视，主持《音乐无限》、《音乐发烧友》；1998 年 4 月主持《凤凰早班车》。2005 年起，《鲁豫有约》改版为一档全新的日播谈话类节目，除凤凰卫视以外还在全国地方台播出，陈鲁豫开始家喻户晓。2008 年 4 月 14 日，《鲁豫有约》进驻湖南卫视。

1. 运作主体分两类

一是专业媒体的新闻工作室。如《长江日报》国际新闻的"小穆"工作室；成都电台宇峰主持的广播电视资讯"成都早上好"工作室；整合文体娱乐资源，提升品牌和营销策略的"头条新闻"工作室等。二是非专业媒体的新闻工作室。如公布足球新闻、赛事点评的申花"可汗"工作室，报道大盘走势的"牛股"工作室等。

2. 命名形式分两类

一是以名记者、名编辑命名的个性化新闻工作室。如以郑雪君命名的《温州晚报》"雪君工作室"等。二是以喻义起名的集合性新闻工作室，如佛山电台娱乐新闻的"五月网"工作室，提供宝物收藏和拍卖消息的吉林电视台"找你"工作室等。

3. 运作状态分两类

一是单一采制式新闻工作室。即该平台的名记者、名编辑不是主要首脑，只是挂了一个新闻工作室的牌子，单项肩负采访供稿或者编辑出版的任务。二是名人主导式新闻工作室。即确立以该名人为指挥中心的管理机制，名记者、名编辑个人名字成为品牌。成功，该名人荣耀，品牌增值；失败，该名人耻辱，品牌砸掉。

新闻工作室的特性在于个性化。如果说，媒体老总"制造"有个性的名记者、名编辑，那么名记者、名编辑的职责就像酒店的大厨一样，烧制带有自己风格的"佳肴"：或是麻辣的川菜、香辣的湘菜，或是鲜活的粤菜、甜酸的淮扬菜，使媒体各个新闻工作室就像一排风格各异的酒楼，风味各异。

二、"新闻工作室"4个功能

1. 新闻猛料库

新闻工作室通过向社会公开编辑、记者个人获得新闻线索的电话号码、邮箱、网页等，建立通讯网络，形成汇集新闻猛料之地。《深圳特区报》曾创办过3个新闻工作室，每天都获得大量报道线索：

　　"徐华新闻工作室"创建于 2002 年。徐华早在 1987 年就是《黑龙江日报》名记者，她曾与记者段文斌（现任黑龙江日报报业集团总编辑、《黑龙江日报》总编辑）一起乔装打扮住进黑龙江省肿瘤医院，写出《非生理性病变》一文，引起轩然大波，对整顿医德医风起到推动作用。她调入《深圳特区报》后，利用以自己名字命名的平台追踪热点，由于设有爆料热线电话，每天新闻线索丰富，她陆续写出《黑饭盒》、《男婚托》、《少女写在魔窟的血泪账》等大量社会新闻大特写，赢得了读者追捧。2005 年她在成功报道大医郭春园后，又得到特约通讯员韦建诚的爆料，报道了爱心义工丛飞，引起深圳和全国的震动。CCTV 在《焦点访谈》、《面对面》、《艺术人生》等 9 个频道播出丛飞的事迹，徐华也成为全国劳动模范、全国五一劳动奖章获得者，并获得了"深圳 30 年 30 人"殊荣。

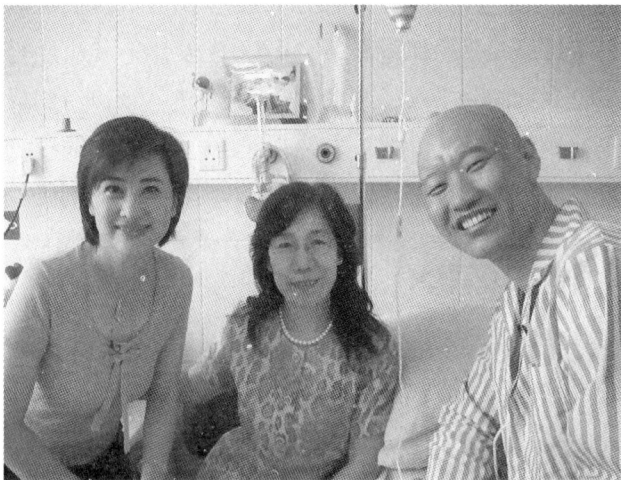

《深圳特区报》记者徐华、五星级义工丛飞接受凤凰卫视名记者吴小莉采访时留下的一幅珍贵图片。

　　"朱文蔚新闻工作室"创建于 2002 年。朱文蔚有着诗人般的激情和哲人般的深沉，无论是经济报道还是人物通讯，都娓娓道来，引人入胜，获得了许多新闻奖，是《深圳特区报》的名记者。他选聘了两名文字记者和一名摄影记者，搭起班子，在《鹏城今版》一版醒目位置，赫然印上了爆料电话，许多重大的新闻线索就是从这个渠道得来的。朱文蔚 2002 年撰写 154 篇报道，《空调淡季变频"作秀"》、《啥药都敢开啥病都敢治》、《匿名谎报险情飞机延误 2 小时》、《七娘山下疯狂毁林抢种》、《俄勒冈："草根策略"》等报道，抓住了热点，赢得了赞誉。

　　"金涌新闻工作室"创建于 2010 年。金涌，是一位极具个人魅力的传奇记者。他充满激情，追求极致：摄影，曾荣获全国十佳摄影记者称号；才艺，"清诵"倡导者，记忆达人，能演绎 180 部老译制片的经典台词，尤其酷爱蒙古长调和呼麦，拿过新闻界歌唱大赛奖；笔耕，出版《四方步》、《风从草原走过》、《我的第三只眼》等专著；采写，发表 3 200 多篇新闻报道稿件，其中《特尼根塔拉：马头琴拉响都市牧歌》、《彝家火把照亮她的人生——记深圳"最美爱心艺术大使"李亚威》等引起读者共鸣。

2. 策划梦工场

新闻工作室的名记者、名编辑迸发灵感，不断策划新闻选题，使新闻工作室成为媒体赢得受众的梦工场。

新闻工作室每天见报的内容不是记者随机抓的，而是经过一番周密策划而采写的。譬如针对春节出现的送礼潮，《深圳特区报》新闻工作室联动：刊发主打稿《收的都是谁家的礼》；配发评论《礼是礼非》、《暗访记》、《礼俗渐变》、《共同感受春的萌动》，分析报道《众口纷纭话送礼》，辩论文章《正方：送礼送新意》、《反方：未必非得送礼》，相关链接《"礼"字的演变》、《商家分礼品蛋糕》、《送礼顺序》等。这显然将该选题做强做大了。

3. 热点调控台

新闻工作室根据读者市场和宣传口径，决定什么时间策划何种报道，达到何种效应，冷静有序地进行传播和调控。

譬如在"非典"疫情发生后，徐华、刘一平赴深圳东湖医院，采访一线医护人员，写出了《奉献，在前方与后方交替》，反响强烈。对这些热点的把握，尤其是突发新闻、现场新闻的调控，新闻工作室能火速定题，捕捉猛料。针对春节过后民工潮涌动，"求职难"再次出现，朱文蔚采写了《外来工，如何在深圳立住脚》，记者谷少传写了《有多少爱可以重来》，春运的最后一天还刊发了记者王剑锋写的《感受春运末班车》，火候掌握得很恰当。当然对会带来负面效应的报道，也忍痛割爱，将其变为内参。

新闻工作室以高质量的新闻培植忠实受众。在清明节前，徐华采写了一篇有关深圳火葬的纪实报道《办个丧事这么难》，此稿尚未见报，在报社内部就引起了共鸣，夜班编辑们纷纷议论说这篇稿件抓得及时。果然，见报后，市民反应强烈，民政局对此也极为重视，殡葬公司立刻进行了整改，有关负责人亲自到报社来表示对市民的歉意。

此外，记者欧阳炜采写的《谁盗走了夜的眼》、《香口胶弄脏了城市的脸》，刘一平采写的《说我离了婚，我咋不知道》、《异国情成网络"猪仔"》等等，也十分精彩，相继引起轰动。

4. 广告强磁场

新闻工作室以具有轰动效应的报道为磁石，强烈吸引着广告商的广告投放。

现今的广告商很精明，有影响的版面才会变成投放广告的抢手货。编辑们早已发现这样一种情形：越是有鲜活的新闻、重大的新闻、成群的新闻要刊发的时候，越是有大量的广告占据了版面；相反，越是新闻质量数量紧缩的时候，往往越是有整版的"地盘"空置。新闻工作室在报道方式上进行了一连串变革，新闻内容像一发发重型炮弹，如《大灯晃晕了我的眼》、《两岁幼童争讨继承权》、《一个工厂雇工的"算术"》、《那个女人占了我的家》等，对于广告商来说具有强烈的吸引力。因此刊发新闻工作室稿件的版面往往会有广告，报社据此收入可谓甚丰。

三、"新闻工作室" 3 种模式

纵观香港凤凰卫视台、CCTV 等媒体为了扩大受众和提升效益，以名人效应特设的新闻策划平台——"新闻工作室"，其运作招式有 3 种，像是构成了一个金字塔：

1. 基座——单项"新闻策划"

这是指"新闻工作室"的功能限于新闻发现、制作和策划，全力实现新闻传播的轰动效应。回眸香港凤凰卫视台、CCTV 的拓展身影，无论是工作室的初始阶段还是发达阶段，单项策划始终都是媒体的一项"看家"本领。哪怕部门独立核算或制播分离，进行"两个效益"的全景策划，也要把单项策划的招数纳入其中。因为没有新闻的轰动效应，谁来投放商品广告？谁来赞助大众传播？媒体岂不成了无水之鱼？

但是媒体仅限于对新闻传播的单项策划，还难以实现资本运作的最佳效果。在市场经济的背景下，主流媒体既是传播平台，也是经济实体；既要舆论导向正确，又要造血功能强劲。只有经济收入充盈，才会在设备流程、传播速度和人才质量等方面更好地完成舆论导向任务。因此单项"新闻策划"在运作中必然要演变，融入争取两个效益的全景策划。风格各异的"新闻工作室"一旦林立，则预示着媒体原有的部门管理模式被打破。

2. 中腰——模糊"独立核算"

这是对单项"新闻策划"的突破，即将新闻和经营合成一体，以年为单位大略测算出该新闻工作室吸引广告的能力和数量，计算出总体的投入和产出，媒体应得多少利润，新闻工作室的记者编辑应有多少薪酬，从而测算出"新闻人商品价格"，即名记者、名编辑的内在价值的货币表现。这一灵感和思想火花非常重要，意味着新闻人随着改革的深化，也会有表现个人价值的货币额度。在韩日世界杯时，曾写了一本《我与米卢零距离》的女记者李响，从《足球》转到《体坛周报》，号称 3 个月薪水 500 万元人民币。莫论这是否属于特例，也不问她最后真实地得到多少报酬，双方最终毕竟成功交割。这一事件给人以启迪：职业新闻人也许以后会和职业经理人一样，本身会成为商品，具有自己的商品价值和价格。由此也可以延伸开来，随着媒体测算能力的提高、评估的精细，所有管理系列的骨干，从总裁到各部门主持人，以及主要编采名人，都会有自己的商品价值和动态价格。

模糊"独立核算"一方面意味着这种计算不会十分精确，另一方面意味着名人在选择记者、编辑等的数量上不受现有管理额度的限制，全权总量包版，独立运作。此时，名人相当于企业的"项目经理"，负责组织一支精干的采编、策划和经营人才，形成快速反应力量。同时名人展示个人独特的诱人魅力，去赢得受众追捧。香港凤凰卫视台、CCTV 近些年总要淘汰一批栏目，新增一批栏目，评定的指标一是受众，二是效益。生与死，很大的因素是新闻工作室能否自我完善和滚动发展。

3. 塔尖——有限"制刊分离"

这是模糊"独立核算"的延伸，即仿照广播电视"制播分离"的成功做法，新闻工作室可将一部分专题新闻的采集、制作与播发分离开，媒体则按大众传播需要去招标，按商品交换原则去购买。制播分离是广播电视的一个通行做法。即由新闻工作室之外的撰稿人、制作人根据媒体的需要，去投标定项；按照有关报道方针，采集新闻，制成成品，按质论价。这可以使媒体进一步节约成本，增强竞争力。

据《〈幸运52〉出自外人之手　央视制播分离渐成气候》报道，CCTV很早就推出了制播分离，直到2000年《幸运52》力压老资格的《焦点访谈》和《实话实说》问鼎年度最佳节目，《同一首歌》获得年度节目创意奖，两个亮点让制播分离风光无限。因为《幸运52》出自北京一家广告公司之手，《同一首歌》是导演孟欣以个人方式一手操办的，CCTV只要像购买商品那样选购即可。2003年CCTV大胆地将栏目推向社会招标，实现大面积制播分离。央视第十套科教频道全部交由广告公司等社会单位制作，仅北京未来广告公司就拿下了《今日说法》、《东方时空》以及体育、电视剧部分名牌栏目和频道的总代理。

上述3种新闻工作室运作招式，为媒体创新提供了借鉴。是选择单项"新闻策划"、模糊"独立核算"还是有限"制刊分离"，要根据新闻运作的实际需要。至少可以在专题新闻、文艺娱乐等版面开辟更多的新闻工作室，并逐渐大胆地向更成熟的管理模式过渡。

"看似寻常最奇崛，成如容易却艰辛。"新闻工作室这个媒体的重武器，操作起来似乎并不难，但要想把它搞得像巡航导弹般威慑震撼，则会千难万难。这就看主流媒体老总们的眼光和魄力了。

B 烹调术

记者有了充足的素材后，能否讲出一个动人的故事呢？此时，你要从渔夫变换为新的角色——酒楼的大厨。无论稿件还是版面，都要制成色香味形俱全的美味佳肴，捧给受众品尝。

81 动画意识——妙手行文似摄像

那天，天有些阴。空气中飘着绒一样的雨丝。

胡习华站在空荡荡的大桥上。这就是那座海内外闻名的蝶式立交桥，是胡习华的一个美丽的女儿。设计"她"时，胡习华才 29 岁，是个中专毕业的技术员。

远远地，从围堤道方向驶来一个车队，没有警车，也没有警灯，很平常地驶上了桥。

第一辆黑色的小轿车停在他的身边，下来几个人，说："邓小平同志来看你，和你设计的这座桥。"

胡习华这才知道是改革开放的总设计师来了。

第二辆车是普通的中巴。车门开了，先下来的是市长李瑞环，再下来的就是邓小平。他带着全世界人民都非常熟悉的那种淳朴的微笑。

胡习华跑步迎了上去。

邓小平微笑着，首先把右手伸向了胡习华。

胡习华双手紧紧地握住这只叱咤风云的手。

邓小平又把左手加了上去。四只手交织在一起。

82 岁的邓小平用力地握着胡习华，还上下摇了几下。

胡习华感到了真切、质朴、温暖，和那双手血管里热血的奔涌。

李瑞环向邓小平介绍了胡习华的事迹。

邓小平看着有些羞涩的胡习华说："你为人民作出了贡献，谢谢你。"

李瑞环又说："我们准备破格提升他为工程师，但和中央的有些规定不太符合。"

邓小平说："应该，应该。谁也不会反对这样做。这也是改革。"

邓小平边看边问，问了路灯，问了设计，也问了胡习华的家庭和工作。

小平同志要走了，临上车时，他和胡习华握手道别。

胡习华整夜没有睡觉。他还沉浸在那温馨的雨丝中。

他回想着自己平淡的30年。父亲是一个普通的老工人。初中毕业，15岁的胡习华到武清县大沙河乡插队务农，一干就是五年。那一年刚恢复了考试制度，胡习华考上了市政工程学校。但是，生产队不放他去上学。原因是胡习华欠了生产队80元钱。因为他干了五年，挣的工分分值还抵不上队里给他的粮食、蔬菜的价值。于是，全家出动借来了80元钱，生产队才给他开了证明。胡习华擦了擦眼窝里的泪。他坚信：这样的日子今后不会再有了。

——1986年8月20日，这一天深深地刻在胡习华的心里。

——摘自记者张京平、马连祥：《三中全会二十年　新闻与旧闻——与总设计师握手》，载《天津日报》，1998-11-24。此文获第九届中国新闻奖二等奖。

该文几乎每段都是动感画面，堪与普利策作品媲美，荣获中国新闻奖。它给人的启迪是，今日激烈的新闻大战，让人被迫承认一个严酷的现实：独家新闻稀缺，新闻同质严重。但同质新闻由不同的记者操刀，稿件的吸引力却相差悬殊，甚至有的行文如画，活灵活现，有的生硬呆板，惨不忍睹。

媒体如何在第一道工序精工细作，争得新闻质量竞争的主动权？这虽然受策划能力、版面编制等制约，但起点仍然是职业记者如何椽笔似铁，像普利策新闻奖作品那样，每一段都像是一个画面、一个场景。记者笔端流淌的像是一双眼睛、一个镜头的扫描，闪动一个个真实的新闻片断。

约瑟夫·普利策（1847—1911）是美国现代报业的奠基人。他从倒腾报纸的商贩变成拥有2 000万美元的富翁，临终前立下遗嘱拿出25万美元，每年对有出色贡献的新闻、历史、音乐和戏剧作品进行奖励。如今，获得普利策新闻奖已经成为记者的一个梦想，"动画意识"也成了一个充满诱惑的名词。

一、新闻动画意识的特性

新闻动画意识，是指新闻人在采写过程中，以动感的心境和思维去进行新闻捕捉及记述，以活灵活现的文字和动画般的段落去描绘、链接新闻事实。新闻动画意识有十分重要的价值：一是在新闻同质化日益严重的情形下，无论媒体竞争还是记者比拼，一个关键之点是细节，而细节的形象描述手法可归结为动画感；二是文字报道要回应视觉报道的挑战，就必须提升稿件的现场感、形象感。因此，"动画意识"被当作一个新理念而推上舞台。其主要特性有 3 个：

1. 新闻动画意识缘于"心动"

文字叙述在视觉形象上先天不足地落后于电视画面、网络视频，但是其优秀作品带来的文字享受感，则是电视、网络永远无法提供的。这一点，在金庸武侠小说的影视塑造上表现得极为明显。那些电视连续剧无论如何拍摄，都无法百分百再现小说中惊世骇俗、震魂摄魄的场景描写，也难以真实展现令狐冲、杨过和韦小宝等人物的心灵境界。而富有动感的新闻作品，底蕴在于记者的心境在"动"。有了这种强烈的动感意识，笔下才能勾勒出动感十足的画面新闻。新华社记者孙彦新、徐壮志、白瑞雪的报道《太空漫步的感觉很好》，以一个个简短的动感画面，构成了一篇清爽的通讯。

浩瀚太空豁然在眼前拉开——像一个从水中慢慢上浮的潜水员，中国航天员翟志刚头先脚后，出现在太空之中。此时，北京时间 9 月 27 日 16 时 41 分，飞船正位于南大西洋的上空。

这一刻，全中国的目光都锁定在距地面 343 公里高度的神舟七号——通过架设在飞船船舱外的摄像机，人们可以

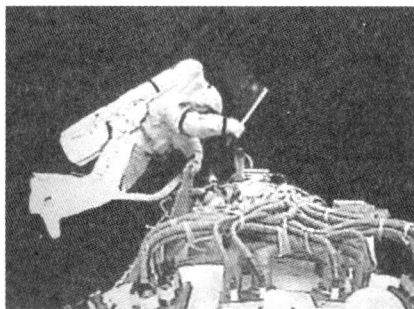

翟志刚迈入太空的历史镜头。

清晰地看到翟志刚迈入太空的这历史性的一步。

把红色的安全系绳挂钩挂在飞船舱外的出舱扶手上之后，翟志刚上半身露出飞船，并向摄像机挥手致意。右臂上，红色"飞天"清晰可见。

"神舟七号报告，我已出舱，感觉良好。""神舟七号向全国人民、向全世界人民问好！请祖国放心，我们坚决完成任务！"

然后，他把两个安全系绳的挂钩全部改挂到右侧的扶手上，全身飘出了飞船——此时，飞船正处于祖国上空。太空，中国人来了！

作为世界上第 354 个出舱行走的航天员，在人类首次实现太空行走的次年出生的翟志刚，比前苏联航天员列昂诺夫晚来了 43 年。

43 年一瞬过。今天，翟志刚以自己的一小步，迈开了中国人探索太空的

历史性一大步——中国从此成为世界上第三个独立掌握空间出舱技术的国家。

在轨道舱内帮助出舱的 02 号航天员刘伯明探出身来，递给翟志刚一面五星红旗。

翟志刚在太空中向着镜头挥舞五星红旗的那一刻，北京航天飞行控制中心大厅内，掌声久久不息。

属马的翟志刚，以每秒 7.8 公里的第一宇宙速度，成为"走"得最快的中国人。转身、飘移、再转身、再飘移！这个舞场上的交谊舞高手，第一次开始了他的、也是中华民族在太空的浪漫舞步。

17 时 00 分 35 秒，通向太空的舱门缓缓关闭。

中国人的第一次太空行走共进行了 19 分 35 秒。其间，翟志刚与飞船一起飞过了 9 165 公里。

在此后与地面的通话中，翟志刚说："太空漫步的感觉很好，真为我们伟大的祖国感到骄傲！"

2. 新闻动画意识突出"跳跃"

如何让报道整体明快起来？在"动画式"采写中，每个自然段为了实现报道的"动感"，势必复原现场情景，使报道总体文字增多。为了避免"拖泥带水"，稿件总体结构必须既保持逻辑推理的连贯性，又突出段落链接的跳跃性，使用"跨笔"去叙述新闻事实。这是一个独特的、有趣的笔法。著名记者艾丰认为："新闻作品可以不像一般文学作品那样连贯，仅仅从文字上看，它甚至可以很不连贯。"[①] 合众国际社白宫记者梅丽曼·史密斯 1963 年 11 月 23 日写过一篇普利策获奖作品——《我看见历史在爆炸》，全文译成中文近万字，记述了美国总统肯尼迪遇刺的悲剧。虽然篇幅很长，但由于"动画式"的跳跃，很利落，很耐看。

棋圣聂卫平第三次结婚后，许多人都想知道他的新夫人是谁。2002 年他偕夫人来深圳参加全国桥牌赛，有记者做了独家采访，写的这篇《老聂很幸福》，就运用了"动画式"跳跃手法：

傍晚，轻轻敲门，走出来的是棋圣聂卫平。

他寒暄了一下，便转身又回到茶几旁，下起了"飞行棋"。

---

① 艾丰：《新闻写作方法论》，212 页，北京，人民日报出版社，1993。

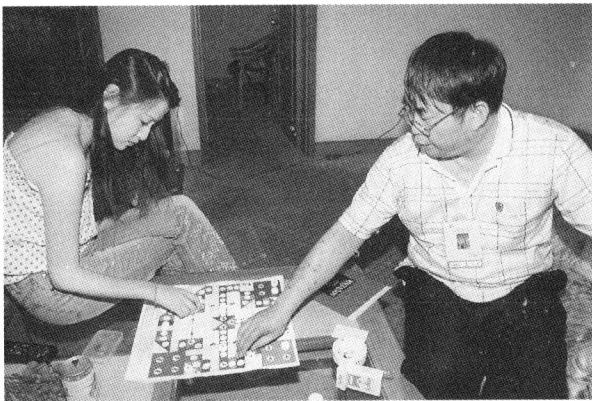

棋圣聂卫平与夫人下棋。**郑东升** **摄**

跳跃，省略有关新闻背景

与聂棋圣下棋的是一位优雅动人的靓女，不用问，肯定是老聂的新夫人。

跳跃，省略新夫人的描绘

我没有像"狗仔"那样一开始就冒昧地询问聂夫人的情况，而是按照事先准备的题目——"拷问"棋圣：

"您是什么时候开始打桥牌的？"

"桥牌与围棋之间有促进作用吗？"

如此常规的提问，老聂都简明地用一两句话回答。原来他是在 1966 年开始爱上桥牌的。令他最想炫耀的是获得 2000 年美国公开赛的冠军。

跳跃，省略聂棋圣的回答

第一盘，聂夫人胜。趁着高兴，问老聂：可以问您夫人的情况吗？

"可以，随便问。"夫人胜，老聂也高兴。

"她叫兰莉娅，兰花的兰，茉莉的莉，女字边加亚洲的亚。"棋圣一边抽牌，一边插话，让人深深感受到他对新夫人的呵护。

兰莉娅是贵州人，身高 1.68 米，有着让人眼前一亮的动人魅力。

我试探着问："你俩是在贵州队围甲比赛中认识的吗？"

"不是，我不是棋手。"聂夫人笑着抢答，表情优雅。

跳跃，省略兰莉娅的经历

本来想再问兰莉娅对老聂的看法，但是看到老聂像孩子似的一会儿争着掷骰子，一会儿哈哈大笑，开心得很，房间里洋溢着浓浓的爱意。这还有什么可问的？

老聂被幸福包围着。

作为一名世界顶级的棋手和牌手，聂棋圣有一种天生的倔强，这也注定了他不会被别人所左右。如今小鸟依人般的兰莉娅，性情温柔，苗条亮丽，已知天命的老聂也真的年轻了许多。

出于礼貌，没有问兰莉娅的年龄，看起来像是有二十四五岁的样子。

3. 新闻动画意识偏爱 "动词"

新闻报道要写得活灵活现，让读者感到新闻就像发生在眼前一样，很关键的一点是多用动词。这在体育报道中最为常见。

1999 年，东莞报道 CBA 联赛。当晚除了沈飞队一名球员追打裁判的插曲外，赛事最闪光的人物当属宏远队组织后卫李群。按理 1.80 米的个头儿，在人群里并不矮，可在球场上，与身高 2.08 米的积臣、2.02 米的哈吉斯一比，像是混在其中的一个 "娃娃"，矮！可就是他抢尽了高个儿的风头，让人大开眼界！记述这些的《矮个也威风——李群印象》，运用了较多的动词：

贩假。李群用假传、假跳等 "烟幕"，搞得防守队员不知真假。沈飞 13 号郭大强身高 1.92 米，比李群小两岁，但第一节一开场，李群身形一 "晃"，就把郭大强闪到一边，诱使对方两米多高的安德鲁扑来，打手犯规！李群则轻松罚篮，两投两中，首开纪录。

接着，又是李群把对手晃开，超远投篮，空心入网，3 分！这贩假一招，在第一节连连奏效，独得 12 分，占宏远这一节 24 分的一半，平均一分钟得一分！

搞乱。李群满场飞，手中没球时，就左右穿插，造成对方联防换位混乱；控球时，以过人的切入吸引对方，给同伴创造良机。第三节 3 分钟时，他伸出三个手指，示意了一下，就带球从左切入，沈飞 3 名高大球员忙拦截，被罩住，李群瞧也不瞧，把球经腋下往后一传，早等在那里的 8 号丁伟接球，立刻反弹给右侧 3 分线外的 6 号马永忠。此时，无人防守，马永忠轻展猿臂，篮球划了一道漂亮的弧线，穿过网心！

看来，篮球并非是 "高个儿" 独霸的天地，球赛比的不仅是体力，还是头脑。李群的演练给人们以诸多的遐思！

2000 年 3 月，俄罗斯女足到番禺与中国女足热身。在《中国女足，哈啦少！》一文中，记者写了与列·斯维特兰娜、费·斯维特兰娜相识的戏剧性场景：

上午 10 时左右，记者急匆匆赶到女足姑娘下榻的番禺美丽华大酒店，可一迈出电梯，就呆住了：

柔和的灯光下，两位俄罗斯姑娘坐在楼道里，各捧着一本书，津津有味地读着。

也许是电梯的关闭声打扰了她俩，记者看着放下书的俄罗斯姑娘，歉意地用俄文表示"对不起"，没想到，她俩不约而同地摇头说："no，你好！"

中英文混用！哈哈。

笑声一下子拉近了我们的距离，记者也干脆坐到地上，互相介绍和交谈起来。

上述每一小自然段，几乎都是一个画面。由于注重使用动词"赶到"、"迈出"、"坐在"、"捧着"、"读着"、"关闭"、"打扰"、"拉近"、"交谈"等，配以形容词"急匆匆"、"柔和的"、"津津有味"，使这个场面"活"了起来。

如果问：职业记者与公民记者有何区别？回答则是：在几十年前有"天壤之别"，而如今差别不大。因此，作为记者要积累深厚的文字功底，写出"职业"感来。

二、新闻动感意识的流淌

新闻动感意识应用在采写中，有多种实战技巧，其中 3 种方法可以借鉴：

1. 分镜头画面链接

这种方法借用电子学家兹沃里金创建的现代电视系统，讲究分镜头的节奏。在对新闻事实进行记述的时候，同样可以运用分镜头的创作艺术，即将新闻人物或事件的精彩片段形成画面，进行链接报道。

1997 年，由周树春、胥晓婷、杨国强、徐兴堂集体采写的现场新闻《别了，"不列颠尼亚"》，作为一篇难得的精品，被公推为中国新闻奖的一等奖。文中的 11 个段落，以分镜头让人受到真切的感染：

在香港飘扬了 150 多年的英国米字旗最后一次在这里降落后，接载查尔斯王子和离任港督彭定康回国的英国皇家游轮"不列颠尼亚"号驶离维多利亚港湾——这是英国撤离香港的最后时刻。

英国的告别仪式是 30 日下午在港岛半山上的港督府拉开序幕的。在蒙蒙细雨中，末任港督告别了这个曾居住过 25 任港督的庭院。

四时三十分，面色凝重的彭定康注视着港督旗帜在"日落余音"的号角声中降下旗杆。根据传统，每一位港督离任时，都举行降旗仪式。但这一次不同：永远都不会有另一面港督旗帜从这里升起。四时四十分，代表英国女王统治了香港 5 年的彭定康登上带有皇家标记的黑色"劳斯莱斯"，最后一次离开了港督府。

掩映在绿树丛中的港督府于 1885 年建成，在以后的近一个半世纪中，包括彭定康在内的许多港督曾对其进行过大规模改建、扩建和装修。随着末代港督的离去，这座古典风格的白色建筑成为历史的陈迹。

晚六时十五分，象征英国管治结束的告别仪式在距离驻港英军总部不远的添马舰东面举行。停泊在港湾中的皇家游轮"不列颠尼亚"号和邻近大厦上悬挂的巨幅紫荆花图案，恰好构成这个"日落仪式"的背景。

此时，雨越下越大。查尔斯王子在雨中宣读英国女王赠言："英国国旗就要降下，中国国旗将飘扬于香港上空。150 多年的英国管治即将告终。"

七时四十五分，广场上灯光渐暗，开始了当天港岛上的第二次降旗仪式。156 年前，是一个叫爱德华·贝尔彻的英国舰长带领士兵占领了港岛，在这里升起了英国国旗；今天，另一名英国海军士兵在"威尔士亲王"军营旁的这个地方降下了米字旗。

当然，最为世人瞩目的是子夜时分中英香港交接仪式上的易帜。在 1997 年 6 月 30 日的最后一分钟，米字旗在香港最后一次降下，英国对香港长达一个半世纪的殖民统治宣告终结。

在新的一天来临的第一分钟，五星红旗伴着《义勇军进行曲》冉冉升起，中国从此恢复对香港行使主权。与此同时，五星红旗在英军添马舰营区升起。两分钟前，"威尔士亲王"军营移交给中国人民解放军，解放军开始接管香港防务。

零点四十分，刚刚参加了交接仪式的查尔斯王子和第 28 任港督彭定康登上"不列颠尼亚"号的甲板。在英国军舰"漆咸"号及悬挂中国国旗和香港特别行政区区旗的香港水警汽艇护卫下，将于 1997 年年底退役的"不列颠尼亚"号很快消失在南海的夜幕中。

从 1841 年 1 月 26 日英国远征军第一次将米字旗插上港岛，至 1997 年 7 月 1 日五星红旗在香港升起，一共过去了 156 年 5 个月零 4 天。大英帝国从海上来，又从海上去。

这篇报道让人们看到了从下午 4 点到午夜，英国查尔斯王子和末任港督离港，中国收回香港的一幕幕。

2. 意识流延伸动感

这是借用美国人詹姆斯于 1890 年提出的一种看待事物的方法。他认为意识是不断流动的，每个人都可以在自己连续性的意识流中选择片段，构成自己的世界。这种意识流的方法在 20 世纪 20 年代被法国的帕格森应用到文艺创作中。在帕格森看来，作家要进入到人物的内心，跟着人物的意识流来刻画人物。动画式写作可以借鉴意识流的方法，即通过进入人物的思维线路和心理变化来流畅地展开报道，从而对人物的有关背景、兴趣转移等，都给以恰如其分的记述。

2001 年，记述世界职业台球决赛的《"火箭"击倒"障碍大师"》就运用了意识流的手法：

当大名鼎鼎的罗尼·奥沙利文出现在台球馆时，迎接他的是暴风雨般的掌声、震天的欢呼声和响亮的口哨声。而马克·威廉姆斯却略显疲惫，一进赛场就两手扶着球桌，仰着头晃了晃，露出一丝无奈的神情。

这是一场世界台球顶级高手的世纪之战，也标志着深圳观澜湖世界职业台球赛进入了白热化的最后厮杀阶段。

几个小时前，两人 17 局 9 胜的决战，奥沙利文 7∶1 暂时领先。

但奥沙利文内心明白，那尊玲珑别透的奖杯终归谁手，还很难说。小小的红球和彩球，散发出来的神秘感和悬念实难预料。

果然，威廉姆斯两眼放出奇异的光芒，连扳两局，3∶7。

威廉姆斯和奥沙利文同龄，都是 25 岁，也都是在 1992 年成为台球职业选手的。但奥沙利文 15 岁就打出单杆 147 分的满分；17 岁击败世界冠军亨德利，夺得英联邦台球冠军，赢得了"火箭"绰号。而威廉姆斯打台球前是拳击手，今年才在大使杯赛上以 18∶16 击败马休·史蒂温，夺得他的第一个冠军，可谓"大器晚成"。

第十一局，奥沙利文变得有点焦躁，不仅没得分，还因母球两次落袋而被罚 8 分。"障碍大师"威廉姆斯则抓住机会，打成 43∶0。

奥沙利文仰望天花板，绅士般地喝了一口清凉的水，握着球杆镇静地回到台球桌旁。他一分一分地往回捞，10分、20分、30分，终于以75：43清台，夺得了8：3的总局分。

第十二局，奥沙利文把进球变成了精彩表演，99：6清台！球场的灯光唰地全部开亮，如同白昼，四周响起震耳欲聋的欢呼声，他兴奋地把球杆高高地抛起。

"火箭"击倒了"障碍大师"，射落了7.5万美元的奖金，奥沙利文登上了冠军宝座！

3. 蒙太奇组装素材

这种方法借用电影蒙太奇的理论，先找到新闻故事情节的无数个不同的画面素材，再按照创作的整体思路进行有机的组装。这样在人物事件之间就产生了连贯、呼应、悬念、对比、暗示、联想等关系，形成片段和整体，创造出结构严谨、条理通畅、生动活泼的动画式新闻作品。2011年1月16日，内蒙古偏僻的图里河镇，气温零下46.6℃，超过漠河，一冷成名。只体会过最低气温零下5℃的记者许康平踏上了寻找"最冷小镇"之路。他记录了现场一幕幕动感场景，无意中写下一连串难得的动感画面：

——在这个只有一万多居民的小镇上，年轻人很少，他们大多数人到附近的牙克石、海拉尔等城市工作，或者到山东、河北等地打工赚钱去了。

——一到晚上，路上就看不到人了，小镇寂静得可怕。晚上10点到清晨7点间，是温度最低的时候，路上会弥漫起霜雾，当地人称之为"冒白烟"，白烟最大的时候，我和你面对面在街道两旁站着，谁也看不见谁。

——路上的人们基本都只露出一双眼睛，如果逆风行走，他们呵出的气会立刻变成白色的霜雾挂在口罩、眉毛、帽子等所有有须毛的地方。

他真实细腻地记录了趣味见闻：

温度计：他在呼和浩特买了五支温度计，到达图里河的第二天全冻裂了。

相机：在零下40多摄氏度的室外，镜头对焦和连拍功能失效，没拍几张就显示只剩一格电了。

马：路上遇到一匹拉煤的马，全身布满白霜，不停哆嗦，四只脚中的两只是踮起来的。那匹马突然倒在地上时，记者以为它被冻坏了，一问才知道，原来这是马在打滚，把身上的白霜抖掉。

棒冰：这个季节镇上有许多地方可以买棒冰。棒冰都是摆在室外的，开店的人说，这些棒冰冬天卖得比夏天好。

"嘘嘘"：网上说，不能在室外解手，否则会被冻住。许康平也试了一下，事实上没有发生这种情况。一位当地开饭馆的大伯说，听说在图里河零下62 ℃的时候，有人在外面"嘘嘘"，结果真的冻住了，后来是拿着木棍敲掉的。

该稿件见报后，读者们似乎对"嘘嘘"格外感兴趣。《都市快报》顺水推舟，第二天在"超级兴趣班"板块专门讨论了严寒中"嘘嘘"会不会"立尿成冰"。①

资深记者李静敏撰写过一篇《我们没有蓝天》，该文难以界定其体裁归属，像是长篇述评，又像是深度报道，文字富于联想，思维发散洒脱，将一个个画面按照逻辑顺序组装起来，对黑风暴的成因和危害逐层剖析，形成一篇完整的稿件：

西伯利亚一场强暴寒流，向中国新疆、内蒙古、甘肃、宁夏一路袭来。寒流进入甘肃河西走廊，突然间变成几十米高的黑风墙，以每小时122公里的速度向东辗压。

这就是震撼中国大地的1993年5月4日至6日的特大黑风暴。

白天变成了黑夜。房屋没有了，树木没有了，亲人没有了，什么都看不见了。人们以为，世界末日来临了。

黑风暴东移后，人们如惊弓之鸟，依然不知发生了什么。稍后，才渐渐发现自己还在，房屋还在，城市、乡村还在。一个混沌世界仿佛刚刚出土。这场灾难使85人丧生，31人失踪，264人致伤。

形成这场黑风暴的原因，专家们很快就弄清楚了：西伯利亚的12级大风，是从天而降的火种，而人类自己毁掉树木植被，令土地严重沙化，则无异于送去一堆干柴。大地上卷起的不仅仅是43倍于常规的粉尘，还卷起大量有毒矿砂和废渣。

人类自作自受的事太多了。地球上的森林每年以1 700万公顷的速度减少；在黑风暴的肆虐地河西走廊，新中国成立后森林减少了37万亩，有一年

---

① 《都市快报》2011年1月25日刊发许康平写的《探访我国最冷小镇：温度计被冻裂触屏手机失效》，2 700字，40多个画面。《城市晚报》等一些报纸转载这篇稿件，差别很大。《新民晚报》则以精编的《冰棍在冬天卖得比夏天好》，1 300多字，16个画面，后来居上。摘编自许康平：《冰棍在冬天卖得比夏天好》，载《新民晚报》，2011-01-26。

发生毁林案件竟达 1 万 2 千起。

自然生态失衡了。如今地球表面虽然十分之七是水，但供人类使用的水却那么吝啬：世界上每年都有数千万公顷农作物因干旱而歉收，每三个人中便有一个人无法得到生活用水。然而它大方起来却简直发疯：中国 1991 年南方水灾造成的直接经济损失达 779 亿元。可是许多内陆河却面临干涸，今日的西安还有八水环绕的雅致吗？

也就是在这个时候，我们又怀着复杂辛酸的心情，办着另一件尴尬的事：甘肃武威市二坝乡农民包含芳，在特大黑风暴中冒着生命危险，救出 5 名被吹进水渠的儿童，而他自己 7 岁的女儿却被沙暴吞噬了生命。省委书记登门慰问了他，赞扬了他。

诚然，英雄的壮举，可歌可泣可赞，但我们是否意识到自己此时多少有点不自在，有点难以名状的尴尬？

中国人大环境保护委员会主任曲格平先生 1993 年 5 月 29 日在西安说："我站在大厦的楼顶上，每天早上散步，看下去，一片烟，叫人心里不好受！"

每个新闻人，都有一个"新闻脑"，而"新闻脑"是否有动画意识，则是一种职业修炼。让自己的心境"动"起来，报道就能够"动"起来。受众呢？也一定会"动"起来！

32 破题收笔——苦辣酸甜贵在鲜

驻过三四百人的一号坑道，只走出了八个人，下阵地的时候，又在炮火下牺牲了两个，到军部，又被饼干和牛肉罐头撑死一个。

3.8平方公里的狭小面积，一日之内落弹三十余万发；一万余人，要对抗七万多敌人；前沿阵地上，经常是一两个残缺的连对抗一两个齐装满员的团，而且几乎没有炮火支援，弹药也常常补充不上；一桶水、一箱弹药、一个苹果常常牺牲好几条人命还不一定送得上去。

随手抓把土，数出三十二粒弹片；一面红旗上有三百八十一个弹孔；一截一米不到的树干上，嵌进了一百多个弹头和弹片。

上甘岭战役，双方伤亡人数有多种说法，但毫无疑问的是，这片3.8平方公里的山头，已经被鲜血浸透了。

1952年9月5日，联合国军攻占"喋血岭"；10月13日，联合国军攻占"伤心岭"；10月14日，联合国军挟连胜之威，进攻上甘岭，打到11月中旬，苦战之后，美国人承认失败。

什么叫英雄？摧锋于正锐，挽澜于极危，可以叫做英雄。

整个上甘岭战役中，天上没有出现过一架我们的飞机；是役我们的坦克也没有参战的记录；我们的火炮最多的时候，也不过是敌方的四分之一，美军总共发射了一百九十多万发炮弹，五千多枚航弹，我们只有四十多万发炮弹，而且几乎全是后期才用上的。

战士们唯一希望的是多给配点手雷，因为这个东西"一炸一片"，美国人可以动用B—29去轰炸一辆自行车，而我们手里的反坦克手雷只能留给敌人的坦克，用来炸碉堡就算是奢侈了。

数百万发炮弹蹂躏着这个区区3.8平方公里的小山头，这个在范弗里特的作战计划里第一天就该拿下来的小山头，用自己的粉身碎骨验证了人类的勇敢。

此役之后，美军再没有向我发动过营以上规模的进攻，朝鲜战局从此稳定在了38度纬线上。这一战奠定了朝鲜的南疆北界。

朝鲜民主主义人民共和国1986年出版的五百万分之一的地图上，找不到海拔1 061.7米的五圣山，却标出了上甘岭。

——摘编自杨文、裴小敏主编：《被历史忽略的历史》，"美国人为什么打不下来上甘岭"一节，郑州，河南文艺出版社，2008。内容有改动。

该文通篇几乎句句都有数字，读起来却不感到枯燥，因为作者是以精巧的工笔来记述的。其中，看似平白的开头，却暗含意味深长的故事。"驻过三四百人的一号坑道，只走出了八个人，下阵地的时候，又在炮火下牺牲了两个，到军部，又被饼干和牛肉罐头撑死一个。"如此带有悬念的数字变化，怎能不引人去猜测、去追问，从而读下去？

此外，"朝鲜民主主义人民共和国1986年出版的五百万分之一的地图上，找不到海拔1 061.7米的五圣山，却标出了上甘岭"，这样的结尾，也给新闻通讯写作提供了启喻。

通讯，是消息的延伸，它是对能吸引受众关注的有传播价值的新信息进行详细、生动的报道，以告知新闻事件或人物真相的新闻体裁。通讯最能打动人心，也最能激发作者的灵感。《中国姑娘》、《人民警察任长霞》等著名通讯，一些片段至今仍令读者泪湿脸颊。由张惠芳、王昉合著的《人民记者穆青》一书，追述了穆青一篇篇新闻作品的来龙去脉：从《县委书记的榜样——焦裕禄》，到《为了周总理的嘱托》等，每一篇精品的问世，从破题到收笔、段落到结构，直至标题的制作，都字斟句酌、精雕细刻后方出手，得到了新闻界的公认和推崇。穆青留下的一份报纸清样，"修改文字"密密麻麻，展示了精深的文字功力和脱俗的忘我境界，令人钦佩。

看来，记者在获得新闻素材后，除了提炼主题、设计结构和运用语言外，如何"破题"和"收笔"确实很重要。其中写作技巧虽然五花八门、各有千秋，但也有常规套路可以借鉴。

一、通讯破题路数

万事开头难。精彩的开头会抓住读者，扣人心弦。对深圳"爱心婆婆"贾肇英的报道，开篇看似很随意，实则叙述流畅、暗藏伏笔：

当记者刚见到贾肇英时，真不敢相信眼前的这位"爱心婆婆"已经年近古稀，因为看上去她年轻许多，加上她的健谈、欢笑和情不自禁的歌声，一股朝气蓬勃的活力弥漫开来，让人觉得这位婆婆不寻常，很可爱。

接下来，记者从"爱心婆婆"的外表挖掘到她的内心，揭示其让人肃然起敬的做人信念："做好事是我的一种生活习惯。"这就让人饶有兴趣地看下去。

著名通讯《被收容者孙志刚之死》的破题则留下悬念：

孙志刚。

孙志刚，男，27岁，刚从大学毕业两年。

2003年3月17日晚10点，他像往常一样出门去上网。在其后的3天，他到过了此前不曾去过的3个地方：广州黄村街派出所、广州市收容遣送中转站和广州收容人员救治站。这3天，孙志刚究竟遭遇了什么？①

通讯破题无定式，却并非无章可循，至少有5种形式可以借鉴：

1. 点睛

这种形式对新闻事实最精彩之处进行描写，直接引起读者兴趣。这类似于新闻消息的概括手法，将最能展现新闻事实的亮点加以放大。《2002：各国王室悲喜录》开头之处说：

阿根廷姑娘马克希玛·索莱基耶塔是在3年前的一次舞会上认识荷兰的威廉王子的。共舞一曲之后她博得了王子爱慕，这样的开场简直就像"灰姑娘"童话的翻版。今年2月2日，这位阿根廷姑娘真的穿着水晶鞋踏进了荷兰王宫。

2002年12月27日《晶报》社会版登了一篇通讯，开头写的是：

上海一名12岁女孩的体温每天"上蹿下跳"，高低温度差近30摄氏度，各路医生会诊毫无结果，家长心急如焚。昨晚，孩子的父母希望专家出出主

---

① 陈锋：《被收容者孙志刚之死》，载《南方都市报》，2003-04-25。

意，救救他们生了病的孩子。

类似这样的新闻通讯破题，数量极多。这是从消息扩展到通讯最容易的方法。这种破题的招数，极易引发下一段文字叙述。

2011 年 7 月 27 日，《中国青年报》刊载通讯《他的"强硬"救出最后幸存者》，记者王鑫昕首先点评了邵曳戎为何出名：

在他的职业生涯中，这样的决定并不少见。可是这一次，一个平常的决定让他在网络上成为名人。

打开新浪微博，输入关键词"邵曳戎"进行搜索，与这个难得重名的姓名相关的，竟有 40 860 条微博。这只是截至 7 月 26 日晚上 10 时的数据。每隔一段时间刷新一次，搜索出的微博条数还在增加。

关于"邵曳戎"的微博，核心内容是，这位温州市公安局特警支队的支队长"拒绝命令，坚持原地搜救，最终让小女孩获救"，而这个小女孩正是在"7·23"甬温线特别重大铁路交通事故中最后被救出的幸存者。[①]

邵曳戎和《中国青年报》报道其事迹的局部版面。

2. 情节

这种形式以新闻的一个精彩的片段来破题，使人身临其境。有两种情形：

(1) 以记叙事件闪光点的某一个现场片段来开头。比如：《群雄纷争强者为王——深圳湾填海区土地拍卖现场记》一文，开头就记述了当时最动人的一个情景：

昨天下午 4 时 25 分。深圳会堂。

"7.8 亿！一次、二次、三次！成交！"当深圳市土地房产交易中心拍卖主

---

① 王鑫昕：《他的"强硬"救出最后幸存者》，载《中国青年报》，2011 - 07 - 27。

持人王小敏将 T207-0026 号土地一锤定音后，他夸张地用手绢擦了擦额头的汗珠。

至此，备受瞩目的深圳湾填海区率先亮相的三宗土地经过激烈竞争，以总价 22.35 亿元人民币拍卖成交。[①]

《立在灵魂里的碑》的开头也是一个场景：

安徽省太和县李兴镇南谢庄，村北边的第四个坟包前，新立起一块墓碑，刻着"恩师谢玉璧 师母王兴荣之墓"。立碑那天，阳光下浅绿色的麦田里，一群白发苍苍的老人发出此起彼伏而又压抑的哭声。

谢玉璧，1946 年毕业于黄埔军校西安分校。在当年的李兴区付集小学任教期间，如碑文所写，"成效卓著、爱生如子"。但在 1958 年被判定为"历史反革命"后，他上吊身亡。[②]

（2）以记叙人物的某一心理变化和情感波动来开头。郭龙臣是带着"怨气"离开辽宁投奔广东的自行车名将，他在九运会上夺得一枚金牌。《"我证明了自己"——记自行车 40 公里个人赛冠军郭龙臣》一文中，以描绘该人物的面部表情来破题：

终点，身穿一袭葱绿色运动服的郭龙臣满脸凝重。他一边解开头盔，一边张望着远处的巨大电子显示屏——"第一名，郭龙臣，广东，56 分 41 秒 357"。也许屏幕上的成绩公告让他联想到了什么，只见他长长地吐出了一口气。

3. 语言

这种形式以新闻人物性格化的词语来提神，让读者产生遐想。包括几种情形：

（1）人物自己的语言。即以主人公最典型的话语开篇。这种语言的选择和使用不是随意的，而是和主题紧紧联系在一起的。获黑龙江省新闻奖的《鸡鸣富路》一文，开头就以人物极富个性的语言挑明思路：

"山鸡饲养的规模再大一点，榆黄蘑的栽培面积再增加一倍，今年还想搞点盆栽葡萄、花卉。"一提起奔小康，李玉梅满脑子发家计划。"我有点不太

[①] 李杰、樊鹏：《群雄纷争强者为王——深圳湾填海区土地拍卖现场记》，载《深圳特区报》，2001-12-07。

[②] 王波：《立在灵魂里的碑》，载《中国青年报》，2011-03-02。

安分，没搞过的总想试试。"她说。

这个开头，既让读者明白了报道意图，也充分表现了当代农民渴望脱贫致富的强烈愿望。

（2）记者议论的语言。这是记者通过对人物事件的理解，提炼出来的有感而发的语言，旨在引导读者去追寻答案。《"光明使者"送光明——好人陈炳炎的故事》一文，是以记者的议论来破题的：

很少有谁在乔迁时受到这样前呼后拥的礼遇；

很少有谁在告别旧居时收到这么多温馨的礼物；

很少有谁家的搬场车上被邻居们贴上这么多的横幅彩条。

昨天中午，在老西门的西林后路，就有这么一位69岁的老人享受到了这"三重礼遇"——上百位街坊邻居冒着冷雨、敲着锣鼓、舞着横幅，自发前来欢送，还排队向老人赠送礼物。

他叫陈炳炎，一位在老西门住了55年的退休工人，一位曾经荣获"上海市精神文明十佳好人好事"殊荣的老人。

（3）诗词格言。即破题用与主题十分贴切的歌曲、诗词来表述。如有一篇写乡村教师的人物通讯《忠诚》，就引用诗词来破题：

"我是不会变心的/就是不会变/大理石雕成塑像/而我这个人/是以忠诚铸造的/即使破了碎了/我片片都是忠诚。"

这些真切的语言，将人物的性情铺垫得呼之欲出。

4. 对比

这种形式以反差较大的情景、心理等来制造趣味，以激发读者阅读热情。第八届中国新闻奖获奖作品《明月照山河》，是中央人民广播电台记者黄溪云采写的一篇对比报道。其破题用了对比手法：

在湖南省桃源县西北角，流淌着一条清澈的小溪。溪畔坐落着两个村，溪南明月村，溪北山河村。早些年，两个村日子过得不相上下，一样穷。可到了1992年，情况就大不一样了。明月村由党支部书记刘永山挑头干，种果木，办工厂，日子越过越红火，成了桃源的首富。而山河村呢，面貌未改，山河依旧。全村800多号人，集体经济等于零，还欠下一屁股债。站在低矮的土屋门下，看着溪那边一栋栋高耸的楼房，山河人不禁长吁短叹。

2002年1月，"韩国围棋皇帝"曹薰铉来中国深圳签约，当时他与棋圣聂卫平下了一盘棋。由于他俩以往棋坛的渊源，这盘棋引起许多棋迷关注。

清晨，当曹薰铉霸气十足地来到富苑酒店的签约会场时，棋圣聂卫平则拖着疲惫的身躯咕咚一下歪坐在贵宾席上，双手不时地揉着太阳穴，满脸倦色。这令棋迷们对聂棋圣将要下的快棋不抱希望。果然，聂棋圣很快就被曹天王以六又四分之一子的优势掀落马下。

看来这场比赛似乎没有悬念，但是为何"曹薰铉霸气十足"、"聂卫平则拖着疲惫的身躯"？读者只能去看正文。

《中国青年报》刊载的通讯《刘世平：用数据"说话"的"狂人"》，通过对比啤酒和尿布的不同与联系来开头，颇为有趣：

啤酒和尿布，两种风马牛不相及的商品一起摆在货架上，居然为美国的沃尔玛连锁超市带来了巨大的收益。这其中有怎样的奥秘？原来，美国的妇女通常在家照顾孩子，所以她们经常会嘱咐丈夫在下班回家的路上为孩子买尿布，而丈夫在买尿布的同时又会顺手购买自己爱喝的啤酒。①

5. 趣味

这种形式以传奇性和戏剧性的新闻制造幽默和悬念，使读者形成心理落差，勾起读者的好奇心；或者以素材中最有趣的小故事或小笑话，激发读者的阅读欲望。

《神奇"隐身衣"》一文，是说日本科学家利用光学伪装技术制造出能让人隐形的夹克衫，在外科手术、航空等领域将获得广泛应用，而文章开头是这样处理的：

在英国女作家罗琳所写的《哈利·波特》一书中，主角哈利·波特有一件隐身衣。你千万不要以为这是虚构。因为现实生活中，利用神奇的光学伪装技术，日本东京大学的科学家就发明了一种隐身衣。穿上它，你会让人们看到神奇的"透明"一幕——"隐身人"挡不住身后正在走动着的人影。

这，你能想象出其中的奥妙吗？

改革开放初期，中国大地出现外语热，但外国一家通讯社的记者在报道北京"英语角"时，并没有直接报道学习场景，却用了一个笑话来破题：

有位欧洲商人想去烤鸭店，但他不会说中国话。而出租汽车司机只会讲

---

① 宋天卓、邱晨辉：《刘世平：用数据"说话"的"狂人"》，载《中国青年报》，2012-12-14。

中国话。这位欧洲商人怎样才能让司机明白他要到哪里去呢？于是，他张开双臂，模仿鸭子拍打翅膀的样子。司机点了点头，表示明白。他驾起汽车，把商人一溜烟送到了飞机场。[①]

这就用新闻事实证明了学习外语的必要性，也铺垫了一个极好的前提。

破题的招数多多，一是根据新闻事实的具体情况，二是根据记者自己的擅长手法，方可制作出个性十足的"引言"，诱人追捧。若凭空下笔，恐怕就像下棋一样失去主动，难以先声夺人。离深圳特区报社不远的莲花山常常风筝满天，引起一位记者的注意，他随机采访、捕捉了许多有关风筝的情节和画面，然后将其有机地组装起来，写成了一篇有动感的报道《深圳的风筝往哪儿"飞"？》。报道开篇说：

"蝴蝶"、"蜻蜓"、"苍鹰"，五颜六色的风筝在莲花山公园上空飘荡。

记者置身于这如诗如画的境地，心旷神怡。

可身边一位被人称为"风筝王"的七旬老人高世宏，却满腹遗憾："这青山绿草的，密密麻麻的人来放风筝，咋不搞个风筝节呢？"

这篇稿件立刻引起读者的强烈反响。记者也感到很奇怪，风筝不是热门项目，怎么会来这么多的电话和传真？当时著有《梦美国 美国梦》的作家莫名还把报纸复印了 10 多份，呈交深圳市领导。最后市里决定在首届"中国国际高新技术成果交易会"（简称"高交会"）上放风筝，风筝图形被选定为高交会会徽和吉祥物。深圳市委宣传部和"高交会"宣传办也请记者去当顾问。在开幕那天，鹏城天空升起 33 万只风筝，"高交会"的概念也随之飞入了人们的脑海。这一新闻报道推动了政府工作。

二、通讯收笔技巧

俗话说："编筐编篓，难在收口。"如何使通讯的结尾精彩，招数很多，有 5 种典型笔法可以借鉴：

1. 期待

这是记者根据新闻事件的发展趋势而制作的展望性结尾。譬如记者闲逛

[①] 江红云：《说说"幽默导语"》，载《黑龙江报人》，1997（5）；江红云、胡秀娟：《如何制作通讯的开头》，载《新闻传播》，1997（6）。

东门，人流熙攘。步入博雅，扑面清敞。一店铺内有人执笔抄录《孙子兵
法》，聚精会神，世事皆忘，只管将蝇头小楷写在莹白透明的绢纸上。端详
之，运笔流畅，结构和谐，墨迹非凡。他叫张贻柱①，老家在湖南省新邵县。
在文博会上，他展出了 400 米长卷《红楼梦》抄本，30 多米长的《唐诗三百
首》小楷绢本，以及规格不等的《道德经》、《金刚经》、《孙子兵法》等小楷
册页。让许多人意想不到的是，他竟然是一位经历过二十多年木匠生涯，并
在红学界有一定影响的传奇人物。记者很快写了一篇《从乡村小木匠到都市
书法家》，结尾讲：

　　从一个农村小木匠，到成为一个功底深厚的书法家、一个具有独到见解
的民间红学家，张贻柱深切感受到的是深圳给了他广阔的发展空间。他以齐
白石老人"不教一日闲过也"的自勉来激励自己，计划以完美的小楷字体，
将《唐诗三百首》、《宋词三百首》、《古文观止》、《四书》等中国历史上最经
典的作品抄下来。那么如此大量的小楷书写，他何时如愿？何时让人看到那
梦幻般的书法精品呢？

张贻柱手书《孙子兵法》。

　　《黑马曲乐恒》一文说的是在上海超霸杯足球赛上，最引人注目的不是
"轰炸机"宿茂臻，也不是"外星人"卡西亚诺，而是脱颖而出的一匹"黑
马"——辽宁队的 7 号曲乐恒。他大演帽子戏法，突然给人一种光芒四射的
感觉。这篇通讯是这样收笔的：

---

①　张贻柱，现任深圳弘法寺书画院院长。

记得泰山队有个外援叫罗麦罗，他和曲乐恒一样，也是"超级替补"，然而他却在足协杯最后一战时，以极强的冲击力独进3球。如今，曲乐恒与罗麦罗十分相似，在超霸杯上一举成名。人们有理由相信，这匹黑马会越来越出色。

这就揭示了人物成长的未来趋势，让球迷对小将的前景萌生种种企盼。

2. 语言

这是以人物贴切的语言、人们由衷的议论、记者亲身的感触等等来制作的结尾。《广州日报》刊载的通讯《13岁无臂男孩夺冠无数》，介绍了新塘仙村学生何志荣的故事。他两岁半就失去了双臂，但他用脚在家里做作业，跨栏动作非常标准，在第十三届全国"华罗庚"少年数学邀请赛一举夺得新塘镇一等奖。该文开头说："当何志荣平静地对全班新同学说'我没有双手'时，老师震撼了，新同学震撼了。"而这篇故事的结尾是：

何志荣的妈妈告诉记者：家里除了10多张奖状"值钱"外，没有任何东西拿得出手，小偷都不会进我家的门。家里的收入不到1 000元，每年靠找亲戚朋友东借西凑过日子。以后进入高中、大学，家里就拿不出钱来供何志荣读书了。

《中国四任谈判代表说"入世"》的结尾，先说"15年的时间对一个谈判来说已经够长了"，又用龙永图的话转折为：

"我是从贵州的山区走过来的，我知道一座山在挡在面前时显得很大，不可逾越，但是走了很远以后回过来看看，那山就是一个小山包。我们谈判过程中所克服的很多障碍、很多困难在当时看来也是不可逾越的，简直太困难了，但是现在回过头来看，不过如此。"

《在深圳的日子里》的结尾两段，作者引用了别人的话：

评论名人马强说："日子像树叶一样稠密。望着这座与时间赛跑的城市，不知是我们改造了深圳，还是深圳改造了我们。"我猜不透今后的日子会怎样，但美国国际媒体集团的吉纳预测说，未来报媒将小型、彩色、手风琴式折叠、大稿件500字、专职摄影遭淘汰、报道强调分析性。这让我心惊肉跳：假如我能活到那时候，还能混迹于记者人群中吗？

有一篇《蓦然回首》，是一位老人写的人生经历。他的长子读后沉思许久，感慨老爸的善良、热忱和无畏影响着他的生活，书稿记述的一些生活片段甚至让泪水悄然漫过脸颊："无论我读多少书，无论我离家有多远，心，总是和老爸相通的，因为他是我心中的一盏耀眼的明灯！"报道的结尾这样说：

深圳的秋天，粉红色的簕杜鹃开遍全城。老爸捧着《蓦然回首》露出欣慰的神情，发出爽朗的欢笑声。在老爸的眼中，他过得很知足："经历的是昨天，过眼的是云烟，尝过的是苦辣，回味的是甘甜，历练的是磨难，成就的是尊严。"他希冀亲人和朋友们好好过日子，尤其是对儿女、孙辈寄予了无限的希望："不管生活是苦是甜，让真诚永远；不管道路是直是弯，让善良永远；不管你在天边还是眼前，让快乐永远！"

3. 悬念

这是在报道的结尾处以新闻某一未知的"情况"来制造的悬念式结尾。陈菊红写的《14岁少年跳楼自杀事件》，就是以细腻的笔触给人一个悬念：

结束采访后，记者请看楼的老伯打开侧门，陪我爬上19层70多米的高层建筑。1.5米宽的楼梯没有扶手，不时有断了的钢筋突兀而出，横列面前。楼梯共384级。楼顶平台很宽，杂物随处可见。从楼顶可望见对面的儿童公园。那是周付宇最喜欢去的地方。往楼下望是来往的车流，那红色的垃圾桶很小，但很刺眼。

周付宇自杀的时候，天已麻麻黑，在楼顶记者一再想，这个天一黑爬三楼都要妈妈接的孩子，是怎么爬上这384级楼梯的？

2002年春天，日本围棋"超一流"名将林海峰突然提前一天来到深圳。报道这一赛事的记者获知后，马上赶赴木棉花酒店。记叙的稿件开头是：幽雅的房间里，林海峰一袭休闲服，好像和"韩国围棋皇帝"曹薰铉的穿戴习惯相似，给人一种舒适的感觉。林海峰60岁了，但满头黑发，看起来精神矍铄。这篇稿件的结尾是：

按照赛制，林海峰作为特邀棋手打第一台，而深圳队应该以段位最高、积分最多的棋手迎战。据此分析，梁伟棠和邹俊杰都有资格。至于谁首战，领队吴付久眨了一下眼睛，神秘地说："这还是个秘密。"

4. 幽默

这是以某种独特的趣味形成的幽默结尾。《中国人的酒量》最后记述：

关于酒，我非常崇拜能喝的人。尤其是宴会尾声，你能独自倒上一杯三两三的茅台，然后面带微笑，一饮而尽，那多么爽！多么酷！我工作过的媒体，有"五朵金花"，都能喝上一斤半，脸不变色，心还跳；我接待《西藏日报》的记者周波时，他一顿可以喝两瓶，如果只喝一瓶，便馋馋地说："刚预热啊。"

世界台球名将奥沙利文在深圳击败威廉姆斯，卫冕成功。一篇通讯结尾处说：

赛后的酒会上，当记者们询问奥沙利文获胜的原因时，他幽默地说，威廉姆斯是用左手打球，但今年暑期被爱犬咬伤了左手。而威廉姆斯一听到"狗"，则似乎忘记了失利，津津乐道地谈起了他的 dog……

2009 年 7 月 25 日，《广州日报》A13 版刊发记者孙嘉晖撰写的《打老公，也能赢金牌！》，开篇为：

打老公也能赢金牌？没错！女人揍男人，看谁打得狠、打得漂亮，金牌就是谁的了。这样的场景出现在 2009 年高雄世界运动会上，法国队佩利亚夫妇将"家庭暴力"演绎得惟妙惟肖，最终凭借出色的"演技"征服了所有裁判，赢得了柔术双人演武混合赛金牌。

柔术比赛中，妻子击倒丈夫，一声长啸。

如此罕见的比赛，真是出乎意料，让人阅读时忍俊不禁。

5. 抒情

这是以新闻事件的主要人物或者记者抒发饱满情绪来形成的结尾。抒情式结尾并非千篇一律。2005 年 9 月 18 日晚,一位记者得知老乡高秀敏去世了。他手忙脚乱地打开新浪网,跳出的一行字令他痛苦不堪:"著名小品演员高秀敏突发心脏病去世。"为了证实这个消息,这位记者打通了老家《松原日报》社长的手机,被告知因为高秀敏是家乡的名人,报社已经进行追踪采访。社长解释说,凌晨高秀敏在家中感到难受,后猝死,疑为心脏病突发。当晚,这名记者写了一篇《痛忆我的朋友高秀敏》,最后说:

难以忘怀的高秀敏,你总是带着东北黑土地的诚实、幽默和豪爽,在荧屏上憨厚地笑着。我是多么希望今晚的网络新闻不是真的,只是一个错发的消息。你突然撒手人寰,简直就像你演出的小品,给人以一个意想不到的结局。

《好民警,盼你醒来》说的是巡警陈文亮与歹徒搏斗受伤,成为植物人后的故事。文中结尾展示这样一幅动人的画面:

阿亮昏迷着,不知道他能否感觉父母的一片苦心,能否觉察战友的一片爱心,能否感知社会对他的一片关心。当妈妈亲自给他喂饭时,当爸爸亲自为他按摩时,当战友们推着他在社区小路上漫步时,偶尔会有晶莹的泪珠慢慢从他眼里滚出,从依然清秀的脸庞上滑落……

如此写,很感人。记者激动之情缓缓地流淌出来,流入读者的心田。

通讯结尾需要灵性,灵性永远活在你的心境。

83　人物底蕴——形神升华意境远

"毛主席他老人家可好啊?"两位老人一脸虔诚地期待着。

可探险队员却一个个睁大了眼睛,甚至露出哭笑不得的表情。这是发生在渝北鸳鸯镇密林深处的一个特殊场景。

两位老人,女的叫徐朝清,80岁,男的叫刘国江,70岁,他们在深山里生活了50年。

徐朝清26岁那年,丈夫去世了,留下四个孩子。一个傍晚,她背着最小的孩子到村东的飞龙河去打水,不小心掉进河里。16岁的刘国江跳进河里救起了徐朝清母子,这是他第一次正眼看徐朝清。

之后,刘国江常常帮徐朝清担水劈柴,一晃4年,两人在对方的眼神中读出了些别样的东西,闲话也很快传遍村子。

1956年夏天,刘国江在街上碰到徐朝清,他上前搭话,徐朝清却丢下一句:"寡妇门前是非多。"当晚,他悄悄走进徐朝清家,率真地告诉她:"我要娶你!"

就这样,偷偷办理了结婚证后,刘国江和徐朝清带着孩子离开了村子,他们艰难地前行在荆棘丛生的深涧,来到了大山深处,过起了与世隔绝的生活。

带去的粮食很快吃完,刘国江就到河里去捕鱼,徐朝清则去挖野菜。他们在山林里摘野核桃、野枣,把木浆树叶摘下晒干,磨成面粉,以备荒饥。

一场暴雨将他们居住的茅草屋冲垮,刘国江只得牵着徐朝清和孩子来到山梁上最高的一个岩洞,那儿成了他们临时的家。

那晚,她在岩洞里哭着对丈夫说:"我好想有间瓦房住。"

刘国江什么也没说,第二天一早,带着全家到两公里外的山坳里背泥巴烧瓦。背了一年,刘国江用石头砌了个窑自己烧,又烧了一年,才烧齐所需的瓦。盖好了房子,他们又种了蔬菜、果树,一条清澈的小溪从门前流过。

从上山那年起，刘国江便开始为伴侣修一条可以下山的路，在崎岖的山崖和千年古藤间一锤一锤地开凿他们的爱情天梯。

50年过去了，男人修了整整 6 000 级整齐的台阶。每当男人下山去买东西时，女人就站在山上的台阶上，望啊望，她望着的是生命里的整个世界啊。

女儿们嫁出大山，儿子们也当了倒插门女婿。老两口仍不喜欢外面的世界，习惯了山上的生活。

探险队将这个美丽的爱情故事带下山，并给石梯命名为"爱情天梯"。

——摘编自网友花蕊：《深山里的古典爱情》、周耘：《通往深山，6 000级阶梯见证爱情》。内容有改动。

这个真实的故事，在《南京零距离》、《传奇故事》、《鲁豫有约》等节目中反复播出，既让人钦佩，又让人感慨，如今的青年人很难做到啊。

人物通讯，最容易的做法是直叙某个主题，达到对人物一级本质的认识。这样做，在饱满激昂的情绪下形成一篇有质量的通讯，不成问题；而要成为佳作，甚难。

面对《哥德巴赫猜想》等人物通讯名篇，我们不由得萌生联想：作为普通记者，并非没有机会碰到好素材；可是，许多令记者本人热血沸腾、激动不已的新闻，却往往没有写出来，或是写了也没达到名篇的境界，为什么？

画虎画皮难画骨，"写人写面难写心"。如何逼真地雕刻人物的形神，让读者为之激动、忧伤、流泪，是摆在记者面前的永久难题。

《深圳特区报》名记者徐华，先后发现并报道了大医郭春园、义工丛飞，引起轰动。她是如何发现这些正能量人物的？有一篇《她有一双敏锐的眼睛》将徐华置于深圳这个背景下，分析了徐华的善良与深圳爱心人物的交集、徐华工作室与她常年深入生活发现爱心人物的对接、徐华精心新闻策划报道与深圳市市委意图重点的合拍。这样就进入了人物的第二、第三级本质，揭示出徐华高尚的内心世界，描绘出她是如何获得成功的。该稿件被多家媒体转载，徐华也成为《新闻传播》杂志的封面人物。

一、人物通讯升华 4 个前提

一篇成功的人物通讯，人物事迹是主体，人物心灵是境界。能够将一篇让读者感动的人物通讯奉献于世，要有 4 个必备的前提。

1. 采访详尽观察

记者进入新闻源要力争将有关人物的素材"吃干榨净",这是首要前提。许多记者都有亲身体会:人物通讯中最感人的事迹,是不用记录就留下了深刻印象的片段;记录越少,事迹越好,写得越巧。

自行车名将王艳。

王军 摄

第九届全国运动会(简称"九运会")时,自行车赛设在深圳龙岗区,当时江永华、姜翠华显然是耀眼的明星。她俩一个夺得女子500米计时赛金牌,一个拿到女子500米争先赛的冠军,成为众多记者追逐的目标。然而一名记者发现,圈内人敬佩的顶级女车手,却是此次仅获一银一铜的辽宁选手王艳。这引起记者采访的兴趣,立刻跟踪专访王艳,上网查询以往报道、获得了内幕新闻和背景资料:

——1986年王艳12岁时,开始了自行车生涯。3年后夺得全国青少年运动会争先赛冠军,1995年她为中国夺得世界杯场地计分赛冠军。

——1998年春天,前胸撕裂般的疼痛开始折磨她。一查,是和电视剧《过把瘾》中王志文饰演的男主人公一样的病,心肌无力,最后会因心肌衰竭而死亡。手术中,一条可怕的长形肿瘤被切除下来。

——2000年,她冲上奥运赛场,获得500米争先赛的第4名。转年元月,王艳在北京进行血液置换治疗,人们以为她这回真的要退役了,没想到她突然出现在九运会的自行车赛场。[①]

那天记者激情难控,被王艳这个人物的境界所感动,挥笔写下一篇通讯,将王艳和美国自行车名将阿姆斯特朗联系在一起,描述王艳精神抖擞地背着黄色的赛车,一双炯炯有神的眼睛放射着刚毅的目光。这哪里像是一位病魔缠身的人?分明是一位拼杀在赛场上的斗士!

九运会期间,体育记者们一般都是用"短、平、快"的写稿方式,抓住现场新闻单刀直入。此稿却从"多侧面"撰写人物,对稿件精雕细刻,可谓

---

① 《一个硬骨头女孩——记自行车优秀运动员王艳》,见新浪网体育频道,1999-09-17;王君:《自行车:笑对病魔挑战 王艳病愈复出摘金挂铜》,载《体育参考》,2001-05-11。

性情使然。

2. 主题用心良苦

主题是对通讯理性认识的直接"定型"。知名作家菊韵香写的人物通讯《好人是这个世界的魂》记述的是这样一个故事：30 岁的胡文传是安徽省长丰县土山乡的一个木匠，7 年前他救了 4 名落水儿童，可自己 8 岁的儿子却没救上来。妻子不解地质问他：你为啥不救儿子？

他无言以对，只能垂着头，默默流泪。很快，他的义举震动了当地。可是，他变得愈加惘然、困惑，一夜之间，他成了众矢之的。有人说他傻，有人说他是拿着儿子的性命换取名誉，就连被救孩子的父母也躲着他走，形同陌路。

他的身体渐渐垮下来，妻子的精神又时好时坏。好在 2008 年，妻子病情好转，又生下女儿明娜，给这个沉寂了多年的小家带来了久违的笑声。然而，两周后，他发现女儿经常咳嗽，嘴唇发乌。医生告知：小明娜患有严重先天性心脏病，随时都有生命危险！

看着襁褓中的小女儿，他已经没有了眼泪。苦命的女儿怎么就像一阵匆匆而来又将匆匆而去的风？不，要留住女儿，让她的生命"延续"下去！经过再三劝说，妻子最终同意了他的想法——捐献眼角膜。三天后，病魔带走了小明娜。次日，省儿童医院为她做了眼角膜捐献手术，两名在黑暗中苦苦煎熬的患者重见光明。

不久前，在安徽电视台主办的十大新闻人物评选中，他高票当选，成为省内唯一一位以农民身份登台的获奖者。

他的名字叫胡文传，一名憨厚朴实的安徽青年。评委会给他的颁奖词是：6 年间，他经历了人生的两次选择。在生与死、得与舍面前，我们触摸到一颗大爱之心。透过困顿与坚强，我们看到了一个质朴的灵魂。他是一个好人，好人也许会流泪，会伤心，会孤独无助，但好人永远是这个世界的魂。①

一篇通讯要表现什么？主题的深浅，是记者认识层次的反映。《好人是这个世界的魂》表现了胡文传的跌宕遭遇、失去亲人的苦难，以及周围人的不解，但是他那善良的灵魂不弃！主题明确，记者就会笔触明快地撰写通讯。如果处于模糊状态，写作势必归于平淡或失败。譬如《"二人转"不了情》记

---

① 摘编自菊韵香：《好人是这个世界的魂》，载《青年文摘》，2009（10）。内容有改动。

述著名小品艺术家高秀敏的坎坷成长经历。但该文内容仅限于高秀敏在一座水库的高山上迈出了艺术的第一步，后来如何拜师学艺，将"二人转"的"四梁""四柱"以及"九腔十八调七十二咳"的曲调全部掌握，成为该空间的顶级人物。这一主题只涉及人物的一级本质。倘若对高秀敏赴深圳推广"二人转"的故事进行分析报道，如"高秀敏试图将'二人转'转移到南方"，主题就深入到二级本质；倘若该文抓住"二人转"中最难给予评判的"性文化"，记述高秀敏如何使"二人转"既保留传统经典，又发扬光大，主题则被导入三级本质。

3. 角度独辟蹊径

这是为实现主题、叙述新闻而选择的"突破口"，它决定着新闻报道的路线。突破口选择的好坏，决定着通讯全篇能否深度挖掘新闻背后的本质。如果主题角度偏差，精彩的素材就会陷于平淡。采写"鸵鸟大王"杨柳青的报道，没有从一个个专利发明切入主题，而是针对其遇到的经营难题切入，改变了叙述路线，结果写起来特别顺利，情节嫁接精彩。该文发表后，各路商家纷至沓来，生意红火。

《生活报》曾刊登过人物通讯《土屋里的专家——张凤武和他的模拟题世界》。张凤武是黑龙江海伦市的一个农村青年，是全国高考模拟题专家。该市宣传部周志军首先发现他，写出一篇精彩通讯，记述了张凤武的境遇：1988年高中毕业，考上大学不能念。因为母亲长年卧病炕上，12岁的弟弟患软瘫症，每顿吃喝全靠他一口一口地喂，大小便靠他去接去倒。家中的两头牛要他去饲养，七亩田要他去耕作。为了磨面，他背着30斤小麦到邻村面粉厂去加工，右手3个手指却不幸被机器连根吞噬。十指连心，他痛得浑身是汗，但他不能去医院，穷，没钱，只能咬紧牙关简单地包扎起来硬挺着。

小小的村庄里有一颗倔强的心要活出个样来。

因贫困不能上大学，是他终生的遗憾。可看到身边那些同龄人因不能掌握学习要领而无法迈进大学之门时，他的心中充满了惋惜之情。于是，他悄悄地在模拟试题的迷宫里潜心探索。

昏暗的灯下，他追寻用最短的时间记忆最多知识的招数。

寒冷的土屋里，他用右手仅有的拇指和小指，艰难地握着笔，时而用嘴呵一呵冻得有些僵硬的手指，写下笔记和模拟题型。放牛时，牛儿静静地吃草，他则打开书，斜躺在旷野中，不停地吸吮着知识的乳汁。一旦天降大雨，他宁可把衣服脱下来把书包上，躲到牛肚子下，心里想的是千万别把书弄湿了。

终于，他的首套模拟试题在《中学教学参考》上发表了。那天夜里他望着窗外天空的星星，久久不能入睡。从此他更加勤奋地开垦这块充满神奇的智慧荒岛。1993 年全国高考中有一道题："通过第二次鸦片战争，西方国家迫使清政府增开通商口岸 11 处，其中最南面的是今属_____省的_____；最北面的是今属_____省的_____。"他认为，表面看此题新颖，但要拉开学生差距，应改为"通商的 11 处口岸现在_____省、_____省、_____省、_____省均有两处。"这样，看似简单只答 4 省，但难度大了。这个设计为专家们所称道。

他的坚韧精神感染了众多的人。许多城里人带着"不争气"的孩子来拜访他，讨教"秘方"。市长徐承运专程送去 200 元钱，陕西师大的葛宇虹等 4 位教授也每人寄来 100 元钱，希望他坚持此项研究。

生活困苦，他没有哭；受伤致残，他也没有哭。然而此时，他却哭了。

他，仍然在逆境中跋涉；但他确是一个斗士、一个强者。

该篇从人物的倔犟性格、灵感心路等精彩情节侧面分析，揭示了张凤武的心灵慰藉和追求。

新华社记者公兵、王昊飞撰写的《不一定是朋友——奥运会上的特殊友谊》，是一篇角度特殊的稿件。因为在体育领域有些人场上是队友，场下却不见得是朋友；他们可以并肩拼搏，但生活中却形同陌路：

还记得在雅典奥运会上为中国水上项目实现奥运金牌零突破的一对黑大个吗？孟关良、杨文军的成功一举改变了历史，令中国水上项目在世界上有了立足之地。但是那一刻，他们选择各自仰天长啸，而非相互拥抱。

还记得 NBA 史上一张非常经典的照片吗？在 1996—1997 赛季总决赛第 5 场，乔丹因食物中毒几乎虚脱，但仍旧坚持打完比赛。比赛结束后，疲惫不堪的乔丹倒在皮蓬怀里。这被认为是公牛队历史上最值得纪念的镜头之一。

乔丹和皮蓬是 NBA 历史上最伟大的组合之一，并肩战斗了 10 个赛季，夺得 6 次总冠军。但在多年的训练、比赛和生活中，两人没有建立起比赛之外的真正友谊。

曾十五年称霸世界羽坛的葛菲和顾俊，生活里不仅不是好朋友，甚至还

"形同路人"。①

最后记者评述：两名运动员可能在场下无甚交情甚至势如水火，但为了共同的竞技目标聚合到一起并且相互补台，这就是体育的人文价值体现。

4. 素材合理延伸

素材的使用要有取有舍，精华之处要吃干榨净。但单纯依赖原始素材，不仅不能生动地进行描绘，而且不会真实丰富地反映人物当时的境遇。因此需要对新闻素材进行合乎逻辑的推导。

《深圳商报》刊发的《深圳特警和9个映秀娃》报道版面。

《深圳商报》记者黄顺在汶川大地震一周年的时候，前往映秀镇采访，在张家坪他碰上的人得知他是深圳来的，就问他是否认识深圳的特警傅伟。这让他很感兴趣，尽管在灾区他采访不到那个深圳特警，但他通过人们真切的倾诉，合理延伸素材，写出了一篇感人的通讯《深圳特警和9个映秀娃》：

"你是深圳来的呀，那你认不识傅伟啊？他也是深圳的，是特警。"问询记者的是一位年轻的妇女，她手里拉着两个小孩，虽然是一男一女，却长得一模一样，显然是一对龙凤胎。

她叫王春美，孩子王江顺和王江利刚满5岁。"傅伟心肠热，一直资助我们。他给村里9个孩子寄钱。前两天他来信说有一个遗憾，一个他资助过的女娃，因为父亲死了，母亲伤了，失去了联系。"

---

① 公兵、王昊飞：《不一定是朋友——奥运会上的特殊友谊》，见新华网，2012-07-30。

王春美回忆说，灾后深圳特警从什邡市来到映秀，那天，傅伟开车经过张家坪时，发现有两个孩子坐在危房里，面无表情。他进屋问孩子家人在哪里，孩子说出去捡破烂了。看到这一幕，傅伟落了泪，他给孩子买了零食，还把身上的一千元钱留给了孩子。

就这样，慢慢地，傅伟在抗震救灾期间共资助了 9 个映秀娃。一年来，每逢开学他都会从深圳给孩子家里寄钱，春节还寄压岁钱。今年 5 月 1 日，傅伟自费来到映秀看望孩子们，又资助了一万余元。

王春美说着说着，眼泪悄然漫过脸颊。她说，孩子现在上幼儿园，半年的学费是 370 元。她的唯一收入是靠做一些羌绣到街上卖，从去年 7 月到现在，一共赚了 700 多元，而前两天女儿感冒，在镇上医院 3 天就花了 150 元。"如果不是傅伟的资助，我和两个孩子不知道能不能挺过来。"

据说，傅伟每个月寄给孩子们 2 000 元，这对于他是个不小的压力。虽然分到每个孩子手里的钱不多，却可以交一年的学杂费，节约一点还能买件衣服。

如今，这些远方的孩子们显然成了傅伟牵肠挂肚的思念。

人物通讯《"稿痴"李耀卿》，写的是绥棱县有个宣传干事叫李耀卿，他痴迷写稿到什么程度呢？6 年里，他在数十家新闻媒体发稿 2 200 多篇，仅在《人民日报》、《经济日报》等中央级新闻媒体上就发表过超过 200 篇。计算起来，6 年里，他平均每天就有 1 篇稿件发表！因此，"稿痴"的雅号不胫而走。这篇稿，记者在素材的合理延伸上下了一番工夫：包括从"暖水瓶胆"到"业余名记"，从"没有休息"到"走出新闻"，从"信息网"到《燃烧的红蜡烛》。

王淑华在边远山区默默承担着 3 个教师的工作量，很累，可 11 年里，她从未误过一天课。为了备好课，全村晚上的灯光总是最后留在她家的窗上。她教的三个学年英语多次在全县统考中获第一名。而她却积劳成疾，患了脑瘤，累死在三尺讲台上！

李耀卿的眼前挥不去那善良、清瘦的形象。写到激动的地方，他的泪水就伴着笔墨淌下来，一气呵成《燃烧的红蜡烛》。几天后，中央电台的著名播音员虹云、付成砺流着泪水向听众叙说了这个真实的故事。

情节的升华，要避免牵强附会和无中生有。如"文革"中有的作品，常在主人公舍己救人的关键时刻，一再挖掘"思想深度"："你在想什么？"其实主人公什么也没想，就是"救人"，但那些作品却写出想到这个英雄，想到那个语录，就让人倒胃口了。

二、人物通讯升华 4 个关键

人物通讯如何写得逼真，写出人物的崇高境界？概括说，必须在个性、情节、语言和心灵这 4 个关键环节上，都达到最佳状态。不可写一个好人，就好得如同雷锋；写一个坏人，就说其从小就坏。

1. 个性

写人物，写什么？关键是写其不同凡响之处。人物通讯之所以难写，盖因每个人都是不一样的。哪怕有的人外形一模一样，心境也不会完全相同。比如出演毛泽东的特型演员古月尽管外形惟妙惟肖，但不会真的变成主席；为萨达姆当替身的人虽然蒙骗了无数人，但也不会真的成为萨达姆本人。

中国的居里夫人、钱三强的夫人何泽慧。

杨武敏 摄

2011 年 6 月 20 日，我国第一代女物理学家、中国科学院资深院士、中国的居里夫人、钱三强的夫人何泽慧在北京逝世。《人民日报》刊发通讯《"她就是很普通的老太太"》，给读者塑造了一个个性鲜明的人物形象。该文破题就描绘了一位"普通人"的生活场景：

6 月 20 日，一位 97 岁的老人，在北京炎热的初夏里，安静辞世。

灵堂设在家中。中关村北区 14 号楼，有 7 间房间的一户筒子楼旧屋。其中一间狭小的房间里，遗像上的老人满头银发，微微抿嘴，淡淡微笑，朴素得显不出任何特别。

办公室维持着原样。中科院高能物理所主楼 A224 室里，书柜和书桌之外少见多余用品，衣架上挂着几件简朴的蓝布工作服，书桌上的镇纸是老人自己捡来的鹅卵石。

"她就是很普通、很低调的一个老太太，我们就是平平淡淡过日子。"她的女儿钱民协这样评价。①

人物通讯《"桥牌鬼手"林亚夫》，对主人公的"鬼手"进行了多角度的描写：

外表：林亚夫是个壮实的汉子，但他灵巧的手指、儒雅的举止和脸上那副眼镜后面深沉的眼神，却让人感受到牌手特有的风度。熟悉他的人称其为"桥牌鬼手"。他常常亮出令人费解的"叫品"，神出鬼没，高深莫测。

闯荡：1991年他突然打出了人生的一张"怪"牌：孤身闯深圳，试图创办一家桥牌俱乐部。深圳平安桥牌俱乐部终于挂牌。那天，他记得很清楚：两眼望着夜空若隐若现的繁星，彻夜无眠。

牌技："现在世界上的叫牌体系更新很快。国外高手可以从 A 掌握到 J，而我们只能了解到 Q，只能第三轮控制，达不到第四轮控制，这是一个致命弱点。"1997年给林亚夫留下诸多难忘的回忆。这一年，因痴迷桥牌而成了晚婚典型的他终于喜结良缘；这一年，他夺得全国俱乐部联赛团体冠军，荣获中国桥牌终身大师称号。

未来：不久前，他得到通知，8 月 16 日将代表中国参加在加拿大举行的世界桥牌锦标赛。说到这场大赛，健谈的"鬼手"突然变得默默无语。也许他又要给人们一个惊喜吧？

2. 情节

这是以新闻事实去说明通讯深层本质的精彩片段。通讯最动人之处是"情节"，关键是对新闻事实笔触细腻地进行描写，从而以"理性"征服人。

描绘新闻发生的氛围，从侧面烘托新闻主题。写赤脚医生李月华的通讯中，说李月华为了让乡亲们能在半夜里尽快把她叫醒，养了一条狗，"狗一叫，她家的窗户就亮了"。这多么明快而感人！这个情节看似简单，但恰恰是对主人公进行了深度挖掘。当代著名新闻记者穆青撰写的《为了周总理的嘱托》有一段文字：

从此，树影斑驳的村道上，人们每天都看见吴吉昌弯着残疾的手，拖着打伤的腿，艰难地跪在地上打扫。人们记得这街道两旁的白杨树，那是吴吉昌几年前领回的奖品。那时县里要奖给他一辆自行车，吴吉昌拒绝了。他说：

---

① 吴月辉、陈星星：《"她就是很普通的老太太"》，载《人民日报》，2011-06-22。

"成绩是大家的!"他要求改奖一千棵白杨树苗让全村栽种。如今这些白杨树已经有碗口粗了。可是为全村赢得这些荣誉的人,却受到这样的折磨。白杨树在呼号,那是为老汉在呜咽,还是为这不平在愤怒?

这些真实记叙以及记者苦楚的道白,把情节推上了高潮。

提炼新闻内在的特性,以意境展示主题思想。《光明日报》曾经发表记者夏浩然、樊云芳报道吕伟获得 10 米台跳水世界冠军的现场新闻,真实记录了"5136"动作的一瞬间,让人们欣赏"飞天"之魂:

只见吕伟轻轻一蹬,向空中飞去。一瞬间,她那修长美妙的身体犹如被空气托住了,衬着蓝天白云,酷似敦煌壁画中凌空翔舞的"飞天"。

紧接着,她向前翻腾一周半,伴随旋风般地空中转体三周,动作疾如流星,又潇洒自如。一秒七的时间对她似乎特别慷慨,让她从容不迫地展开身体优美的线条:从前伸的手指,一直延伸到绷直的足尖。

还没等观众从眼花缭乱中反应过来,她又展开身体,笔直地像轻盈的箭,"哧"地插入碧池之中,几股白色的气泡拥抱了这位自天而降的"仙女",四面水花悄然不惊。

"妙!妙极了!"

这简直就是一组连贯动人的镜头。看了这些,怎能不从心里发出赞叹,怎能不钦佩记者的文字功力!

3. 语言

这是以凝练的语言对人物思想境界直接点睛。如中国首次载人航天飞行成功,香港凤凰台记者以逼真的笔调描绘说:"返回!一道神秘的命令划破苍穹。遨游天际的'神舟'返回舱立刻以一个轻巧的转身,依依惜别轨道舱,燃亮满身的热火,急切地扑向故乡地球的怀抱。"这句话看似简单,但这恰恰是作者进行了深度挖掘,通过"划破"、"遨游"、"转身"、"惜别"、"扑向"等形象准确的动词,把该情节推上了高潮。譬如《县委书记的榜样——焦裕禄》一文中,焦裕禄面对贫寒的老大娘,热切地说:"我是您的儿子,是毛主席让我看您来啦!"这句话,给无数的读者留下难以抹去的记忆,对焦裕禄"鞠躬尽瘁为人民"的主题给予了"点睛"。

记叙钱学森要离开美国回归祖国的那篇通讯,也有一段精彩的语言:"我宁可把这个家伙枪毙了,也不让他离开美国。"美国海军部长丹·金波尔说,

"那些对我们极为宝贵的情况，他知道得太多了。无论在哪里，他都值五个师。"由此点明了钱学森的价值，也对钱学森冒死报效祖国的精神给予了反衬。看来，语言在通讯的思想境界上，起着画龙点睛的作用。

记者结识画家刘小明，是在一家独特的驴肉馆。那家店的墙壁画满了深圳风景，温馨而浪漫，加之香美的驴肉，悄然涌出一种享受生活的滋味。

刘小明在深圳莲花山写生。

许多年前，刘小明租用一架专机，拉着100位名画家创作百米长卷《万里长城》和《黄河之母》。如今他沉寂了。"吴昌硕、齐白石、徐悲鸿、黄胄等大师是我面前的一座座大山，我不能简单重蹈那些大师之路。深圳是个空白点，又是中国经济最活跃的地方，为深圳找到中国画的风骨，就是一种理念选择。"《他在寻觅深圳风骨》一文，记者用主人公的话语点睛出豪放的人生境界：

这些日子，我在莲花山画出30多幅新作，那湛蓝的天际、碧绿的草地，弥漫着生机；挺拔的树木、高耸的山崖，张扬着大气。我豁然有了那种云开雾散、临界突破的感觉。我极可能从谷底走出来，眼前豁然开朗，找到深圳中国画骨子里的风格。

4. 心灵

把人的内心世界剖示给读者，点出人物的追求，这是人物通讯的一个重要使命。一位记者偶发闲情，跑到会展中心寻找喜欢的东西。眼前的瓷器让人眼花缭乱，这时，一位看似值天命之年、带着潮州口音的人，饶有兴致地解释说，这种陶瓷欧洲人很喜欢，由斯达高瓷艺公司制作，获得过世界瓷艺

"奥斯卡奖"。

他就是亿万富翁詹培明。记者抓住其"先吃亏后发财"的诀窍，描写了詹培明的内心世界：

1979年，詹培明带着幻想从潮州辗转到了香港。他必须光着膀子干搬运的力气活。每当他累得躺在床上，内心就有一个倔犟的声音说：要改变这个命运。

借偶然的机会，他开始推销锂电池和录音带，竟然一天收入高达万元，一年下来赚了100多万。"数下来，我自己也很吃惊。"

如何再生财？他听说德国是瓷器最发达的地方，便前去考察，发现外国人并不喜欢我们的传统瓷器，而是对色彩鲜艳、构图精美的瓷器感兴趣。回国后，詹培明于1990年大胆地在横岗办厂，打出一个"斯达高"的品牌。

"有世界顶级的专家才会有顶级的产品。"他请来德国的专家、清华大学的权威，资金全部由詹培明投入，但瓷艺权威张守智占股份51%，其学生占24%，而詹培明仅占25%。

为了让人才死心塌地地工作，他给技术能人购置房产，甚至为一批骨干购买了小汽车。

他的吃亏，换来了每月出口艺术瓷器60万件以上，年产值达6亿元。据说，每月用掉的黄金就达50万元以上。

他的吃亏，换来了《永远的王妃》、《百骏图》获亚太地区网印展金奖，《蛇年月历盘》和《龙袍盘》获世界瓷艺网印奥斯卡金奖。

他深沉地说："不能在我们手里让伟大的中国瓷器没落，斯达高要站在世界瓷艺的制高点，让每个中国人见到瓷器就扬眉吐气！"

采写《"自强男孩"龙龚》的记者，对一位小棋手观察了一年，挖掘他那幼小的心灵。他叫龙龚，11岁，患有脑瘫后遗症，却夺得了深圳市小学中国象棋锦标赛的冠军。报道引言说：也许你会疑惑，下棋是智者的芭蕾，那些聪明的孩子都难以冲顶折桂，他能成为冠军？

8岁时，叔叔家的小哥哥带来一副象棋，一边教龙龚车马炮的走法，一边和龙龚在90个交叉点上厮杀起来，结果，龙龚被杀得片甲不留。这下倒激起了小龙龚的兴趣。

去年春节刚过，深圳棋院来了一位走路有点摇摆的孩子，他就是龙龚。坐在棋盘前，他感觉自己像是一位国王，指挥着千军万马冲锋陷阵。经过象棋大师刘星和黄勇的先后调教，年底他竟然在大赛上夺得第三名。

今年 4 月 21 日，市小学国象赛在棋院设擂。龙龚前 5 轮全胜，第 6 轮碰上小张义。这张义非同小可，以前龙龚多次败给他。这一仗太残酷了，龙龚一阵头晕目眩，心里提醒自己："冷静，冷静!"并在自己稍占优势的时候，机智地提出和棋，把体力留到下一轮。最后他横刀立马，斩落对手，夺得冠军。

这写出了龙龚的志气、机智和自强。

通讯与消息不同。消息是刀劈斧凿，以简洁清晰的粗线条，迅速地传播新闻事实。而通讯则是对新闻事实细致叙述，以个性、情节、语言等铺垫，递进主题，揭示人物善良、高尚抑或卑鄙、丑陋的生活境界。一句话，成功的通讯要能带着读者一起哭、一起乐、一起恨。譬如 2002 年首届《感动中国》震撼出炉，触动了黎民百姓的情感神经，让他们从心底流淌出泪水。从此，每年 10 个令人泪流满面的名字就这样留在国人的心中。孙金岭、边巍在《我们为什么会感动》一书中记载的那一个个性格独特、心灵高尚的人物，给人留下难忘的印象：

——张荣锁，河南辉县上八里镇回龙村党支书，他拿出愚公移山的执著和勇气劈开了大山，在悬崖峭壁上为乡亲们开凿出通往外面世界的大道，更在人们的心中打开了一扇希望之门。

——田世国，为了使患尿毒症的母亲能够延续生命，他隐瞒实情把自己的肾脏献给了母亲。直到现在，老人仍然不知道在自己身体里的肾脏来源于亲生儿子。田世国，让天下所有的母亲收获慰藉。

——徐本禹，他走进大山深处，用一个大学生稚嫩的肩膀，扛住了倾颓的教室，扛住了贫穷和孤独，扛起了本来不属于他的责任。徐本禹点亮了火把，刺痛了我们的眼睛。

——黄舸，18 岁的黄舸看上去像个十一二岁的孩子。7 岁时，他被确诊为先天性进行性肌营养不良。据专家介绍，同类患者最长生命纪录仅为 18 岁。黄舸的生命也许就要走到尽头，但是为了能面对帮助过他的人说声谢谢，2003 年，15 岁的黄舸和父亲用一辆三轮摩托车踏上了"感恩之旅"，在全国寻访素未谋面的恩人。如今，父子俩已经走过了 82 个城市，行程 1.3 万多公里，向 30 多位给他们寄过钱的恩人当面道了谢。父子俩一路上感受着感动，也传播着感动。

84 对比报道——口感迥异滋味浓

射箭、印刷，这似乎是两个永远都连不到一起的词汇。谁能想到，一个叫田舒强的企业家将这两个词汇巧妙地交集到一起。

他，年过天命，高大魁梧，是中国射箭领域传奇性的人物——曾以 48 岁体育高龄摘得全国冠军。也许因为田舒强既是中国体育名将，又是彩帝印刷公司总裁的缘故，他身上散发着浓浓的传奇色彩。

"印刷和射箭一样，都是一个寂寞的活动。犹如你今天印的这本书，和明天那一本是相似的；射箭也是这支箭和下一支箭完全一样。这种不断重复的活动，不知要发生多少次。你只有耐住寂寞，盯住目标，才会坚定必胜的信念。"他说一支箭射中 10 环，不难；难在每一支箭都射中 10 环。印刷也是一样，做好一个优秀产品容易，每个产品都做得优秀就太难了。田舒强有个毫不动摇的目标——制造印刷精品。《花季雨季》获得"五个一"工程奖，《李自健油画作品展》获得联合国秘书长的好评。

无论印刷还是射箭，田舒强都很认真。世界射箭中国选拔赛时，他每天早晚都去练习射箭，有时一天射箭 700 多支，超过专业射箭运动员的五六倍。比赛中他一路过关斩将，取得男子复合弓个人全能第一名和淘汰赛第一名。他领军的中国业余队也连连百步穿杨，出乎意料地获得亚军。当五星红旗在新德里的体育馆高高升起时，田舒强禁不住热泪夺眶而出。

如今，射箭和印刷已成为田舒强生命中不能舍弃的两样东西。

——摘编自《彩帝奇缘：射箭与印刷》，载《深圳特区报》，2006 - 01 - 09。内容有改动。

火车快还是汽车快？泰森凶猛还是成龙厉害？布什无情还是拉登更坏？姜文脸酷还是葛优更帅？不比不知道，一比吓一跳。

记述田舒强的通讯是一篇**对比报道**，即将两个或两个以上的新闻事实，置于统一体中进行相互差异的比照，以揭示其深层次新闻规律和特点的报道方式。这种手法由于极易形成读者心理上的波动，往往会产生某种启喻效应。在中外新闻史上，这种采写方法占有独特的位置。最典型的是美国总统竞选时的新闻报道，其中大量使用对比手法，从候选人的经历、政绩、气质、爱好、家庭等方面找出差异，亮出优劣。国家足球队主帅一旦更换，媒体也往往使用对比手法进行报道。如率领中国队打入世界杯的主教练米卢离去，新选的阿里·汉上任，众多报纸立刻针对二者刊发了铺天盖地的对比报道。

可惜，新闻采写中许多可以用来搞"对比报道"的素材，往往被丢弃了。这恐怕有两个原因：一是对"对比报道"的采写前提和招数不熟悉；二是职业记者受稿件任务量的催迫，时间有限，被迫中断了素材的深度挖掘。

一、对比报道 3 个前提

1. 选择可比素材是首要前提

对比方法是在新闻事实的相互联系中，借助于异同性去认识其本质。确定对比报道的内容，有两个要件：一是新闻事实之间具有某种联系，有可比性；二是这种对比具有启喻价值，有借鉴性。否则或是无法对比，或是对比后毫无意义。

新华社记者朱玉、程红根 2004 年 6 月 2 日发出的通讯《人民警察任长霞》，很值得鉴赏。该文细腻描写的是任长霞因车祸不幸去世后，当地老百姓 20 万人自发前来送行，登封城三天泪不干，奉献给读者一个活灵活现的真实人物。其切入角度和延伸路径用了诸多对比素材，引起了读者强烈的心灵震撼：

狠——任长霞化装抓捕抢劫强奸嫌疑犯；打掉王松黑社会团伙，65 名帮凶全部落网。登封、禹州两市群众奔走相告，连唱了三天大戏；老百姓感激她，刻了功德碑，要把石碑竖在嵩山广场上。

柔——她是女人，有个风吹草动，女人本性就露出来了，哭！局长接待日，她哭了，眼泪噼里啪啦地掉；上访的群众也哭，哭成一团。2003 年，登封市公安局破获了重大系列盗窃耕牛案，百姓自发组织了两三万人，打出的横幅上写着一句大实话："任局长，您辛苦了，请保重身体。"任长霞看后，又一次哭了。

忙——任长霞想家，打电话跟丈夫说想吃家里的饭，丈夫马上冲进厨房忙碌，菜端上了桌子，电话又响：她回不来了。

闲——任长霞走后的第七日，是民间俗称的头七。遗像前，摆上她最爱吃的蒸槐花。此时，从警21年的任长霞，与丈夫结发18年的妻子任长霞，终于可以歇在家里，与丈夫和孩子做伴。

此外，该报道的语言性格对比也很鲜明。直率：王松案的受害者冯长庚从电话中得知噩耗，朴实的农民急得对着电话破口大骂，心里却凉了，谁敢拿任长霞开这样恶毒的玩笑？说谎：那年麦黄时，任长霞把电话打到冯长庚家里："老冯啊，麦熟了，趁个星期天我组织民警给你们割麦去。"冯长庚怕她太累，说了大半辈子最满意的一句谎话："麦子收完了。"作者还灵动地将"泪水"拆开对比，说："登封缺水。但2004年4月15日后，登封陡然出现一条泪水的河！千万人的泪水。"

该稿件借丰富的对比素材，描绘出一个真实的、善良的女警察。

2. 确定可比主题是逻辑前提

记者能搜集到可供对比的新闻素材，并有意识地选择"对比报道"手法，这归结为职业灵感。而要对比什么？揭示什么？只有选准了主题，才能使"对比"有灵魂、有意境和有逻辑。阿城市永源镇有两个村子，一个叫南岗村，另一个是永胜村，记者谢健撰写的全国获奖作品《"观潮"还是"出海"？》，主题就是通过这两个村的对比，揭示隐藏在村民内心深处天壤之别的生存观念。

南岗村：地处交通枢纽的南岗村有上千名劳力，大都待在家里"猫冬"，串门儿扯闲白，打麻将看纸牌。全村6屯520户，仅有一家养商品鸡的，一户种商品菜的。村屯的烂泥道不能修，自来水接不上，要到一里地外去挑水。

永胜村：相邻的永胜村，过去离公路有一条10公里的烂泥道，是镇里最穷的村。如今烂泥道变成沙石路，360户家家种菜，机动车辆也增加到100多台。时值隆冬，每天都有数十辆车到哈尔滨赶早市。昔日穷永胜，50万元外债已还清，尚有80万元的资产。

对照感慨：面对永胜村由穷变富，南岗村人的心态则是饿不死、冻不着就挺知足：有的大钱挣不来，小钱不愿挣，打工一天给10元没人干；有的养鸡怕闹鸡瘟，经商怕受欺负，务工怕担风险。以致村书记老孟叹息道："真是和人家永胜村没法比啊。"

《人民日报》也刊载过类似的报道《山这边，山那边》，以江苏洣家村、安徽下吴村一山相隔，却一村富到人均年3 520元，一村贫到人均年不足千元为例，重点讲述这两个村子不同的"行动"，给人以深刻的启发。

3. 驾驭可比体裁是报道前提

驾驭可比体裁是报道前提，这一点往往会使人产生疑惑：对比报道不就是分析性报道吗？不都是以通讯手法来采写吗？其实对比报道可以采用多种方式。是采用消息、通讯，还是深度报道、评论、摄影等体裁，要视哪一种最能体现素材特性来确定。新闻采写招数像中国功夫一样，有十八般武艺，选取最具传播力的体裁至关重要。

黑龙江省兰西县一位农民种出85公斤重的西瓜，他和这个西瓜都被称为"西瓜王"。这条新闻有一个背景：上一年他曾经种出过一个全国最大的西瓜，56公斤重，已经当上了"西瓜王"。此报道如果用消息、通讯的文字描写方式去分析对比，就没有摄影手法形象。当时各媒体都去抢这条新闻，但一家报社的记者将过去拍摄的56公斤的"老西瓜王"资料图片，与刚刚拍摄的85公斤重的"新西瓜王"的图片对比起来，用摄影报道的手法，展现了"西瓜王"抱着西瓜的开心一瞬，活灵活现，视觉冲击很强，给读者留下了深刻印象。

再如杭州西湖有人溺水时，围观的人群中有人跳水相救，有人欣然观望，有人乘机偷走救人者的衣物。用新闻评论体裁对此进行对比报道，也引起了全国很大反响。

二、对比报道4种招数

1. 横向对比

横向对比即截取新闻事实某个空间进行对比报道。这种招数可以运用于全篇报道，也可以插入对比报道的某个部位。这就为分析对比确定了路径。譬如记者李海鹏撰写的《车陷紫禁城》，多处用了横向对比，来说明北京周末车流拥堵：

陶然亭的芦花，钓鱼台的柳影，西山的虫唱，玉泉的夜月，潭柘寺的钟声。在《故都的秋》中，郁达夫最怀念这些记忆。但这些闲情逸致对于今日北京人来说是非常奢侈的，如果崔钢林在交通高峰期到这些地点去，那么他花费的时间将分别为两个小时——去任何地方都需要两个小时。

堵车时刻如此之多，以至每个北京人都已对那种车龙蔓延、金属闪光的烦躁情景熟视无睹。但是此时，比烦躁更多的是愁苦。崔钢林反复擦着前窗玻璃。从侧面车窗看出去，别的汽车里的人们也是百无聊赖，徒然浪费着生命。秋雨从他们脸侧的玻璃上淌下去，速度大约每秒钟半米；而车龙的速度则是零，5分钟零公里，10分钟零公里。

2. 纵向对比

纵向对比即按照新闻事实发生时序进行对比报道。《人民日报》曾刊载一篇报道《天涯海角的农民旅游业》，按时间顺序进行了纵向对比：治穷，从茅屋到别墅楼房；治懒，从熬时间到忙赚钱；治脏，从老渔民到新市民；治愚，从文化沙漠到文明绿洲。读者很容易从中看出三亚农民10年的巨变。这表明，纵向对比可以脉络清晰地叙述出新闻事件的前后状况，给人以直接的感受。

汶川地震中，有媒体刊发了一张照片：一名男子把在地震中遇难的妻子绑在背上，用摩托车载回家安葬。这张照片名为"给妻子最后的尊严"，迅速传播，震撼了世界，主人公吴家芳也立刻被网友称为"背妻男"。当时描写这一举动的报道，运用时间纵向对比手法看似随意，实则相当巧妙：

遇难的妻子被绑在丈夫的背上，双手像往常赶集那样搂着丈夫的腹部，然而此时的吴家芳却没有感受到过去的那种温馨和暖意，只有一阵阵的冰凉传到胃肠、后背和心脏；以前妻子坐在后座总是贴着丈夫的耳边叮嘱说"缓点"，可今天却似乎任由丈夫驾车信马由缰；从这里到家以前也就是20分钟，可这会儿却让吴家芳感到像一生那么漫长。

3. 行为对比

行为对比即对新闻主体的不同行为进行对比报道。这种对比往往体现在新闻叙述过程中，将新闻事件、新闻人物的特色进行对照，使读者从中看到某种强烈的反差。

在雅典奥运会上，刘翔夺得110米跨栏冠军，《晶报》刊发《"师傅，您放心"》一文，记述了刘翔夺冠前后的不同表现：

　　在奥运村里，刘翔进进出出，嘴里都哼着歌；刘翔能吃能睡，胃口好得出奇，不像来比赛，像是来旅游。赛前吃太多不好，教练孙海平只得把鸡腿从他嘴里夺下。可一上赛场，刘翔严肃起来，脸上的杀气开始凝聚——他冲过终点时，表情有些骇人。

　　这种人物行为对比落差的手法，使主题逼真了，有力度。同时，受众也会集中视线，得到新闻事实相互撞击的享受感。

4. 理念对比

　　理念对比即对新闻人物的不同理念进行对比报道。这在《黑龙江日报》刊载的《"得莫利现象"》系列报道中尤为突出。该稿以"得莫利"商标抢注一事，揭示了本村人和外地人生活理念上的截然相反：本村农民认为花钱注册炖鱼是傻帽，而哈尔滨一位老板于振宽却认为是无价之宝，抢注成功。当北京几家酒店以 500 万元价格来购买"得莫利"商标时，村民们才意识到不注册的损失，拍着脑门说："真上火。"这种理念对比是新闻报道中的深层次分析，可以深化到群体和个人的心灵世界。

　　对比报道的方法归属于比较研究学的大范畴。对比的招数也是十分丰富的。在新闻采写中有时是运用其中的一种，有时是以一种为主而综合吸纳其他。《哈尔滨日报》曾经刊载过一篇《西边日出东边雨》，说的是冰城的中央大街出现了一种饶有趣味的商业现象：路东边的 10 多家老国营商店都冷冷清清，处于亏损状态；而西边新剪彩的 10 多家股份制商场却红红火火，人流熙攘。这种对比，让读者看到了经营理念和招数的不同。报道还配发了评论《"道"是无情却有情》，题目起得很巧。"道"，既是道路，又是经营之"道"。这种情形很多。前几年，在深圳西丽镇大沙河桥的两边，东边是一家华润超市，西边是新建的人人乐超市，两家竞争到高峰时，出现奇怪的一幕：东边的顾客大都越过桥到西边的人人乐超市购物。最后，桥东的华润超市倒闭了。这和前面讲的哈尔滨市中央大街的商业竞争状况是相似的。如果说写新闻有套路，这里就可以套用。

　　这犹如将伊索与契诃夫相比，时空迥然却有"幽默"和"哲理"的交叉重合。说明只要能将不同对象置于一个统一体中，你就会像《西游记》中的释迦牟尼那样鉴定出"真假猴王"。

85 动感版面——梦幻视觉的 CVI

香港《星岛日报》宽敞的创意大厅。整整一层楼，180 多名美编在埋头设计。

星岛环球网董事长邝景廉引领来自深圳的新闻高层人士，介绍墙上那幅中华人民共和国地图。"请细看，这其实是 24 个报纸版面。每个版面报道一两个省市区，组合起来就是中国地图。"

太精彩了！这创意真是灵感飞逝。

原来，按照星岛新闻集团的全媒体战略，无论网络、版面、视频等，都以世界最先进的创意理念和技术，进行 3D 领域设计。悬挂于大厅周围墙壁上的版样，一个比一个精彩。这肯定"谋杀"了许多设计师的无数脑细胞。

邝景廉也是星岛日报海外版总编辑。他点评奥运刘翔退赛事件、剑客仲满一剑封喉、飞人博尔特百米夺冠、"刀锋战士"夺得金牌等精彩版面，说这和烹饪是一回事：大厨不仅要烧制佳肴，还要考虑餐桌的摆置，壁画的名贵，侍者的服饰、语言的高雅，视觉情调是否喷射着诱惑。的确，刘翔的沉重背影，像是一个无法诉说的瞬间；"刀锋战士"那双黑幽幽的弯形跑鞋，发出呼啸而来的霹雳，散发出一种不屈的精神。

这让记者禁不住联想：按照全媒体的艺术想象，将报纸、网络、视频当做一个个画面，这种设计理念远远超出了传统平面媒体的范畴，会不会像《哈利·波特》电影里的魔法界报纸一样，也会在版面上浮现跳跃的动感影像呢？

来吧！期待版面艺术发出动感力量！

——摘编自耿伟：《深圳新闻界赴港考察团散记》。

一张报纸、一个屏幕、一个网络版面如何"动"起来？如何让读者眼睛一扫，就觉得赏心悦目，震撼心灵，被牵着进入阅读状态？这恐怕与设计者主体情调搅动的魔力有关。

版面，是新闻编辑（美编）依据一定设计理念，运用排版技术，对文字、图片、视频等报道体裁和创意元素进行合理搭配而形成的视觉面貌。同质新闻由不同编辑操刀制作的版面，其吸引力相差悬殊，甚至有的版面像是靓女名模，散发着诱人的魅力，有的则像是魔界搞怪，让读者觉得惨不忍睹。

俗话说，记者是采买，编辑是大厨。新闻大厨能否依据传媒格调（菜系），读者需求（口味），筹划方案（菜谱），在记者把各种稿件（原料）摆在面前时，灵感迸发，创作出色、香、味、形俱全的新闻大餐，关键在于能否激活动感意识、精雕版面细节。

一、理念——动感情调

全媒体的各种版面，能否拥有强烈的磁力，一要看能否符合读者的阅读心理，二要看能否符合新闻美学的创意规律。编辑无论制作何种版面，其重要前提是弄清读者渴求什么，然后依据动感理念，让版面散发动感情调。

动感版面情调，是指编辑理念、情感倾注到报纸、屏幕上，令平面视觉表现出栩栩如生的情感色彩和独特格调。这就要考虑一定面积版面的均衡性、情调性、多变性、冲击性、疏览式、密集式等因素。

一是分割均衡。指以版面中心为天元轴，实现四周的对称，达到整体美观的视觉效果。尤其是头题与倒头题、对角间的照片、色彩的主调、飞白的大小等，都要按照对称性的要求，避免头脚颠倒、左重右轻。尤其应注重头题与倒头题，照片大与小、动与静的合理安排，让版面产生一种流动感，把这些对称与不对称的标题、图片、文章有机地结合起来，传递给读者一种清新的视觉效果，使受众在轻松愉悦的心情中阅读。报纸上，遇到下半版和竖三分之一版广告的时候，还要照顾到文章和广告的区域，为了把这两大区域分开，必须在版式设计的表现形式和用色上都有所区分。

二是情调和谐。指版面整体语言所形成的情调不冲突，文稿、图片位置等不矛盾。不可在主打稿赞扬一件事的时候，相邻的稿件却在批评这件事。同一版面上的消息之间也不要冲突，比如在某一工程竣工或某一大会圆满成功的旁边，不可刊发"打三折"的广告；在一则名人讣告旁边，不可刊载"好得很"的言论；在刊有领导讲话、先进典型的版面，不可载有醒目"吹牛"大字的广告，免得版面情调出现不协调。

三是视觉冲击。指通过区域错位、标题夸张、字体变形、色彩浓淡、照片镂空等手法，突出图文搭配的强烈动感，给受众视觉造成某种冲击。

四是装束常新。指报纸的版式、栏目、颜色都要定期变化，以新颖的"容貌"给读者以诱惑。要闻、国际、文艺、体育、专刊等版式，总是老模样，雷同；专题报道连报眉都没有设计，总是老面孔，乏味。因此要"常变常新"。就像一位"大姐大"级别的电影女明星所说，喜新厌旧是人的本性。正是因为喜新厌旧，人类才制造出飞机、卫星、电视、手机。

受不同传媒的特性所决定，版面会形成某种情调，像鲁菜、湘菜、川菜、粤菜、淮扬菜等不同的菜系一样，会以独具特色的"口味"给读者某种模糊记忆。譬如腾讯、网易、新浪、《人民日报》、《北京青年报》、《南方日报》等，不用看报头，读者只要眼光一扫标题或图片，凭着版面格调就能判断其身份，知道这是哪家的网站或报纸。这种模糊记忆是受传媒版面情调在读者脑中潜移默化的影响所形成，如同名模荟萃，多姿多彩，各领风骚：（1）落落大方。不以奇特的面具来修饰自己，而是以洋洋洒洒的超俗气质展示亲和力。这在《纽约时报》网站和报纸版面上表现格外突出。国内的一些报媒，譬如《广州日报》封面版乃典型代表。（2）文静优雅。《晶报》以缓缓弥漫的书卷韵味，形成清新典雅、阳光向上的魅力，讲述新闻的来龙去脉。这种风格也往往置于"读书"、"收藏"、"发现"等文化版面上。（3）浓妆艳抹。香港《东方日报》版面色彩斑斓，如贵妇盛服，令人眼花缭乱；《北京青年报》"粗眉大眼"，恰似京剧黑头，纵横天下。报纸的"文娱星座"、"模特天桥"、"汽车一族"、"广厦万间"专版也往往如此绘就。（4）激情似火。这在各类媒体的体育版上最为典型，无论网站还是报纸，文字稿件还是比赛图片，无论英超、德甲还是 NBA，无论美国职棒还是北美冰球，都体现出强强对话，动感十足。至于疏览式和密集式版面，则要根据报纸自身的要求加以选择。

二、亮点——视线 CVI

在《岭南新闻探索》杂志上，版面学者丁华曾介绍过一个概念，是上世纪 40 年代美国心理学家 B·F·斯金纳提出来的版面 CVI（Center Of Visual Impact），指编辑运用诸多编排手段，在版面上形成的可以瞬间引起读者视觉冲击力的"强势区域"。图片、标题以及多种招数的运用而形成的"磁力效应",使读者只要眼睛扫上报纸,就会被强烈吸引,产生浓厚的阅读兴趣。丁华认为,有趣的是,CVI这个概念是从心理学的领域演变而来的,斯金纳对人的神经反应进行测定,得出一个结论:如果一个事物的外表没有变化,就不会引起人格外关注;而当我们增加一个对比色或者对比调子,那么眼睛的视线就会沿着这个变化而移动。据此,他把这一观点引申到新闻版面上来。

版面要有动感情调,编辑的心境要动起来,关键环节是成功制作CVI。但在日常编辑流程中,往往事与愿违,许多版面无奈地以平淡的面孔去见读者。追究版面难以形成动感的缘由,关键是两个方面:一是理念没有贯彻到底。即总体设计没有让所有编辑领会,表现为报纸整体版面风格不一,前后失衡。如版面分割、字号、字体、点线,没有统一规划,倘若"厚报"如此出版,怎能不给读者以凌乱的感觉?另外,单一版面编辑运作图文分离,位置失衡,栏目混杂,颜色笨拙,没有将理念贯彻到底。二是制作材料未达精致。"没有新意的"会议消息充斥版面,新闻性奇缺,读者望而生畏;图片主题模糊,难以迸发动感冲击力;记者交稿时间过晚,文字粗糙,编辑忙于删改核对错字、错人名,疲于奔命,哪还有心思去雕琢版面?!《深圳特区报》2002年12月4日报道市长检查工作,题目长达156字符,可能是中国现代报纸题目字符数之"最"。据说经过"审定",值班老总、编辑不敢擅自改动。

制作CVI的核心是激活动感,那么如何实现这一版面理念?美国密苏里大学教授、《西雅图时报》版面总监斯得恩认为,有三个关键之点值得磨砺:(1)有失才有得。制造版面的"强势区域",不能瞻前顾后,患得患失。尤其是区域动感要给图片、图表以充足的面积,这就需要解开那种重文轻图的心结;为打造一个局部强区,就要舍弃某个次强区,设置的主打专栏要精心设计。(2)失衡见平衡。版面要有冲击力,就不能四平八稳,要敢于打破平衡;版面面积不能平均分割,要有主有次。(3)视线牵引力。精明灵动的思维,可制出充满想象力的版面,牵引读者的视线。一般人的眼光注视报纸,最先是上腹部,因此这里是制造动感区域的首选地块;版面上使用颜色和色块很重要,但一个版面要有一个基本色调,点色亦要控制在3种以内,避免冲淡主色调。CVI作为版面局部强势区域,它辐射着能量,倾诉着情感,成为主体情调的动力源泉,不可小瞧。

三、功力——雕琢细节

版面如果呆板、冷漠，没有动感，除了编辑的主导思路不明晰、主题不集中、灵感缺失外，顽疾是忽略细节。俗话说，版面制作是个细致活儿，微小之处见功力。哪怕是一条细线、一个箭头，将心血注入进去，才会赢得精彩。

1. 数据明晰

版面上的一个字，在版面编辑的眼中就是一个点，多个字的聚集就形成了一条线，字数再多就构成了一个面。版面主要是从点、线、面延伸出来的数字指标，包括栏数、字数、字距、行距、色块、色素、报眉、栏花等元素。这像是一种数据标志，往往由媒体统一设计，确定采用哪种数量、哪种色调。如《深圳特区报》新版面调整为走文 5＋1 栏，字块上下留白 3 字；一版头题标题用超粗黑 65 磅，副题为小标宋；其他版面头题标题用超粗黑 63 磅。其余稿件主题为大标宋，引题副题为中等线；标题不超出 12 字；突出稿可加细框，灰度 60％，线框 1.8 磅；一个版面尽量不要出现一个以上的框；稿件一般不用线隔开，若用线，则为 0.2 磅；每版须有一主图，横片 3 栏，竖片 2 栏，图片勾线 0.2 磅；等等。

"远看花色近看形"，首先映入眼帘的必定是色彩，其次才是图形和文字。版面用色是为了装饰，更是为了烘托文章内容。色彩数据的理想组合，检验着你的版面美化水准。美化版面的困难之一是黑红版和半个版，如何将黑红版制作出彩色效果，《深圳特区报》探索使用 80％红、80％黄、20％黑构成的红色调子，由于视觉舒服，被大家称为"旗舰红"。在连战、宋楚瑜大陆之旅彩版设计上，该报版面总监聂剑峰以藏青蓝为主色调，红和蓝小色块点缀栏目和边框，而黑红版以"旗舰红"为主色调，穿插使用灰色，同时用方形、长方形、三角形的小色块来点缀版面，使版面色彩协调。在标题上，利用字体超粗黑、大黑和宋体的笔画粗细变化，使版面内容主次分明，准确地表达编辑的意图。在图片的处理上，选用了大与小、动与静、局部与场面、勾边与不勾边的图片结合，使版面产生动感，极富视觉冲击力。

媒体版面设计的模糊元素是留白。就像人类离不开空气一样，版面也需要透气。若版面没有了空白，会令读者阅读时感觉透不过气来。适当的留白，是一种眼睛的放松，可以避免读者在阅读中产生烦躁的情绪。留白的最大作用是虚实对应，衬托主题。留白的具体面积，则要与版面的大小、区域比例通盘搭配。

2. 体裁多样

制作版面需要不同体裁的新闻品种。譬如要闻，应有鲜活头题、今日时评、现场新闻、新闻集装箱、图片图表，以及富有冲击力和感染力的标题等，并由这些"原料"支撑整体版面。设计版面也如同开酒店，版面"大厨"需要丰富的原料，以应对"食客"不同口味的需求。党的十八大专版，就可以组织不同体裁的稿件、图片、图表，如"现场直击"、"经典瞬间"、"老记手记"、"演讲精粹"、"全球反响"、"花絮"等提供元素丰富多彩的原料。有关"两会"的专版，也常设有"第一现场"、"要闻速递"、"精彩建言"、"人物点击"、"老记看会"、"会场花絮"等栏目。足球世界杯报道，无论网站还是报纸，往往都设有"球迷地带"，在类似CCTV"谈话"节目的版面上，开辟球迷调侃的"绿茵吧台"、文体明星的"明星侃波"、预测比分的"竞猜擂台"、评论高手的"两瓶之后"、球霸评论的"把酒论英雄"、以诙谐幽默的手法对球赛某个细节调侃的《屏前戏说》、摘发球迷和网友个人见解的"逍遥游"，以及漫画、卡通、观球图片等，有血有肉，有声有色。

3. 图片活力

图片为何最吸引读者视线？因为画面才是真实的现场新闻报道，可谓"一图胜十稿"。譬如本·拉登被击毙，文字虽然也让读者萌发强烈的知情欲望，但其本人和神秘别墅的图片，给人的视觉冲击更为强烈些。

美国密苏里大学教授、《西雅图时报》版面总监斯德恩通过读者视觉轨道跟踪分析证明：当读者拿起一份报纸时，瞬间给大脑留下最深印象的不是标题，而是图片。读者的图片阅读率高达$80\% \sim 90\%$，而读者的文字阅读率仅占25%。因此使用图片不能说"配图"，而是要"图文并茂，比翼双飞"，应将图片与文字视为同等重要的主角。在制作恒大夺取亚洲俱乐部杯冠军的版面时，无论网站还是报纸都突出了图片功效。为增加图片的动感效果，首先，要以艺术眼光大胆裁剪，必要时应采用压图、镂空、叠片等特技处理，比如球门射门镜头可以让足球"飞"出图片框外！球员踢球可以将其腿脚"伸"

出框外，才够狠！其次，当"强势区域"刊发较大图片时，临近图片要敢于缩小，大约缩到主打图片的六分之一，将主打图片衬托得更突出。再次，对有直接联系的图片进行对比。譬如连战在北大演讲时，其夫人受到感染而落泪，在连战演讲结束后情不自禁地上前亲吻丈夫，宋楚瑜在清华演讲，其夫人也被感染落泪，两组图片叠放对比，给受众留下了深刻印象。

《深圳晚报》制作的比较博尔特与动物奔跑速度的示意图。

4. 图表灵动

当新闻场面宏大，譬如高速公路建设的路线，用图片镜头展现就会受到限制，而以图表的形式则可注明新闻的数字、地点、场景等细节；还有案件事发现场，仅有图片还不能直接说明歹徒作案的过程，如果用图表就可清楚指明当时的发案顺序、人物关系等。2005 年 5 月 10 日，布什总统与格鲁吉亚总统萨卡什维利在第比利斯市中心的自由广场演讲。突然，有人将一枚手榴弹投掷到距布什所站讲坛仅 30 米的地方，制造了恐慌。世界各大媒体对此报道的同时，也都制作了示意图，点明布什演讲、手榴弹抛出、听众分布等位置，解释当时的危险。

5. 漫画夸张

漫画，作为一种具有强烈的讽刺性或幽默感的绘画，是一种没有国界的世界语。因此世界传媒历来都高度重视漫画的使用，尤其是美国主流报媒，几乎每天都要刊发大量的时事漫画。普利策漫画奖得主麦克·基弗、马特·伍尔科尔、保罗·康拉德等大师，针对社会的某个突出之点，以夸张、变形、比拟等手法，绘制出幽默诙谐的画面，达到了讽刺或歌颂的效果。

布什访格险挨炸?

当地时间5月10日，美国安全官员称，美国总统布什在格鲁吉亚发表演讲时，有人朝讲台投掷了一枚可能是手榴弹的东西，投掷物落在距讲台约30米远的地方，没有爆炸，后被格安全人员移走。

现场示意

布什

距离约30米

站在布什佣边

击中一个人

安全官员捡起手榴弹带离现场

手榴弹从人群中扔出

2005 年 5 月 10 日，新华社发布的布什总统被投掷手榴弹的示意图。

漫画是版面的特殊武器，会使读者阅读时感到有滋有味，充满情趣。无论新闻版还是副刊专版，都可以大量使用漫画。记得《人民日报》曾有一篇关于"送礼"的言论，刊发的漫画是一个贪官用手紧紧抓住一只鸭子的腿掌，倒提起来，只见那只鸭子拼命挣扎，羽毛乱飞，而那贪官嘴里却振振有词："这可不是我拔的!"给人留下深刻印象。

漫画家＝故事家＋画家。中国著名的漫画家华君武、方成、张滨等凭着记者的良知和敏锐，以画笔揭露社会的丑陋和不公。譬如方成发表过一幅著名的漫画《武大郎开店》，武大郎聘请了一大帮伙计，都是像他那样的矮个子，"比我高的都不用"这句话点明了作品的意旨。张滨的《谁说比俺高的都不用?》道出了中国社会特有的根深蒂固的"人治"现象。这幅作品可说是方成《武大郎开店》的姊妹篇，幽默意味十分浓厚。这说明报纸、广播、电视、网络等主流媒体，有必要将漫画置于突出位置，发挥其新闻传播的独门功力。[1]

6. 标题冲击

版面上的新闻标题，是除图片之外最吸引读者视线的。因为新闻标题是报纸的眼睛，也是吸引读者的关键部位。将标题制作得呼之欲出，是区域动感应有之义。标题要活灵活现，让读者感到新闻就像发生在眼前一样，一是浓缩新闻关键词，二是选准动词、副词参组制题，三是突出字号，制作最重要词汇。譬如香港《东方日报》的体育版，主打稿件的标题总要将关键词用

---

[1] 参见黄昌海：《张滨漫画的"用典"—评析张滨漫画的选材特点》，载《岭南新闻探索》，2013(3)。

张滨漫画《谁说比俺高的都不用?》。

特殊字号突出制作,用以烘托新闻主题。

2013年3月4日晚,新华社发出记者刘昕撰写的消息《监控录像还原英雄郑益龙救人壮举》,该稿1 275字,18个自然段。《深圳特区报》编辑赵明先是删掉了该文显得累赘的3段补充新闻,余下部分精编为936字。原标题15个字,长,像是讲述故事来源,留作引题,将主题改为"14秒奔跑21步英勇救人",14秒、21步,直奔主题,简明生动!但他感觉有哪里不对劲儿,又将"英勇"改为"跳河"。啊,这样就有动感了!可是他似乎又意识到了什么——"跳河"不准确,应该是"跳江",于是将标题改为"14秒奔跑21步跳江救人",确定了!

该文剩下15个自然段,按照事件发展线路,沿着逻辑顺序排列一个个场景,舍弃细枝末节,形成环环相扣的严谨、完满的故事。第二天,《深圳特区报》A12版头条刊发了这篇稿件。

中国各大主流传媒的国内新闻部,每天都要面对海量的新闻源,这就要求主任、编辑不但要把稿选好,更要编好用好。尤其是新华社通稿,各报的编辑就像一群厨师,面对同样的材料,就看谁能炒出更好吃的菜了。对新华社通稿，因不能随意改动，只能在标题、新闻背景、相关链接、版面美化等上面下工夫。

7. 文字锤炼

版面的新闻内核，决定稿件质量高低。受众阅读，就像观赏模特选美，远看身材，近看容颜，最终征服人的是气质。版面犹如女模特：穿上旗袍，典雅时尚；穿上泳装，婀娜多姿。这是说新闻报道所表现的感情色彩和魅力，像是对人的心灵的评价。老读者喜欢某份报纸，是品牌效应带来的习惯；新读者认可某份报纸，则来自版面魔力。一篇上万字的报道，比如通讯《哥德巴赫猜想》，从头到尾，一气贯成。论版式，谈不上吸引人，但因为内容精彩，受众看得也很投入，感染了千万人。因此，版面最基础的东西是新闻质量，质量的高低决定着版面内在的美丑。稿件质量又取决于稿子的素材是否诱人，情节是否动人。对于编辑来说，聪明的选择一是千方百计保持和升华作者独特的稿件情调，不可按照自己的喜好，将稿件编成一种固定的情调；二是选择亮点制作细腻片段，选择幽默情节制作动感画面；三是必要时提炼编者按或者配发言论，提升稿件境界。文字锤炼的难点在于"增"，不在于"删"。编辑只有主动与记者沟通，方能将稿件处理精彩。

此外，编辑要善于沟通，联手制作精美版面。首先在版面主题和主打稿件确定之后，立刻和图片总监沟通，确定主打图片；二是请版面美编设计版式、报眉、图表和漫画；三是在版面小样出来后，要锤炼不俗的标题。文字编辑不要独立行事，要主动将自己的文字处理优势，与美术"神笔"有机地结合起来，在编辑流程和时间分配上有节奏地运转。大家的智慧汇集到一起，何愁做不出来一个动人的版面？

如果说记者是 24 小时的全天候职业，像猎犬一样不停地捕捉新闻；编辑的天职就是为记者做嫁衣裳，永远在版面上迸发灵感和燃烧激情。懒惰的人当不了记者，愚笨的人当不好编辑。还有一点很重要：编辑要主动挑战自己的能力。即使你是资深编辑，但也可能理念落伍，丧失激情，或是久不写稿，眼高手低。有了编稿权力并不意味着有了编辑能力——编辑在操作层面上是个良心活，其具体测试标准在于版面细节能否处理得动感十足。

一个记者，最幸运的是什么？是碰上获大奖素材？是稿件意外地得了 A 稿？其实，最幸运的是碰上一名好编辑。因为你写得再好，编辑处理不得当，稿件都不会达到最佳状态。倘若改得乱七八糟，更会让你叫苦不迭。此时，编辑的主动、尽心就显得格外重要。记得老编辑王文盛曾经接到一名通讯员的电话爆料，说是在富锦市山上发现野生东北虎，记录下来 100 多字。他立刻要求补充现场见闻，当晚帮助通讯员出手一篇几百字的稿件。第二天中央电视台播发，引起全世界的关注。国家派飞机载着科学家侦查一个月，发现黑龙江仅存 20 多只野生东北虎。增比删难，这里藏着的是一种负责任的职业精神。

一个好的编辑，须在保持记者写作风格的前提下加工稿件，令其出彩。最可怕的是"坚守"一个风格，慢条斯理，四平八稳，不温不火，那样编出来的报纸，只能让读者昏昏欲睡。

查看一下中国新闻奖历年来获奖的作品，不论是文字还是图片，都以细节、动感取胜；甚至像普利策奖、荷赛奖，也是把细节、动感放在第一位。在当今数字化信息时代，报纸早已不靠信息量来吸引读者了，与数字媒体的较量，很大程度上要依靠记者的观察——细节、动感！

编辑是替人做嫁衣裳，也是一个良心活。在一个报社的整部机器运转中，总编辑像是电脑的核心指挥，编辑们则是不同部位的硬件，如果只是找错字、错人名、错地名、错成语，制作一下标题，也很容易过关。可是编辑若是能够用心地寻找新闻内核，在稿件的各个环节精心制作，也许就是这么多用一点心，就会为传媒多增一抹亮色。如此，这份辛苦的编辑工作才能带来愉悦的感受。有了这种心态，才能像老报人许兆焕[①]那样自得其乐："几番窗外临旭日，墨有余香共早餐。"

---

① 许兆焕，《深圳特区报》原副总编辑。

86 无纸校对——差错怪影难驱走

记者把人名、地名写错，很可怕。曾经有人把国家领导人的名字写错，而值班编辑等17人均未发现，遗憾深重。

难道差错真的是媒体难以驱走的怪影？你想想，一篇稿件从记者、编辑、主任、值班老总到校对诸多环节，要经过多少双眼睛？怎么还会带"错"出街？人们万千不解，犯错者更是有口难辩。

据传媒专家分析，记者写错固然是起因，但与传媒普遍取消了"唱校"也有直接关系。因为"唱校"速度平和稳重，第一遍就可基本排除埋藏的"地雷"，挖出潜伏的"特务"。可如今这第一关隘的缺位，使校对丢失了天然屏障。

校对，是根据原稿核对校样，订正差错，提出疑问，以保证出版物质量的活动。《说文解字》曰："校，木囚也。"其用作"校勘"、"考订"之义，最早见《国语·鲁语下》之记载。到清代，文字学家段玉裁首先提出校对的功能：一校异同，二校是非。

所谓无纸化校对，准确地说，并不是没有纸样的校对，而是指无原稿、无参照状态下的校对。因为电子排版技术风靡全球，校对随之提速和升级。

没有原稿，还唱什么稿？还不如直接认定是非。更何况深圳传媒的员工来自五湖四海，唱校南腔北调，恐怕犹如小品演出。

在全媒体语境下，来自出版概念的颠覆，文字报道、图片描述、视频解说等都在飞速出街，避免差错的难度真的升级了。

——摘编自《差错，报媒驱不走的怪影？》，载《青年记者》，2011（6）上。内容有改动。

视频解说、纪实脚本、突发报道等传媒作品，可谓是"遗憾的艺术"。不出错儿乃天方夜谭！比如"度过"与"渡过"有何差别？"记录"和"纪录"何时使用？"怨天忧人"、"旁证博引"、"吱吱唔唔"、"宏篇巨制"，以及"敲榨"、

"璀灿"、"赝品"、"霓红灯"、"哈蜜瓜"等，都是错的，极容易蒙混过关。

一、差错稀奇古怪难防范?

记者每天写稿，编辑每天编稿，那些稀奇古怪的差错，让人哭笑不得，甚至心惊肉跳：

1. 政治差错

稿件的差错中最可怕的就是政治差错，这可谓是差错中的"核武器"。如此形容，丝毫不是哗众取宠。小小的观点差错是"地雷"，一般的是"炸弹"，严重的当然是"原子弹"啦，因为它会导致某一媒体遭受"摧毁性"打击——严肃处分法人和吊销执照。这些年来，因刊发与国家外交政策相抵触的稿子而被撤掉总编辑职务的有之；因错误刊载涉及少数民族的不当稿件而惹是生非的记者编辑亦不少；还有将"国务院总理"写成"国务院总经理"，也不是天方夜谭；至于报道"来自中国、巴西、韩国、香港、台湾等国家的代表出席了会议"，丢掉了"和地区"字样，误使香港和台湾也成了"国家"，则更出格了。

2. 版面差错

所谓版面语言，是通过组织设置稿件、图片等"要素"，在版面上综合形成和直接表露的某种情感和主张。出现版面语言的不当，主要原因是策划意识淡薄、仓促成版。譬如版面语言冲突：与领导做重要讲话消息相邻的，却是某某商品节日"打六折"！在登载《十大优秀法官》的版面下方却是通栏广告的两个大字：吹牛！在"9·11"事件之后，有报媒登载美国纽约世贸大厦起火的图片，临近却是中国领导人在全国九运会上点燃火炬的照片，犯了严重的政治性错误。

此外还有版面重稿的错误。有的是同一个版面出现两篇相同的稿件，有的是两个版面上刊登同一新闻内容的稿件，还有的是在不同日期刊用同一篇稿子。

3. 标题差错

标题差错包括标题含义不明、标题指代不清等。如 2005 年 12 月全国人大决定农业税从 2006 年 1 月 1 日起废止。有媒体刊播《2600 年"皇粮国税"退出历史》，本意是说历经 2 600 年的"皇粮国税"将结束其历史，但却让人感觉不太准确，会产生歧义，以为是要到 2600 年才废止农业税呢。

标题错误有许多老笑话，如在新中国成立 55 周年的时候，有传媒居然把标题写成"庆祝中华民国成立 55 周年！"，其后果可想而知。还有"文革"期间，某市报纸在一版头题发了一篇稿件，原题目是"热烈欢迎九大代表戴奎归来"，但是在组版结束时，发现"戴奎"的"奎"字边角有点受损，便换字。那时用的是铅字，字库架子上"奎"和"套"字相邻摆放，误拣了一个"套"字，结果变成《热烈欢迎九大代表戴套归来》，成为反革命事件。

4. 内文差错

记者忙乱中写错字，不算大事；但写错事件涉及的人名、地名、数字、领导职务等，编辑就很难把关了。编辑忙乱之中忘记将报头、报眉的版序和时间改好，岁尾年初编发稿件时，尤其是年终最后一天夜班，"今年"字样忘记改成"去年"，就会将报道的时间彻底搞错。

中国的方块字实在是太复杂了，《现代汉语词典》收录的 6.9 万个字、词、词组、熟语、成语，就连职业编辑也难以认全。曾有同仁说翻开词典几乎每页都会有不认识的，我不信，翻开一看，果真如此。

就是都认识，也照样会出现误差。不然大文豪写书为何也得编辑校对？譬如"中国队凯旋归来"这个标题，凯是奏乐，旋是归来。凯旋，是说军队打了胜仗，奏着得胜的乐曲归来。再加"归来"则属于赘词，这个标题错了。

一些固定的字词搭配，倘若有意人为"创造"，也要十分贴切，否则只能算错。诸如"风驰电掣"错成"风弛电掣"，"水性杨花"错成"水性扬花"，"各行其是"错成"各行其事"，"海上生明月"错成"海上升明月"之类的经常出现。还有一些成语错用，比如"斑驳陆离"是指色彩错杂的样子，形容色彩纷繁杂乱，而不是指破烂不堪的样子；"七月流火"是指到了农历七月，大火星往下移位，天气转凉，但常常被误用到形容炎热的夏季上；"差强人意"是指大体上还能使人满意，但应用中却常常将其当作"不如人意"来使用。常被用错的成语还有："美仑美焕"（轮、奂）、"风光迤俪"（旖旎）、"虎视耽耽"（眈眈）、"色彩斑澜"（斓）、"名声雀起"（鹊）、"出奇不意"（其）、

"做工精制"（致）、"一愁莫展"（筹）、"故名思义"（顾）、"烩炙人口"
（脍）等。①

二、谁能让版面玉洁冰清？

传统校对分三校：第一校是看"异同"。这个校次是必须有原稿的。像校
对《毛泽东选集》、中央文件都有固定的原样，甚至连页码、字号、行距等都
是上级做好发下来的。校对员比照原样，行对行，字对字。同时还要唱校，
像唱戏一样，一个人慢慢地念，一个人认真地看。第二校是看"是非"。第三
校是"核红"。现代电子出版物实行无纸化校对，由于没有了原稿，则变成了
两校，一是看"是非"，二是"核红"。

眼下，从记者、编辑到校对、监审，如何有效防范文字差错，让传媒播
发的报道玉洁冰清？

1. 小心防范常见文字差错

反复出现的文字差错，既是记者、编辑和校对没有深刻理解有关字词的
固定搭配，也是"不长记性"所致。如"挖墙角"中的"角"应为"脚"；
"震憾"中的"憾"应为"撼"。倘若审阅稿件时没有发现不妥，或感到模棱
两可却没有立刻查阅字典、辞典，如"璀灿"（璨）、"重迭"（叠）、"鞭鞑"
（挞）、"倾刻"（顷）、"揖捕"（缉）等，转瞬间，一个差错已经逃过搜捕。应
对这种差错只能靠"多长记性"了。

2. 防备打字法造成的差错

目前记者写稿时，电脑输入方法有许多种，包括简拼、全拼、五笔、微软、
谷歌、搜狗、自然码等。基本上可概括为音、形两种。五笔象形，容易出现同
形不同字的错误，如"驼鸟"（鸵）、"隐敝"（蔽）、"绻缩"（蜷）、"彷惶"
（徨）、"安祥"（详）。有时五笔还会出现莫名其妙的文字串，不着边际。拼音则
会出现同音不同字。许多老记者使用自然码，属于拼音类输入法，两下一个字，
三下一个成语，速度很快。但这种方法一旦遇到要录入的不是首选词组时，就

---

① 参见彭军、耿伟：《剔除杂质方精致——排查文字差错的感悟》，载《深圳特区报通讯》，
（2004）（4）。

要进行多词组间的切换选择，很容易出现手指误点，选错词组的情况。如"出声"打成"畜牲"。输入法设置的词库甚至也可能有误，致使写稿和编稿时出现错误。如"斗蓬"中的"蓬"应为"篷"，"嘻闹"中的"嘻"应为"嬉"，"陪笑脸"中的"陪"应为"赔"，"淯然泪下"中的"淯"应为"潸"，"一滩血"中的"滩"应为"摊"，等等。有的成语字库也有错误，如"薪筹微薄"（酬）、"盛名难负"（副）、"嘎然而止"（戛）、"绝然不同"（截）、"针贬时弊"（砭）、"瑕不掩玉"（瑜）、"循规蹈距"（矩）、"凭心而论"（平）。

3. 避免放弃流程出现差错

无论出现政治差错还是文字差错，十次有九次都是因为没有坚持流程。记者急于交稿，编辑着急出片，不等校对监审最后核红就盖章；突然换稿，时间仓促，看一遍就出片。有时编辑在电脑上直接操作或是口授组版员修改，而没有在版面上标示，没有经过核实，也容易出错。最紧张时，编辑、校对都在电脑前看稿，前后几分钟就出片了，这种"无纸校对"太容易出错了！

警惕文字处理沾带差错。特别是要避免在出片之前，组版员、编辑最后改字时的误差。譬如第七行多了"可行性"三个字，结果把第六行的"可行性"删掉了。美编美化版面时，文字块要变动，或是做标题、或是勾图片、或是加底纹，勾掉的小块文字，有时放在版面边上，要认真查对，此时最难看出来。出现这种情况，如果文字连不成话，还好；如果连成了一句话，往往意思相反，好可怕。

"态度决定高度，细节决定成败。"在全媒体语境下，每个时间段都会有记者发稿，编辑制作，而且校对可能上升为监审把关。因此随着全媒体脚步的加快，采编出版也要顺应大势，转型练兵。要成为杂家，譬如记者编辑的知识面要广，编辑要当记者的后盾，校对要当编辑的守门员。要熟悉各级领导的名字、职务、排序。中央领导来了，和广东、深圳的领导混编，要知道如何排列。要掌握中心工作的新提法，如原来的"又快又好"改为"又好又快"，要知道这么做的原因内文的最后一行没排完，少一行，要盯住；句首应空两格，却空了一格、三格，要警醒。这些细节看似不重要，可对于一个主流媒体来说，却是事关成败的点点滴滴。①

---

① 参见耿伟、彭军：《差错，报媒驱不走的怪影?》，载《青年记者》，(2011)(6)上。

有人说，校对是新闻职业最痛苦的岗位，所谓苦辣酸甜甜很少。一旦出错，往往直接指责校对无能。而校对岗位往往人员不足，疲于奔命，茫然无助。如何提升其"幸福指数"？

"桃李春风一杯酒，江湖夜雨十年灯。"宋代诗人黄庭坚以《寄黄几复》来点破人生的狂放和孤寂。这恰似记者编辑的命运——遍尝苦辣酸甜，虽然"甜"时不多，但回味其中的乐趣、美妙，想象着有无数受众在品尝你撰写的稿件、制作的版面，亦会发现，原本单调的采编生活也会如此美妙神秘，让你有几分成就感。

C 幽默感

记者想讲一个动人的故事，还要像小品明星赵本山、潘长江那样，善于用幽默、悬念等手法给故事情节嫁接亮点。那你就当一回出色的小品演员吧，"谢谢啊——"

C1 灵感标题——钩住读者的眼球

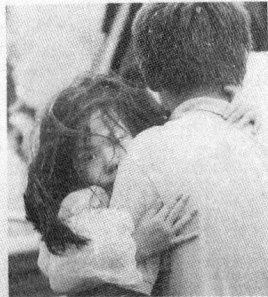

《深圳晚报》报道台湾因台风造成巨大灾害的符号制题和局部版面。

如何给新闻稿起个令人惊奇的名字呢？这往往像给人起名一样，是一件很难的事情。纵有秘籍提供"天格"、"地格"、"外格"和"总格"参照坐标，仍然有相当多的人难寻到自己满意的名字。

社会学家费孝通说，人的名字都带有时代色彩。旧中国起名喜欢选用"金、银、财、宝"；新中国成立后大量用"解放"、"新华"为名字；抗美援朝则"援朝"甚多；"文革"时不仅出现"捍东"，甚至有人取名"造反"；改革开放了，起名多用轻松亲切的"方方"、"园园"、"丽丽"，有的名字甚至4个字。

费老曾讲述他在"文革"前后名字"变迁"的故事："在'文革'前，一个学生叫我'费教授'。'文革'开始了，我被打成'反动学术权威'，关进了牛棚。那位学生成为红卫兵，每天早晨喊我去劳动改造：'费孝通，滚出来！'

后来我的问题结论了，这位学生就改口为：'老费，该干活了。''文革'后我落实了政策，并挂上社会职务，那位学生见到我就把'老费'这两个字颠倒位置，恭敬地称我为：'费老，你好。'"

这让人联想到在人民公社时，一篇全国好新闻的题目是《社员心里乐开花》，明显带有那个时代的色彩。倘若现在这样制题，恐怕受众也"乐开花"了。

给新闻稿起名常出现这样的情形：许多时候直到记者交稿，也没起出让人眼前一亮的标题；版面签压了，编辑也没觅得叫得响的标题。难怪稿子见报后，采编人员却遗憾深重。

许多人都有一个亲身体会，做标题，往往是一瞬间的灵感，一旦陷入长时间的思考，则自寻苦恼。时间愈长愈"憋"不出来。看来奇思妙想最为关键。

譬如，报道咖啡馆的形形色色，标题是《谁敢去星巴克大喊：大兄弟，来碗咖啡!》，你看如何?

——摘编自《体育新闻制题的原则和技巧》，载《深圳特区报通讯》，1998 年特辑。内容有改动。

这些年，中国人的想象力被充分释放出来。无论在报纸上、网络上，还是手机上、招牌上，常常会有让人眼前一亮的标题吸引你。

如果说，一篇鲜活稿件的新闻内核是一个"鱼钩"，标题就是"鱼钩"上的那个"鱼饵"，"鱼饵"是否鲜美诱人很关键。

新闻标题，是对新闻主题思想提炼浓缩后，以最简明生动的文字给新闻稿起的名字。《说文解字》曰：题，额也；目，眼睛。眼睛是否闪现灵气，会影响你给人留下的第一印象。一般情况下，大量的新闻制题是**直述标题**，即以最简捷的关键词直接浓缩新闻主题，为新闻稿起的名字。但新闻制题也十分强调生动形象的特质，从而凝聚着记者和编辑智慧，迸发着人类思维情趣的"灵感标题"得以问世。譬如：

(引) 关注世界睡眠日

(主) 老板脾气大　原是没睡好

这个标题自然叫你会心一笑。

一、灵感标题的特质

灵感标题，指对新闻事实的主题思想进行提炼浓缩后，以趣味、悬念、夸张、对比等幽默手法给新闻稿件起的名字。它隶属于新闻标题这个大的范畴，却有两个特质：

1. 营造趣味，增加魅力

灵感标题比直述标题更吸引人之处，不仅是新闻价值，更重要的是其"幽默感"。全国"两会"期间新华社记者针对食品安全写的两篇稿件，题目分别是：

（主）十个"婆婆"管不好百姓一顿饭

（主）"食"面埋伏

2008 年 10 月 28 日，《广州日报》报道香港检出含有三聚氰胺的鸡蛋、广州市场的"咯咯嗒"鸡蛋，都是大连韩伟公司的产品，新闻标题为：

（主）鸡蛋"咯咯嗒"　超市悄下架

当年美国重量级拳击名将泰森咬掉霍利菲尔德的耳朵后，受到禁赛处罚，但他稍过一段时间又申请比赛执照，世界媒体纷纷给予报道。其中有一则制题围绕"耳朵"做文章，让人发笑：

（引）咬一口耳朵换一个地方

（主）泰森又领拳套再磨牙

2002 年 10 月，《深圳特区报·华东新闻》报道全国首例性权利受侵犯案消息的制题，很有韵味：

（主）车祸撞飞了夫妻"性福"

2013 年 6 月 21 日，《晶报》记者孙妍、通讯员杨瑞华报道中国首堂太空课收看情况：

航天员站着也能睡好觉，"哇，好新奇啊！"；聂海胜悬空打坐，王亚平上演"一指禅"，"哇，好厉害！"；往水膜里不断加水变成晶莹剔透的水球，再往水球中注入红色颜料，水球立即变得鲜艳夺目，"哇，好漂亮！"……当老师王亚平演示一个又一个有趣的实验时，引来课堂上"哇"声一片。昨天上午，在收看我国"首堂太空课"时，宝安区新湖中学学生们紧盯着屏幕，短短 45 分钟的一堂课，让他们接连发出了 35 声"哇"的惊叹。该报道制题：

（主）首堂太空课"哇"声一片

（副）神秘太空点燃深圳中小学生"航空梦"

2. 放大能量，激活联想

灵感标题不是单一地以新闻事实的价值力量去征服人，而是在新闻价值的基础上，以多种巧妙的幽默手法去激活、放大新闻能量，以"幽默"引导受众产生某种想象，激发阅读兴趣。2004 年 12 月 21 日，一枚迫击炮弹击中伊拉克北部城市摩苏尔附近的美军基地，炸死了正在吃午饭的 15 名美军士兵。全球媒体都在挖空心思为这条消息制题，《南方日报》国际版的标题是：

（主）驻伊美军食堂"吃"炸弹

这就让人联想是怎么"吃"的。

2005 年夏季异常炎热，《晶报》8 月 22 日一篇天气稿件的标题为：

（主）太阳笑笑　温度跳跳

形象逼真，耐人寻味。

二、灵感标题的尺度

一瞬间吸引受众眼球的不是稿件内容，而是标题和图片等形成的综合视觉效应。就标题来说，它会以新闻的"关键词"吸引受众的眼神。

成功的灵感标题，会像磁石般紧紧吸引住受众，令其难以挣脱。制作一个令人拍案叫绝的灵感标题，至少要遵循 4 个尺度：

1. 新闻尺度

尽管灵感标题与直述标题有明显区别，但它作为新闻制题的一种，必须体现新闻本质属性。倘若一个标题已经"幽默"到没有"新闻"的程度，那就是走向反面，荒唐可笑了。

写稿要选取素材中最有新闻价值的，制题也必须找"亮点"去提炼。如果题不达意，再动人也只能是南辕北辙。灵感标题若使读者萌生阅读兴趣，就必须设置一个"钩子"，这个"钩子"就是幽默的"新闻"。这是新闻制题的第一原则。2008 年 8 月 21 日下午，国际奥委会公布 4 位运动员委员会新委员。刘翔只获得 1 386 位运动员的选票，排在第八位而落选。人们猜测是刘翔退赛受到了影响。这一消息的主标题是：

（主）刘翔没当成刘委员

记者赴黑龙江省海伦市伦河镇采访，竟然找不到以往熟悉的镇政府。一打听是镇上腾出大院办企业了。这条消息写出后，直述标题为"伦河镇腾出机关大院办乡企"，灵感标题则可大胆地拟为：

（主）伦河镇政府"丢了"？

2006 年 3 月，艾滋病防治条例实施，规定酒吧、咖啡屋、美容店要放置安全套，但深圳许多娱乐场所并不知晓，为此消息制作的主题是：

（主）怎么设"套"还是个问题

看似严肃，隐含趣味。

2008 年 10 月 8 日《广州日报》刊载长途汽车某司机一边驾驶，一边剪指甲、数钱、聊天等，受到处罚。制题突出新闻内核：

（引）置长途车上 31 人的生命不顾

（主）"最牛"司机边开车边剪指甲

《广州日报》关于"最牛"司机报道的标题。

2. 逻辑尺度

新闻标题遵循的是形式逻辑，即在浓缩新闻主题和排列关键词汇中，必须遵循推理的同一律，保持思维延续的同一确定性。这包括确保标题与新闻内容的一致，引题、主题和副题的协调，防止出现"所答非所问"的错误。从逻辑顺序上，标题不能用倒装句，不可让受众看后尚需"反思"其中含义。

在第十八届冬奥会女子自由滑决赛上，中国选手陈露在《梁祝》音乐中，像蝴蝶一般翩翩起舞，夺得银牌。这条消息的制题，许多传媒都下了一番功夫，有一个标题是将现代的陈露和古代的梁祝联系起来：

（主）梁祝声中彩蝶起舞　紫衣陈露轻揽银牌

针对一些司机酒后驾车现象严重，造成交通事故频频，深圳交警部门设立 190 个查车点，专项整治酒后驾驶。《深圳特区报》相关报道的主题为：

（主）干！酒桌上碰杯　砰！马路上碰车

3. 幽默尺度

灵感标题仅仅符合新闻性、逻辑性，并不能"栩栩如生"；要激活新闻幽默之点，方有情趣。可以说，灵感标题引人入胜，幽默是该标题的"磁力"。譬如，2008 年 9 月 27 日《广州日报》报道《非诚勿扰》电影拍摄关机，记者撰写稿件制题时，选用了冯小刚一句幽默的话：

（主）冯小刚放言：不笑？除非打麻药

这种自夸，既是新闻现场的真实记录，又显得轻松有趣，甚至让人会心一笑。

2008 年 9 月 27 日《广州日报》报道《非诚勿扰》电影拍摄关机的稿件制题。

《羊城晚报》曾针对台风刊发了一篇另类的稿件，认为只要防灾到位，台风可以带来清凉、驱雨等好处，制题为：

（主）台风亦金亦银是个宝

该报还有一个标题也诱人一读：

（引）广州有一个怪现象

（主）拿着门牌号找不着门

2008 年 9 月 27 日《南方都市报》报道生活方式流行的"反装"私人行为艺术，如室内也要戴货车帽、背空包，24 小时戴耳机装酷，不顾气氛非要指名红酒雪茄，等等。标题更为搞笑：

《南方都市报》报道"反装"私人行为艺术的制题。

（主）谁敢去星巴克大喊：大兄弟，来碗咖啡

2009 年 9 月 9 日《深圳晚报》报道深圳宝安区西乡一个市民把自家孩子吃剩下的奶喂鱼，没想到鱼吃得津津有味：

（主）见过鱼，没见过吃奶的鱼！

激活幽默，也要防止出现误解。如《古稀老人勇救妙龄女子》，有老人施救是因女子"妙龄"之嫌；美国用 3 亿美元撞击彗星的消息，有媒体制题《3亿元打一"炮"，值！》，挺幽默，但有故意隐含"黄色"之感；还有体育报道常见的言论《有了快感你就喊》，图片标题《脱光了，才叫爽！》、《等你来包！》也有沾"色"隐意。

2013 年 2 月 6 日，在新闻联播播出的李克强视察棚户区的新闻片中，一户受访人家的小朋友从被子里躲到了柜子中，又从柜子里溜出来钻回到被窝中。这一过程中，小男孩露出了屁股。网上很多人笑言，光屁股男孩抢了镜头。2 月 8 日全国报纸争先恐后刊出这条有趣的消息，《广州日报》制题：

（主）新闻联播屁孩抢镜

（副）李克强到访时小屁孩"躲猫猫"　网友盛赞这段新闻真实亲民

《深圳晚报》制题为：

（主）小屁股红遍中国

（副）"小屁孩"抢镜，李克强的亲和及《新闻联播》报道受好评

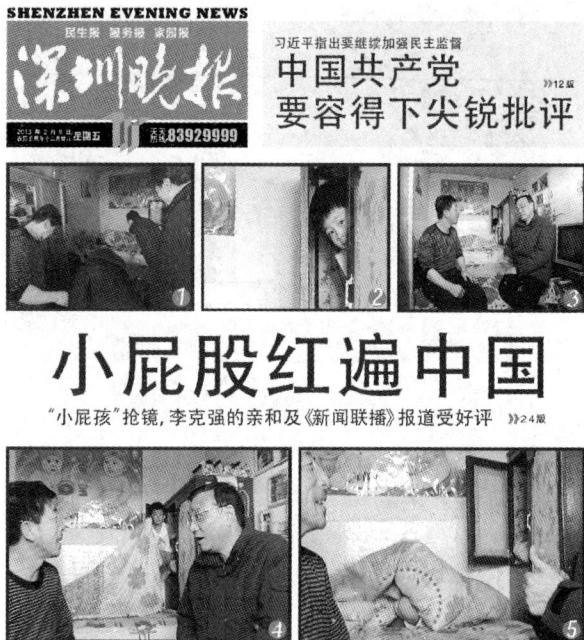

2013 年 2 月 8 日《深圳晚报》封面（局部）制题。

4. 声律尺度

灵感标题要讲究声律韵味，读起来朗朗上口。尤其社会新闻的标题常常要对仗、押韵，既让受众一下子明白含意，又激活其知情欲望。一篇报道小偷从餐馆打洞入室，偷虫草、鱼翅的消息标题为：

（主）小偷悄打洞　穿墙盗虫草

常有一些五字、七字标题，类似诗歌，有节奏感。这说明制题既是语言艺术，又是声音艺术。如 NBA 队名拟人拟物，新闻制题对仗、押韵，饶有趣味。姚明在一场球赛中发挥出色，有媒体制题：

（主）姚明发威　火箭高飞

2008 年 9 月 27 日《深圳商报》报道深圳首次拍卖小汽车车牌，随着一声拍卖槌敲响，深圳史上最贵的车牌号"粤 B88V88"以 46 万元被一神秘买家捧走。该消息标题很"爽口"：

（主）啪！一副车牌拍卖 46 万

2011 年 4 月 19 日，《宝安日报》封面报道清查处理违建的消息，标题朗朗上口：

（主）不到 3 秒，3 层违建被放倒

三、灵感标题的类型

新闻制题有许多技巧。记者编辑也会习惯于某种"套路"，使标题带有个人风格。概括说，灵感标题主要有 5 种类型：

1. 借喻制题

这是以借喻手法制作灵感标题的方法。有两种情形：一是借用格言、诗歌、歌名、顺口溜等来制题；二是根据新闻事实的某种关联点借喻制题。2009 年 7 月 23 日《广州日报》报道 500 年一遇的"日食"，从 A1～A7 版多视角叙述，其封面版大标题借用电视连续剧《康熙王朝》中的主题曲歌词制作：

（主）真的好想再活 500 年！

这种手法流行较早，记得 1998 年春节后，电视剧《水浒传》的插曲《好汉歌》流行火爆，一篇时评借用"该出手时就出手，风风火火闯九州"歌词，改为：

（主）该收手时就收手

体育报道中借喻标题较常见。雅典奥运中国跆拳道女将罗微夺得 67 公斤级冠军，《晶报》制作标题：

（主）"微"震雅典

特别是将"微"字特意放大，以"微"喻"威"，既浓缩了新闻，又造成强烈的视觉冲击。

啪！一副车牌拍卖 46 万

这是深圳首次拍卖小车号牌，拍卖所得奖金将全部纳入交通事故社会救助基金

《深圳商报》报道深圳首次拍卖小汽车车牌的局部版面。

全国 38 位县市区域报老总宝安"论剑"

不到3秒 3层违建被放倒

2011 年 4 月 19 日，《宝安日报》封面版制题。

《广州日报》报道 500 年一遇的"日食"版面制题。

《深圳特区报》的《"泰"没面子了》制题。

还可以"音"、"意"相通而借喻制题。我国射击名将高娥在世界杯飞碟射击赛中险胜,《新民晚报》制题时在"娥"字上动了一番脑筋,从"飞蛾扑火"借喻为:

(主)高娥扑碟死里逃生

2009 年 12 月 19 日在佛山,中国功夫 4:1 横扫泰拳,各家报纸挖空心思制题,《深圳特区报》为:

(主)"泰"没面子了

《晶报》则为:

(主)"泰"不禁打

2011 年 6 月 5 日《晶报》封面报道李娜获得 134 年网球大满贯历史上亚洲首位单打冠军:

(主)"娜"是神了

既是借喻有趣，又有深刻意义。

2013 年 11 月 28 日，《晶报》封面版报道深圳新机场启用，因该机场造型是大飞鱼"蝠鲼"，因而借喻"福分"制题：

（主）蝠鲼！福分！启用啦

2. 夸张制题

这是将新闻内容有根据地最大限度夸张，又不失真实地制题的方法。这种手法的前提是要对新闻事实有充分了解，将其最闪光之处合理"放大"，而不是漫无边际地随意夸张。倘若给批评稿件制题，也可将其夸大到讽刺的程度，对某人或某事进行揭露和嘲笑，使受众得到阅读享受。如一家外资企业申请开业手续办理一年，报审文件上盖了 100 个公章，竟然仍未获得经营执照。于是记者写了一篇批评稿件，题目为：

（主）一份批文背着 100 个公章漫游

（副）问：何时获批？答：大约在冬季

该文发表后，引起当地一场轩然大波，主流媒体据此开展了政府职能转变大讨论。

深圳的国家级旅游区小梅沙，每逢节日，游人云集，垃圾遍地；而相距不远的大梅沙，客流密集，甚至找不到能坐下休息的地方。有记者写了批评报道，两篇稿件的标题分别为：

（主）小梅沙有被"吃"掉的危险

（主）大梅沙太累了！

两个标题夸张得恰到好处，让受众不仅获得了幽默的享受感，还萌生了"赶快整治"的呼声。

2011 年 6 月 6 日《晶报》报道有 328 年历史、全球顶尖的伦敦沙德勒井戏院首度上演"裸戏"，标题将"尖叫"放大，制造夸张效果：

（主）尖叫！伦敦顶尖戏院演裸剧

2012 年 7 月 9 日，李玉刚到深圳

《晶报》的夸张标题。

准备歌会演出。在机场，数不清的粉丝伴着欢呼声、尖叫声、闪光灯，他难以走出大厅。《晶报》报道标题为：

（主）这 10 米，李玉刚走了 10 分钟

3. 悬念制题

这是通过留下某种未确定的答案，制作出诱导受众知情欲望的标题的制题方法。这往往会产生意想不到的好效果。如法国世界杯赛时，一家媒体围绕球迷提出的疑问，曾发表一篇评论文章，标题"问号"居首，诱人追问：

（主）？ 年树球

《羊城晚报》1998 年 10 月围绕番禺野生动物园白老虎一胎产 6 仔的新闻，主题根据童谣"一二三四五，上山打老虎"，制题为：

（主）一二三四五，六！

该消息登载在一版头条，让人联想"老虎"和"下 6 仔"，颇有味道。

2006 年德国世界杯报道，一篇平板电视消费特刊的题目很吸引人：

（主）世界杯坐着看还是躺着看？

2009 年 10 月 17 日《深圳晚报》报道美国科罗拉多州一只热气球升空，由于有人发现一名 6 岁男童爬上了这只热气球，军用飞机立刻追踪救援。这则消息制题为：

（主）6 岁童随气球飘上天？

（副）虚惊！他一直躲在车库里

2009 年 10 月 20 日《宝安日报》报道深圳夜空出现奇怪图形，以问答形式制题为：

（主）夜幕闪现 UFO？原是"夜风筝"

2011 年 9 月 6 日《深圳特区报》刊载新闻：茫茫夜色之中，一名行窃未遂的盗贼，当着业主的面，从住户阳台攀爬外墙遁走。制题为：

（主）"妈妈，这个男人是谁？"

由此看，制题学问深厚，技巧学无止境，能否把题目做得精彩，就看编辑的功力和灵感了。

4. 对比制题

这是在新闻事实中找到某种可对比的幽默之点，进行恰当对照的制题方法。由此形成最大程度的反差，幽默且给人以启迪。一篇写深圳著名旅游景点锦绣中华、青青世界周边环境恶劣的报道制题为：

（主）高楼围困锦绣中华　垃圾作伴青青世界

有关黑脸琵鹭的报道制成对比式题目：

（引）零零星星全球仅千只　寻寻觅觅何处可落脚

（主）黑脸琵鹭：选择红树林

2004 年 1 月 3 日，美国"勇气"号探测车成功登上火星，并发回信息和图片，引起世界关注。有一个引题很形象：

（引）弹弹跳跳后"定神"　敲敲打打中"漫步"

在第 47 届射击世界锦标赛上，中国著名运动员王义夫 25 米标准手枪打出 1 709 环，获得冠军；同时，牛志远在移动靶混合速射比赛中折桂。此新闻的制题就把王义夫比喻为"老枪"，牛志远比作"小牛"，形成对仗的题目：

（主）老枪甩枪中靶　小牛再牛一回

2013 年 8 月 3 日《晶报》报道的士司机拾金不昧，对仗制题如下：

（主）惊！丢了 10 万　喜！找了回来

2013 年 11 月 1 日《解放日报》头版报道一名年轻女子从观景台上坠江，正在晨练的老伯陈小平奋不顾身跳入大江，将其救起。该稿件的主题为：

（主）清晨浦江水冷　六旬老伯心热

一冷一热，对比鲜明。

5. 符号制题

这是以标点符号去幽默地反映新闻主题的制题方法。标题一般不用符号，但当标题使用了必需的符号时，也确实增辉添色。譬如报道大型展会的消息标题为：

（主）89 亿！国际礼品展第一单

记叙贪官因二奶落马的通讯标题为：

（主）情色＞法纪？　情色＜法纪？

用大于号和小于号对情色和法纪做比较，既对仗，又活泼。

1984 年 7 月 31 日《中国青年报》为许海峰实现中国奥运金牌零的突破发了一篇社论，标题十分抢眼，让人心灵震撼：

（主）别了，0！

据记载，法国里昂曾举行过一次体育报道竞赛，一位叫钮隆的 21 岁银行职员获得大奖，消息仅仅为：嘘——0 比 0。其实，这篇稿件本身也是一条不同凡响的新闻标题。

2002 年上海举行世界最高级别的网球大师赛，休伊特、莫亚、科斯塔、诺瓦克等 9 位大师临沪。但这一全球注目的赛事开拍刚刚两天，排名前 3 的大师休伊特、阿加西、萨芬就纷纷落马。《晶报》11 月 14 日的体育版制题为：

（主）1、2、3，全倒了！

可谓趣味十足。

2009 年 1 月 12 日《广州日报》刊发防盗报道，用了符号组合标题：

（主）警方：尽快擦掉门口怪符

（副）△○×±3、√等可能为盗贼所画　门锁要用月牙锁和天地锁

制题具有历史性。过去用过的精彩标题，经过缓慢的沉淀，有的仍然可以模仿借用，有的则逐渐显得陈旧。模糊标题则尤其应忌用，譬如《有这么一个老总》、《他有一颗金子般的心》。凑上的"斐然"、"见效"、"启动"之类词语也宜慎用。

"题好半篇文。"这句俗语解读了标题的重要性。编辑记者只要常琢磨它，碰上主题鲜明、生动有趣的新闻，标题嘛，亦会随灵感而生。

C2 幽默导语——首段文字读上瘾

美国总统不无讽刺地说，他是伊拉克前新闻部长萨哈夫的崇拜者。萨哈夫是伊拉克前政府的发言人，在伊拉克战争中是萨达姆政权出头露面最多的人。

布什在接受全国广播公司的电视采访时，以讽刺的口吻说道："我喜欢看他，他很棒，很了不起。"

人们清楚地记得，在美军坦克已经进入巴格达的时候，萨哈夫还在说巴格达城内没有美军。无论是反对伊拉克战争的美国人，还是支持伊拉克战争的美国人，都很佩服他。有些媒体说，他是"封锁新闻部部长"。

布什对记者笑着说："有人指责我们花钱收买他并把他安排在这个位置上。""战争的许多场面我都看了，都是录像。但是在直播萨哈夫讲话的时候，他们就通知我，我马上放下手里正在做的事情，去打开电视机。"

萨哈夫经常用骂人的话来污蔑美国人，如"罪犯"、"一群刽子手"和"黑手党"，甚至骂白宫是"妓院"。

——摘编自《布什"崇拜"萨哈夫》，载《参考消息》，2003 - 04 - 28。内容有改动。

这篇报道从标题到内容，通篇都是幽默。尤其是首段导语让人意外：对一个打得你死我活的敌国出镜最多的人，美国总统竟然说"崇拜他"。这怎能不一下子吸引人读下去，追问为什么？

用流行的说法，平均 7 秒钟之内，受众就会决定是否购买"眼中"那一份报纸。那么，是什么力量促使受众做出这一决定呢？大约除了版面的综合引力外，还取决于两个关键点：一是新闻标题像是鱼钩上的鱼饵，它是否制作得鲜亮美味，让受众像"鱼儿"那样"垂涎欲滴"；二是新闻导语像是鱼钩上的那个"倒刺"，它是否制作得角度合理，让受众品尝起来"顺口"。

新闻导语，是指以点睛之笔叙述新闻事实"闪光点"的引言。它一方面要凝练地给受众以值得品味的新闻信息，另一方面要以生花妙笔让读者产生强烈的阅读冲动，回荡一股难以遏制的欲望。

似乎和"爱情是文学的永恒主题"相似，导语则总是新闻学的一份"考卷"。在推崇普利策新闻奖"里根遇刺"报道那样的凝练时，你会发现，"幽默导语"鲜美诱人，让人眼前一亮。

一、幽默导语的特质

"幽"是指"深"、"隐秘"、"僻静"、"关闭"、"黑色"等含义，而"默"则是指"静"。"幽默"在古汉语中的含义是"寂静无声"。如《楚辞·九章·怀沙》："孔静幽默。"近代以来，"幽默"一词则是英文 humour 引进后的音译，指以轻松、滑稽等手法来引起人们意味深长的思考。

幽默导语，是指以趣味、悬念和比喻等新奇手法，形象地浓缩新闻事实"闪光点"的引言。它属于现代新闻导语的范畴，与传统的新闻导语要求具备"五个 W"的要素相比，截然不同。

"五个 W"的提出，是 1898 年美联社主编斯通针对当时电讯技术不过关、新闻稿在传送过程中条码经常中断的情况，要求记者在导语中必须回答 5 个 W：什么时间（When）？什么地点（Where）？什么人（Who）？什么事（What）？为什么（Why）？即使电讯中断，只要有了导语，后方编辑部仍可得知新闻梗概，以动人的笔墨对新闻进行加工，让读者产生阅读快感。然而这"五个 W"的要求，必然造成导语字数过多，并与新闻主体相互重叠。二战后，大批记者感到此类导语臃肿不堪，便常常越过雷池，抛开必须具备"五个 W"的限制，只以时间等三个 W 要素为核心，把导语锤炼得更为精彩，单刀直入叙述新闻精华。毛泽东曾在 1949 年写过一条电讯《我三十万大军胜利南渡长江》：

【新华社长江前线二十二日二时电】英勇的人民解放军二十一日已有大约三十万人渡过长江。渡江战斗于二十日午夜开始，地点在芜湖、安庆之间。国民党反动派经营了三个半月的长江防线，遇着人民解放军好似摧枯拉朽，军无斗志，纷纷溃退。长江风平浪静，我军万船齐放，直取对岸，不到二十四小时，三十万人民解放军即已突破敌阵，占领南岸广大地区，现正向繁昌、铜陵、青阳、荻港、鲁港诸城进击中。人民解放军正以自己的英雄式的战斗，坚决地执行毛主席朱总司令的命令。

这篇消息全篇不到 200 字，描绘出了一幅震撼世界的渡江战役宏图。"英勇的人民解放军二十一日已有大约三十万人渡过长江。"成为直述导语的经典。

幽默导语是从直述导语派生出来，将其转换为更加灵活多样、魅力无穷的引言。它有 3 个特质：

1. 激活幽默亮点

这是幽默导语与直述导语在制作角度上的明显区别。二者虽都选取新闻最闪光之处制作导语，但幽默导语强调寻找新闻"有趣"的亮点，以独特的角度实施渲染，将新闻激活放大，直至活灵活现。如在荷兰乒乓球世锦赛上，中国男女乒乓球队在同一天先后卫冕成功。这一消息若用直述导语，那就是：今晚在荷兰举行的世界乒乓球锦标赛上，中国男女乒乓球队双双卫冕成功，各自重新捧回团体世界冠军的奖杯。

这种导语的制作显然是"小儿科"，显不出职业记者的特殊本事，中学生也能一挥而就。如果将这条消息改成幽默导语，从"奖杯"的角度上去激活幽默亮点，则有多种撰写招数。《中国青年报》曾这样来制作导语：

【本报荷兰电】今天的世界杯乒乓球锦标赛组委会好像变成了"小件行李寄存处"，中国队上午刚把斯韦思林杯和考比伦杯交给他们，晚上就又把两座奖杯取了回来。

这显然比直述导语更有意境，很耐人寻味。

2. 文字添枝加叶

这是幽默导语与直述导语在制作字数上的明显区别。直述导语的特色是言简意赅，高度凝练。如 1945 年 8 月 15 日，日本裕仁天皇通过广播宣布无条件投降，美联社的消息导语翻译成中文仅有 5 个字："日本投降了！"而幽默导语则要对直述导语的"幽默"之处进行描绘，将亮点放大，文字就会多一些。通过"添枝加叶"，幽默导语洋溢着直述导语难以拥有的魅力。这说明直述导语是以新闻价值的大小来征服读者，而幽默导语则是以趣味诙谐感染人。

1972 年 2 月 21 日，周恩来总理接见和宴请美国总统尼克松，如果用直述导语，一句话就说完了，而转换成幽默导语则是：

【合众国际社北京 1972 年 2 月 21 日电】帕特和理查德·尼克松今天参加了周恩来的正式宴会。美国人胃口很好,吃得津津有味,像老手一样使用筷子。

这里描绘了老外使用"筷子"的细节,很生动。

太原有一家"礼品回收"小店,被新华社的一位记者得知,采写了一篇消息,如果是直述导语则为:昨天记者在太原看到有一家"礼品回收店",生意做得红红火火,令人称奇。而这位记者则着眼于礼品回收店与一般商店的不同之处,换用了幽默导语:

【据新华社电】摆满了琳琅满目的商品,却不卖货,反买货;不收钱,反而往顾客口袋里送钞票。不到一小时,柜台上多了芙蓉王、中华、五粮液等名优烟酒,店主从腰包里掏出数千元钱,脸上堆满得意的笑容。见记者走到铺前,店主赶忙压着嗓子说:"有啥礼品卖?"原来,太原这家小店做的是"礼品回收"生意。

这里,虽然记者为了"幽默"而增添了一些文字,但更加引人入胜了。

3. 制作费时耗力

这是幽默导语与直述导语在制作时限和功力上的明显区别。直述导语由于是对新闻事实的浓缩叙述,因此记者在采访过程中就已经十分清楚,写导语时信手拈来。而幽默导语是在直述导语的基础上,选取新闻"趣味"之点,要绕个弯,笔法相对难一些,思考时间也相对长一些,脑力耗费也会多一些。幽默导语研究专家江红云、江冬云曾在《新闻传播》杂志上撰文,举了一个精彩例证:《哈尔滨日报》曾有过一篇批评报道,是说一批老战友相聚时,拍照的胶卷被"冲瞎",引起投诉和纠纷。如果用直述导语的话,常见的是"某某彩扩社极不负责地将 4 个记录 28 位老战友相聚的胶卷冲瞎,从而引起纠纷";而制成幽默导语则为:

【本报讯】28 位出生入死的老战友聚会冰城哈尔滨,年纪最大的 72 岁,路途最远的在加格达奇。可记录这一难忘镜头的 4 个胶卷,却被彩扩社洗成了"黑片"。

2001 年 12 月,"国际花园城市评选"在深圳举行。深圳所有媒体都想法报道深圳如何美丽。《深圳特区报》一篇消息的导语是:

【本报讯】英格兰法尔德参赛代表负责人菲尔德豪丝女士是一个乐天的中

年女士，空中飞行了 6 000 英里来到深圳，她乐呵呵地说："深圳很漂亮，我的眼睛得到一次绝好的旅行。"

当然，幽默导语也要分素材和场景来制作，没必要将直述导语全都"转换"为幽默导语。

二、幽默导语的类型

1. 暗伏悬念

利用受众对新闻发展或人物命运的关切心情，在导语中设立悬念，制造戏剧性的冲突，写出波澜起伏。《女子山地自行车越野赛爆冷　无名小将张娜掠走金牌》的消息写出了一个悬念：

【本报讯】昨天上午，九运会深圳龙岗国际自行车赛场出现戏剧性的一幕：面对即将产生的女子山地自行车越野赛金牌，多位圈内专家很有把握地把它"预判"给甘肃队的"亚洲第一人"马艳萍。可是在终点，这块金牌却被名不见经传的辽宁小将张娜掠走。

张娜为什么出人意外地胜出呢？读者会继续读下去。

2. 反差对照

导语以相联系的"事实"去形成对照反差，会让人在心理上出现冲突。例如《新晚报》1989 年有一篇消息，曾轰动一时，其导语是：

【本报讯】9 月 12 日，当来自全国各地的近 3 000 名校友会集东北农学院，欢庆 40 周年校庆的时候，中国第一位兽医外科博士、该校毕业生王宗明却游离于喜庆之外，沮丧着脸，在校内大道旁支起了烟摊。

读了这则导语，会使人感到惊讶、不解和哀忧，王宗明乃中国第一位兽医外科博士，为何要去卖烟？这一疑问紧紧地抓住受众的心。

成都有位姓李的八旬老翁，他的房间正好挨着麻将馆。白天啪啪麻响，晚上噪音扰耳。苦不堪言的李老翁投诉后，老板居然拿刀威胁说不准干涉生意，逼得李老翁气急自杀：

【本报讯】抗议隔壁麻将馆噪声 4 年不断，吞服氯丙嗪 100 粒自杀的 85 岁老翁李维富，经过急救于 26 日终于回到家中。无奈的是，孤寂的他将继续与隔壁嘈杂的麻将声相伴。

这种幽默的强烈反差，折射出搓麻者的冷酷，令人摇头不已。

3. 幽默趣味

对新闻消息的有关情节实施"幽默"处理，可使导语饶有趣味，轻松愉快。2002 年 12 月 21 日英国《太阳报》刊发的报道《小狗"驾驶员"撞毁名贵跑车》，说的是 36 岁的约翰尼·万甘带他的宠物斗牛犬哈维从伦敦西南部的一个兽医那里看病回来，半路上万甘下车走到哈维乘坐的另一侧车窗旁，想检查一下哈维哪里不舒服。然而，这只宠物狗突然跳到司机座上，一只爪子正好踩在离合器上：

【本报讯】英国小伙子约翰尼·万甘日前遭遇了一次奇怪的"车祸事故"。他家的一只宠物狗不慎踩动了他一辆价值 60 000 英镑的跑车离合器，导致该车以加速度冲出，撞上一辆有篷货车，给他造成了 11 000 英镑的损失。

NBA 球员霍华德绰号"魔兽"，他惹上的麻烦是一位女拉拉队员为其生下私生子。如果用直述导语就是一句话，而用幽默导语则是：

【本报讯】魔兽霍华德有个古怪的口头禅，称自己每次和女人共度春宵都是拯救对方的灵魂。这回魔兽可是制造了一个灵魂了。美国媒体报道，霍华德在一次拯救过程中发生意外，导致一名叫克里斯坦的拉拉队员怀孕，并最终诞下一个孩子。今年刚满 23 岁的霍华德也开始了自己的私生子之父生涯。不知下次他拯救灵魂的时候会不会三思而后行。

在《医生提醒：小心"怪鞋"伤身》一文中，针对女性对流行的韩式"巫婆"尖头鞋、"金鸡独立"的细高跟趋之若鹜，报道导语是：

【本报讯】入冬以来，冰城哈尔滨的一些商场里，女鞋样式越来越怪，鞋跟也高得让人看着害怕。与此同时，各家医院的腰、脊椎疾病的女性患者也增多起来。专家说，这些患者中有许多是因为穿"怪鞋"所致。

这是因为人负重站立时，脚跟和前脚掌各承受一半的重量，其中拇趾又承担了前脚掌一半的任务。将脚放在一双跟高、头尖、底硬的鞋里，脚趾受到挤压，身体极易损伤。

4. 数字比拟

这是将本来枯燥无味的数字按逻辑关系串联起来，让人从熟知的具体形象感中体会到数字的亲切。例如《经济日报》曾在中国人口达到 12 亿时刊发过一篇消息，其导语是：

【本报讯】2月15日零时，我国大陆总人口12亿。12亿人站到赤道上，手拉手可以绕地球50多圈；12亿人张开口，一天要吞进78万吨粮食，3.4万吨肉和3.6万吨酒。假如这些东西都用解放牌卡车，要20多万辆，一辆连一辆排下去，能从北京排到南京。12亿人口，对于一个发展中的国家来说，是太重太重的负担。

这则导语打动人心的，恰恰是那些看似枯燥的数字。虽然数字很多，却很"活"，它让每一个关心中国前途命运的人都心里沉甸甸的。

"一平方英里"和"337"这样的数字，似乎没有关联，但是美国有线新闻网2002年12月21日《美国最小城市变得更小》一文，通过一个新闻事件，将它们变成了两个相关联的幽默数字：

【本报讯】美国密歇根州的欧麦市也许是美国最小的城镇，该市的总面积只有一平方英里，市民总人数不过337人。日前，由于该市一户居民不满欧麦市的用水服务，决定将自家土地划归到相邻的亚里纳克镇，如此一来，这座美国最小的城市就变得更小了。

5. 语言叙述

在导语中以语言直接触及社会热点或难点，可引导受众对新闻进行思考。

1932年7月9日是华尔街永远不想再度经历的日子。那一天道·琼斯股票指数狂跌，股民损失惨重。可这篇报道的导语却让人得到一丝会意的幽默：

【本报讯】1932年7月9日，道·琼斯股票指数收于41.63点，较三年前足足下跌了91%，股市总成交量只有区区235 000股。《兄弟，能给10美分吗》成为最流行的歌曲之一。喜剧演员艾迪·坎特尔的一段俏皮话点出了投资者的心头之痛："一位证券经纪商在推荐我买这只股票时曾说，买了可做养老之用。"坎特尔嘲笑道："这句话真灵验啊，不到一周我就成个老头了。"

设问，回答，也可以构成有趣的导语：

【本报讯】医院的厕所应在哪里？中山医科大学的教授叶煜荣日前说他知道广东省一家医院的答案。因为那里的一位医生告诉他："你闻着味儿就能找到了！"叶教授愤愤不平地告诉记者："这说明医院管理水平低下，厕所臭味居然可以用鼻子远远嗅到！"

这一口语问答使人苦笑：这家医院的管理水准太低了。

6. 诗词描绘

我国古代诗歌源远流长，如今歌曲也十分盛行，以此作为比喻和铺垫，可以使导语增添文采。例如深圳电视台《白鹭翔集大鹏仙人石》节目曾仿用著名诗句铺垫导语：

【深圳电视台报道】美丽的大鹏镇仙人石附近又添新景色——500多只白鹭飞来与仙人石为伴，它们的出现构成了一幅"海水共长天一色，落霞与白鹭齐飞"的和谐画卷。

深圳大鹏镇飞来这么多的白鹭，实属罕见，如此报道形象地描绘了这一美妙的意境。

每一条充满诱惑力的"幽默导语"，都是灵感飞迸的产物。情绪，左右着灵感，也驾驭着"幽默导语"的制作。可以想象，一个消沉的人，是不会有热情去偏爱灵感和制造幽默的。

C3 亮点情节——巧妙嫁接添趣味

2008 年 8 月 18 日《羊城晚报》A16 版《克隆雅典，最后一枪神奇失手》报道版面（局部）。

历史总是这样惊人相似。

是的，又是埃蒙斯。4 年前雅典决赛埃蒙斯脱靶，将金牌送给了中国选手贾占波。今天他没有脱靶，最后一枪却只打出了 4.4 环，把奖牌送给了另一位中国选手邱健。

据说，这是他第三次在与中国选手一决高下时最后一枪神奇失手。

雅典，当埃蒙斯脱靶后，他的爱情之枪中了靶，抱得捷克美女卡特琳娜归。那年他打趣道，如果早这样，我第一枪就打飞。现在，卡特琳娜从人丛中走了出来，给了丈夫一个深情的吻，"宝贝，回家吧！"

埃蒙斯一家 1 金 2 银，不是金牌最多的一个家庭，因为另一个美国人菲尔普斯一人独得 8 金。但是对于中国人来说，埃蒙斯，0 环，4.4 环，成了一组让人永不遗忘的符号。

——摘编自谷正中、林本剑、苏荇：《克隆雅典，最后一枪神奇失手》，载《羊城晚报》，2008‐08‐18。内容有改动。

这篇短小精悍的现场新闻，亮点纷呈：不仅有最后一枪只打出了 4.4 环，把奖牌送给了中国选手这一情节，还呈现了 4 年前埃蒙斯脱靶后，爱情之枪却射中靶心，赢得捷克美女卡特琳娜的芳心，以及赛后卡特琳娜安慰丈夫的一个深情的吻，"宝贝，回家吧!"此外，埃蒙斯 4 年前的幽默语言也给人留下深深的印象："如果早这样，我第一枪就打飞。"这句话，也许会让世界永远记得他。

一篇动人的新闻稿，靠什么让受众拍案称奇？一是素材鲜活，二是手法巧妙。嫁接亮点情节不失为一着妙手。在一部记录解放战争的电视片中，有一段道白："回到溪口的蒋介石白天访亲拜友，游山玩水，好像闲得成了世外超人；可一到晚上，他则围着 7 部电台，成了世界上最忙的闲人。"这句话，把蒋介石下野后却不放权、幕后控制权力的真面目勾勒出来。

亮点情节，是以趣味、悬念、夸张、对比等幽默手法描绘的诙谐俏皮、意境深刻的某一新闻片段。新闻报道没有亮点，就没有生命；有了亮点，就有了意境。譬如 2008 年 8 月 13 日《羊城晚报》A13 版刊发的记者谷正中、林本剑、苏荇写的《仲满，就是充满希望》，报道中记述："1984 年栾菊杰夺得中国奥运会第一枚击剑金牌时，仲满还是个一岁多的孩子。""在北京奥运会赛前一天，他和栾菊杰大姐照了张合影。他说，夺得男佩个人冠军，是沾了栾菊杰的喜气。"这两个赛场细节，也是两个报道亮点。

一、亮点情节的嫁接原则

嫁接亮点情节，就像插花艺术，巧妙借用花草颜色、叶片形状等元素，进行有创意的合理嫁接，激活某个造型的整体魅力。将亮点情节与新闻整体巧妙地嫁接成一体，也是为了构成一个具有诱人魅力的新闻信息。譬如《芦山地震首日目击》开篇场景为：天色趋暗，余震不断，震中地带芦山县龙门乡的街道上，恐慌和劳累的人们在稍息，期盼夜晚不要下雨。记者沿着这条主线，采集看似细微的场景元素。通过寥寥素描修饰，让人们睁大眼睛看到一种真实的震后惨境，惊讶"不下雨"竟成了一种奢侈欲望。

走进芦山县龙门乡，见到的第一个情景目不忍睹。一位母亲哭得昏晕过去，旁边是一口棺材。她不到 15 岁的儿子，在早晨睡梦中被垮塌下来的楼房砸死。

龙门派出所副所长陈超告诉记者，他今天目睹了 5 个人的死亡。早晨地震发生后，这个所的 7 名警察分两个小分队出去救援。

这一路上，有 8 辆被砸成废铁的私家车，红色的，蓝色的，白色的，就像一场战争之后的弃甲溃逃。1 辆摩托车，前半部分砸成铁皮，后半部分还翘着屁股。地震有多严重，从这些受损车辆的惨相中显露。[①]

亮点情节的嫁接有两个含义：一是为了激活新闻，放大新闻以制造情节亮点，不是无中生有或心血来潮；二是嫁接的亮点情节不是充当绿叶陪衬，而是随着新闻报道的延伸，成为某种意义上的主干。嫁接亮点情节要遵循 3 个原则：

《深圳特区报》芦山地震版面。

1. 切点——准确新奇

新闻报道一气呵成，行云流水，自然会给受众清清爽爽的感受；新闻报道起伏跌宕，曲径通幽，也会令受众拍案叫绝。因此一个报道是否嫁接亮点情节，对新闻稿件的质量起着重要影响。所谓嫁接亮点切点，就是某一新闻情节植入事实整体的点位。它讲究两点：一是嫁接亮点情节的切点要十分准确，这是激活新闻能量的发力点；二是这一切点要打破常规，新颖古怪，不落俗套。此时记者的思维路径要线路刁钻、落点奇异，方可成功嫁接亮点情节。

在 2002 年夏季，篮球名将姚明即将赴美国加盟火箭队，巴特尔也将加盟马刺队。临行前，他俩和中国男篮的刘玉栋、李楠、刘炜、杜峰等来到深圳，与美国明星队进行一场表演赛。赛前，中外媒体记者早早就在圣廷苑酒店等待他们的到来。一位深圳体育记者在现场感到印象最深的，就是姚明太高大

---

① 陈冰、丁庆林：《芦山地震首日目击》，载《深圳特区报》，2013 - 04 - 21。

记者请姚明在"世界冠军签名封"上签名，拉近了和姚明的距离，加深了情谊。 **吴俊 摄**

了。于是他以姚明与常人截然不同的"高"为切点，并嫁接有关"高"的一个个亮点情节，自然增添了报道情趣：

尽管穿着一双拖鞋，姚明无疑还是最耀眼的明星。在昨天傍晚的圣廷苑酒店，远远望去，用"鹤立鸡群"这个词来形容高出球迷一大截的姚明，一点也不过分——他实在太高大了。

一位摄影记者望着大步走来的姚明刚刚举起相机，还没等按下快门，姚明就站到了面前。他无奈地倒退着把相机高高仰起，像匕首对准了轰炸机，滑稽的场面令球迷们善意地尽情大笑；而几位矮小的文字记者则像跳蚤般地在姚明的腋下撒欢小跑。

然而，当问到小巨人的身高到底是 2.23 米、2.25 米还是 2.26 米时，他却神秘地眨了一下眼睛，模仿粤语说："我也唔知的啦，谁量的身高谁知的啦。"

鉴于姚明即将奔赴 NBA 那个生疏的世界，肯定会面临诸多困难，他如何应对？这是球迷想知道、姚明也应该给予解释的问题。可是采访中记者七嘴八舌，提问杂乱无章，如何在此处让报道"轻松"下来，很有必要嫁接一个"亮点情节"：

一位漂亮的女记者关切地问姚明："你在与欧美高大球员的较量中，身体有点单薄，你是如何锻炼以增加体重和力量的？"

姚明身体向后仰了一下，这似乎是个较难回答的问题。但他用左手摸了一下右脸颊，又拍着右臂风趣地说："我一直与器械较劲儿，但肌肉没长块，哈哈！"小巨人很能捣鬼！

如此嫁接，增强了趣味感，使姚明机智幽默的形象展现在读者面前。同时，嫁接的情节成了读者最喜欢阅读的内容。

《艾滋病毒助阵，白血病投降——白血病女孩神奇痊愈》一文的主题是：在生命垂危之际，埃米莉选择了"以毒攻毒"——利用艾滋病病毒治疗白血病。这是一则科技加人性的描写，如何解释艾滋病病毒的医疗奥妙，报道切入点是白血病女孩发病的场景，并以此一点点延伸解读，将难懂的医学科技讲述得清楚易懂：

2012 年 12 月 19 日《中国青年报》冰点版面。

切点：2010 年 5 月的一天，刚过完 5 岁生日的埃米莉突然流起了鼻血。当天晚上，父亲汤姆下班后，发现女儿鼻子上还留着深红色的凝固血渍。

医生得出的结果令人大吃一惊：他们唯一的孩子患上了急性淋巴细胞白血病。

然而埃米莉的病情很顽固，化疗对她几乎不起什么作用。到 2012 年 1 月，医生不得不押上最后一注——骨髓移植。但就在离移植还有两周的时间，埃米莉的病情又复发了，她无法接受骨髓移植手术。

怀特黑德一家看到宾夕法尼亚大学和费城儿童医院的研究项目需要临床实验对象的消息，便立刻决定加入。

这种实验性疗法听起来有些"以毒攻毒"——利用艾滋病病毒来治疗白血病。

解读：早在 2003 年时，琼博士就开始进行这一开创性实验。此前，他曾试验用改造过的 T 淋巴细胞治疗艾滋病。这次，他反过来用艾滋病病毒改造

T 细胞治疗白血病。

埃米莉只是 12 名接受这种疗法的晚期白血病患者中的一名。美国其他医疗中心也正在尝试类似的疗法，包括美国国家癌症研究所和纪念斯隆-凯特琳癌症中心。[①]

这篇深度报道的亮点嫁接很平滑，很顺畅。最后报道治疗成功，白血病女孩埃米莉获救。

2. 线路——出人意料

英国曾经有一位足球主持人，一次他在评价球星贝克汉姆出神入化的定位球时，煽情地喊道："进了！这一入球在空中划出优美的 S 线，简直违背力学原理！"这显然是夸张。新闻写作不同于足球，足球沿着切点飞驰空中之后，球员就再也摆布不了那个圆圆的东西了，可写作的思路则还会继续控制在记者的笔下。所谓嫁接亮点线路，是指记者沿着确定的切点，既记述轨迹中巧妙引入能够激活受众欲望的兴奋情节，又通过这一生动片段延续新闻主线。成功的亮点嫁接，既出乎意料，又在情理之中，让受众一拍脑门，一伸拇指："啊，精彩！高，没想到啊！"

《"租"出一片活水来》，说的是在绥化市城南 7 公里的地方，有一片波光粼粼的水面，那里是黑龙江省最先进的平顺渔场。往年一到夏季，平顺渔场天天钓客云集，最高纪录一人一天钓 90 多条。但由于都不花钱钓鱼，一年垂钓项目亏损 97 万元。搞"租赁"后，似乎为渔场注入了抗病毒药液，明事理的自觉交钱，不自觉的被挡在渔场的铁门外边。

思维路径到此似乎情节"严肃"起来，需要巧妙地插入一两个生动有趣的情节，使其具有阅读魅力：

渔工刘士辉一边往鱼池里撒食一边和记者唠嗑："过去钓多钓少领导有批条儿，咱管不了。现在钓一条鱼就有我一个尾巴，哪能白钓？"

一位给市长开车的司机对记者说："过去我隔三差五就来钓鱼，今年来一次还挺费事，看来得把鱼竿擦亮点，上夜市卖了。"据说，渔场今年每天垂钓收入 4 000 多元。

到这里，幽默平滑嫁接，很俏皮，很巧妙，回到"租"带来的难以估量

---

① 张莹：《艾滋病毒助阵，白血病投降——白血病女孩神奇痊愈》，载《中国青年报》，2012 - 12 - 19。

的效应上。

在叙述亮点情节的时候，有时一波三折，峰回路转。如福冈世界游泳锦标赛，中国跳水名将郭晶晶有了新搭档吴敏霞。记者先是询问郭晶晶："你感觉与吴敏霞配对默契，还是以前与伏明霞配对默契？"这触动了一个舆论热点：

郭晶晶笑笑，摇手，不言语。

记者又问俄罗斯选手伊利娜和帕克琳娜："以前中国郭晶晶与伏明霞配对，现在与吴敏霞，你感觉哪对组合更厉害？"

于是，翻译过程出现戏剧性一幕：

从中文到日语，再从日语到英语，最后从英语到俄语，伊利娜和帕克琳娜糊涂茫然地看着翻译——不明白！于是懂日语、英语、俄语的一个个记者连说带比划，忙活了5分钟，伊利娜和帕克琳娜才哈哈大笑：明白了！

可是有趣的一幕再现了：

伊利娜和帕克琳娜的回答，翻译成中文谁也不明白，因为"伏明霞"和"吴敏霞"的发音实在太相近了。忽然帕克琳娜站起来，先用食指指着吴敏霞，再伸出拇指，点头微笑说"OK"。

如此这般来嫁接亮点情节，起伏跌宕，揭示主题，趣味横生。

3. 趣味——意境深远

所谓嫁接亮点趣味，即是保证所植入的新闻片段是具有生动性的情节。这是底线，即亮点情不是新闻报道的陪衬，而是通过激活趣味，成为新闻中的新闻。如此，亮点情节的使命显然是提升新闻的意境。

《中国武术在日本》是一篇见闻，说的是一位中国记者在日本看到一群背着剑道包的青少年在临海的广场练剑。当他摸到那种古怪的剑时，顿时被吸引住了，只见它用4根竹条合扎而成，握在手里，一种要展示武功的感觉油然而生。这位记者仗着过去有一点枪术、刀术的功底，向剑的主人——那位头戴面罩、身穿护铠的剑手请教。原来剑道的要领是双手执剑，可以劈杀、刺杀，攻击对方的面部、躯干和两臂，甚至可以直刺咽喉。够残忍！

我全副武装，拨打、拼压、刺杀，却连连败阵。不服输，再来。偶然中我竟然使用了枪术的一招——"金鸡乱点头"，刺中那位日本剑手的咽喉。想不到周围响起了一片欢呼和掌声。

我大喜过望，干脆把这种剑道变为自己熟练的中国刀术，来了一趟矮子腿绞蝴蝶刀花，忽地一个抢背前滚翻，变地趟刀串乌龙绞柱，又噌地一跃而起，凌空一剑！

显然这是犯规的，但耳边却分明听到了让人感到亲切的中国话："功夫！功夫！"

这里由"剑道"转为"武术"，很顺畅，不做作。既没有硬性嫁接的痕迹，又引申出中国武术在日本的广泛影响。

《数学情诗颠覆理科生书呆形象》一文，报道复旦大学的情诗比赛，60个字以内，列为三行，这就是"三行情诗"的全部写作要求。收到的307份理科生投稿，让大家眼前一亮，原来，一群埋头于公式、模型的苦读者形象的理科生，也有多愁善感、柔情似水的那一面：

由三个汉字、两个数学符号、一个标点符号就组成了一首情诗。还有这些：

"高斯拿走了我的尺规/从今以后我只好/徒手为你修眉"

"我将对你的爱写进每一个微分里/然后积起来/直到无法收敛……"

三周的网络总点击量近百万。调侃数学科学学院男生多的"基友"诗、感叹与数学为伴儿的单身生活的"闺怨"诗都获得广泛认同，一首以学习生活为主题的作品也受到大家的关注：

"Hey/别自习了/来不及了。"①

这篇报道的趣味片段，是稀奇的情诗。对此的嫁接和解读，足以吸引人看个究竟。

二、亮点情节的嫁接技巧

嫁接亮点情节的花样有许多。从嫁接的角度来说，有直嵌式和侧嵌式；从嫁接的幅度来说，又有浅嵌式和深嵌式；从嫁接的时限来说，又有短嵌式和长嵌式；等等。

《0月0日出生》这篇报道多处嫁接亮点：

当二战老兵加林娜·阿瓦涅索娃看到自己的新护照时，感到不知所措，因为她的生日变成了1926年0月0日。而俄联邦移民局办护照时仅以出生证

① 夏天怡、周凯：《数学情诗颠覆理科生书呆形象》，载《中国青年报》，2012-12-14。

明为凭，却没有注意到她的前苏联护照上清楚地印着：1926 年 12 月 1 日。

阿瓦涅索娃说："我向联邦移民局询问，为什么发给我这样的护照。他们说这是依法办事。"

"零生日"给老人带来了不少麻烦：不能存钱、不能接收子女的汇款……为此，她找到了俄总理在下诺夫哥罗德州的接待办。仅仅一天之后，州移民局局长便亲自登门，把阿瓦涅索娃接到局里，为她修改了护照。

昨天，这位老兵收到了普京总理的来信。总理说："我很高兴帮助一位女士解决了问题。"

阿瓦涅索娃说："我很感动。我回家后打电话告诉孩子们：我不再是'零'了！"[①]

1. 白描——浅嵌亮点情节

这是从中国画的技法引申而来的一种写作招数。指纯用线条勾勒新闻，不加感情色彩地渲染和烘托，从而在新闻报道中嫁接亮点情节的手法。这也类似果木浅位置镶嵌插条的技术，只要搭上接口，就可以成活。其特点是：(1) 明快简练，描绘骨架。(2) 幽默之点，画龙点睛。

悉尼奥运会之前，中国首枚奥运金牌得主许海峰受观澜湖高尔夫球会总裁朱树豪的邀请，率领几十名枪手来放松心理压力。让人觉得奇怪的是除了活泼的"老枪"王义夫外，其他人几乎都文质彬彬，安安静静，与别的运动队截然不同。一名记者便请许海峰谈一下射击项目对运动员的心理、气质、血型的要求是否很特殊。对此，许海峰谈了很多，但专业性很强，新闻性干瘪。怎么办？记者便嫁接了一个亮点情节：

许海峰说起"出道"，有个戏剧性经历。那是 1979 年的夏天，当了 4 年下乡知青的许海峰，在返城浪潮中竟然决定留在乡供销社，甘当一名营业员。这引起媒体以为冒出新知青典型的误解。而其中的缘由很难让人相信——竟然是出于他的一个爱好：在乡下可以用气枪打鸟玩。

常人难以理解的他，果然练就"百发百中"的射击本事。1981 年的安徽省运动会上，24 岁的替补枪手许海峰一鸣惊人，意外地夺得了一块金牌。

这种写法看似直白，却隐含趣味。

---

① 《0 月 0 日出生》，载《参考消息》，2011 - 03 - 04。

如此嫁接"亮点情节"，较容易操作。关键还是选准嫁接的切点和路数。

记者在观澜湖高尔夫练习场专访许海峰。郑东升　摄

《一个鸡蛋的温暖》报道在一开始介绍：2010年9月起，宁夏回族自治区开始推行"营养早餐工程"，即保证农村义务教育阶段学生和县城的寄宿生"每人每天一个鸡蛋"。共有约37.5万名的学生受惠。接下来看似白描般地嫁接亮点：

在贫困山区，不要小看一个鸡蛋。距离西吉县城几十公里的西滩乡中学小学米校长说，有的学生舍不得吃，偷偷藏在口袋里，要拿回去给奶奶。

因为有孩子舍不得吃，所以有的小学要回收鸡蛋皮，保证"每个熟鸡蛋都吃进学生的肚子里"。

尽管如此，有的孩子说，剥了皮，用塑料袋一裹，也能拿回家给弟弟妹妹吃，"妈妈开心，我就开心"。

吃鸡蛋的时间很短，有的孩子来不及把粘在蛋壳上的蛋白吃干净，就藏在书桌底下，等到下课时再慢慢啃。老师发现了这些小动作，也不会批评。他们说，在乡下待久了，就能理解孩子的行为。

人人都为鸡蛋神经紧张，小心翼翼。官员反复下乡调研查账，生怕几十万元的鸡蛋钱打了水漂；县市政府定指标选购鸡蛋，生怕学生群体性食物中毒；乡村校长每周亲自领取鸡蛋，生怕鸡蛋有裂缝，学校要倒贴钱；值班教师晨起煮鸡蛋，生怕鸡蛋不能按时送进教室。①

---

① 罗洁琪：《一个鸡蛋的温暖》，载《新世纪》周刊，2011（8）。

2. 工笔——深嵌亮点情节

这是从中国画技法引申出的一种注重细腻描绘局部的写作手法，以在新闻报道中嫁接亮点情节。这也类似在树木的较深位置镶嵌插条，并进行仔细处理的技术。这种手法的特点是：（1）由于局部对亮点情节的细腻处理，会增加阅读吸引力，使其更有人气。（2）由于深嵌式嫁接亮点情节，不可避免地要进行细腻描写，会带来文字量的增加。因此是否运用这一手法，要根据新闻报道的事实素材和版面需求去选择。

记得在网络象棋刚刚诞生的时候，一篇《"楚河汉界"网上弈》记述了记者登录冲浪的感受，并在关键部位嫁接了亮点情节，进行细致叙述，很有工笔的意味：

日前，我用"老耿无敌"的名字登录；开窗，跳出"连接成功"4个字，密密麻麻的棋手名字趣味横生：最引人注目的是从金庸、梁羽生等小说中借用来的名字，侠风"胡大侠"、"张无忌"和"踏雪无痕"、"微波凌步"等；有的干脆是令人生畏的"三板斧"、"镇刀客"、"刀斧手"等；还有的是怪名"书生棋圣"、"臭棋老道"、"当头一炮"；至于棋手戏称，"网猫"、"如来佛"、"杀人不见血"等，更是花样百出；棋手随意起的英文或拼音名字，如"linyi"等也不少；有趣的是以"兰州牛肉面"等食品起名，让人笑出声来。

名字是千奇百怪的，但给人的感觉却是轻松、洒脱的。

3. 漫画——侧嵌亮点情节

这是像树木枝条侧着嫁接到另一树干上，欲制作出一种特定的美感角度那样，在一篇新闻报道中以漫画般夸张的、设置悬念的手法，嫁接亮点情节。这种手法的特点是：（1）借用侧面素材加重情节的分量。（2）以夸张的、超常态的描绘、道白等来对情节点睛。《晶报》曾经刊载过《闲话评委×××》一文，就使用了这一手法：

如果看到那些俊男靓女歌唱得不错，却答不出司汤达写过《红与黑》这样浅显的文学常识时，×××同志呢，就像耐心的孔乙己先生教酒店的小伙计"回"字有四种写法一样：不能写罢?!! 我教给你，记着! 被教导的选手自然不可能像小伙计那样掉了头去不买账，他们只得说"谢谢×老师"。这时候，观众们就看到×老师将身子向后慢慢地倾过去，满脸都是踌躇满志。

有一回，在解释"物竞天择，适者生存"时，×老师前半部分其实是说对了的。他说，这出自严复的《天演论》，没错。但接下来，他忘了言多必失的古训，又语重心长地说，《天演论》是译自达尔文的《物种起源》。天啦，好像《天演论》是源自赫胥黎的《进化论与伦理学》吧？

这番描绘，会让读者看到什么？显然是一副不可一世的"权威"面孔，一副装腔作势的"文人"姿态。

《一个国家向一只绵羊致哀》报道中说到，2011年6月6日，一只绵羊的逝世牵动了一个国家的心。在著名社交网站Facebook上，有人为它开设了"愿绵羊史莱克安息"的网页，很快汇集了数万粉丝的追思之情。这只新西兰国宝级绵羊享年16岁，相当于人类90多岁的耄耋之年。这篇报道讲述了诸多具有漫画元素的故事：

这只美利奴绵羊之所以享誉世界，并不是因为它的高寿，而是因为它长达30厘米、重达27公斤的羊毛。这些羊毛足够制作20套高品质的大号男性羊毛外套。

这位天使首先将"折翼的翅膀"——辛辛苦苦长了6年的羊毛——在互联网上拍卖，收入悉数赠与新西兰一家名为"救救孩子"的抗癌慈善基金组织。在史莱克离世后，有人统计，它生前共为这家慈善机构筹得15万美元善款。

时任新西兰总理的海伦·克拉克不仅参加了羊毛拍卖，更是亲自"接见"了这只明星绵羊。史莱克随即被总理任命为新西兰与智利之间的亲善大使。

除了登上《花花公子》杂志，这只明星羊还常常受邀全国巡演——有一次它在新西兰南岛附近的冰山上接受剪毛，出场费高达1.6万美元。这些收入大多被用于慈善和公益事业。①

4. 速写——直嵌亮点情节

这是记者在采写过程中，借用类似绘画速写的方法，以简单的线条将新闻事件的某一现场特征记录下来，用以嫁接亮点情节。这就像将"仙人球"竖着直插嫁接到"仙人山"上，露出球头，几经成长，在开花时格外艳丽。这种直嵌式的嫁接其特点是简洁展示新闻主体：（1）快速记述现场新闻。

---

① 摘自秦珍子：《一个国家向一只绵羊致哀》，载《中国青年报》，2011-06-15。内容有改动。

（2）嫁接情节明快简练。

记者采访中国武术家李炎才，正赶上他在练习二节棍。精彩的场景包括用棍切苹果、打苍蝇，将这些制成速写般的亮点情节，嫁接到新闻报道中，就增加了趣味：

还没等我看清楚，他就扭腰抢棍出手一抖，铁棍竟然穿透了一本百页的书；接着，又挥棍把抛起来的苹果像刀一样劈成了两半；有趣的是，他瞬间出棍击中了飞动的苍蝇，其准确性令人拍案叫绝。

据测量，他技击时二节棍棍头发力可达 750 公斤。这一番出神入化的表演，让我看得目瞪口呆，佩服得五体投地。

中国武术家李炎才在练习二节棍。

《中国铁道建筑报》记者朱海燕，在海拔近 4 800 米的可可西里观察藏羚羊的迁徙场面。2002 年 8 月 17 日，写出一篇《请过路吧，亲爱的藏羚羊》的现场新闻，该文以速写笔法描绘亮点情节，动画链接、幽默风趣，感染了千万读者：

昨晚，约有 500 只藏羚羊带着刚满月的儿女们，通过可可西里青藏铁路建设工地，向黄河源头的扎陵湖、鄂陵湖迁徙。

为不惊扰这些可爱的精灵，可可西里至五道梁一线，铁路夜间停止施工，拔走彩旗，灯光休眠，机器熄火；作为高原生命线的青藏公路，过往车辆在夜间停驶 3 个小时。这里又呈现一种远古洪荒的宁静，只有高原的夜风为这群母子结成的队伍送行。

潜伏下来的观察哨称：跨越铁路线，母藏羚羊若无其事，像跨过自己家的门槛一样；小羊羔紧依着母羊，流露出一种莫名其妙的惊喜。

速写，是快速反映真实生活的一种有效手段。它的深邃精华给新闻人的提示是，嫁接亮点情节，是一个激发灵感的创作过程。新闻报道中的亮点处理有许多技巧，灵感是千奇百怪的，嫁接的招数也会是花样翻新的。

C4 调侃评论——一针见血透机智

鸡蛋碰不过石头。在魔幻现实主义的场域，说不定会有"以卵生石"的神话。香港食物安全中心公布新一轮检测结果，其中内地生产的"佳之选新鲜鸡蛋"含过量三聚氰胺，超标率达 88%。爱吃鸡蛋的朋友，恐怕又要多喝水了。

食品安全的现状，铸就了大家粗糙的神经和胃口，无奈的肉身成了化工原料、添加剂、残留农药的居所。身体被毒化，心灵也就变得麻木，所想的无非是：荼毒的大家族里，又添了鸡蛋，算一算每天一日三餐，身体好像化学试剂瓶子，百般具备。过一段时间，说不定还会有超出人想象力的花样。

"先有鸡后有蛋"的谚语，放在这里，就不是抽象的哲学命题了，是要命的后怕和惊心。香港的专家说，鸡饲料是"凶手"的可能性较大。饲料中有三聚氰胺，鸡吃饲料，鸡下蛋，我吃蛋，聚积在鸡蛋中的三聚氰胺会不会在我体内安家？还有哇，我还是个吃鸡大户、喝鸡汤的干将。这样说来，一只鸡蓄积的三聚氰胺会不会通过鸡肉、鸡蛋、鸡汤转移到我身上，像交接棒一样？好在有专家的安抚：一个 10 公斤重（约 3 岁）的幼童，每天食用约 12 只鸡蛋才会超标。还好，总算没有殃及后代。按照这个比例，一个成年人，每天要吃好几打鸡蛋才有致病之虞。

肉蛋穿肠过，"三聚"心中留，就当是吃个哑巴亏。只是那权利意识过硬的香港同胞，会不会因此较真下去，顺藤摸瓜，又弄出个领导们脸上挂不住的"鸡蛋门"出来，就保不准了。

按照"眼不见为净"的古训，考虑到层出不穷的这"门"那"门"，"放心餐"可是吃一顿少一顿了。明早大面包坊的精制面包是否可放心入口了呢？哼，美得你，食品行业的资深人士报料：一个面包的制作，从头到尾，估计得用 50 到 100 种添加剂。

——摘编自三季稻：《肉蛋穿肠过 "三聚"心中留》，载《南方都市报》，2008-10-28。内容有改动。

这篇评论《肉蛋穿肠过 "三聚"心中留》，对于"鸡蛋门"突发事件，作者没有直言抨击，而是施以调侃剑锋，看似嘲讽意味，实则犀利透骨。

如果说，新闻是媒体的躯干，理论是媒体的灵魂，那么，评论就是媒体的旗帜。它泛出的赞许、鄙视，或是仇视的神情，都会表达媒体的主导意识。

新闻评论，是对某种典型现象或新闻事实进行深刻分析，揭示其内在规律和特点的文体。它大致可以分为三种：（1）大型评论。它是代表媒体编辑部对社会倾向性问题或重大新闻进行深刻分析，揭示其背后规律和特点的文体，包括社论和评论员文章等。（2）中型评论。亦称专栏评论，它是以个人署名形式揭示报道背后特性的议论文章，因此"官方色彩"较淡，"民间气氛"较浓。如新华社的言论专栏《新华时评》、《经济日报》的"王府井随笔"等。（3）小型评论。它是编辑个人在技术处理某篇稿子的时候，针对新闻内容有感而发的点睛之笔有短评、编者按和编后之分。

以往"规范的"评论要求单刀直入，不能有杂文的辛辣、散文的优雅，致使言论成了最难掌握的文体。然而，或许是时过境迁，或许是与时俱进，如今冒出了大量的调侃评论。

调侃评论，是以悬念、夸张等幽默手法对某种典型现象或新闻事实进行深刻分析，揭示其内在规律和特点的文体。譬如《都是月亮惹的祸》、《假如我是市长》、《央视，你不能这样做广告》、《苹果、蚊帐与鸡蛋》等，潇洒调侃，散发着独特的诱人色调，为难以计数的读者所追捧。《还是饶了娃娃吧》一文，开篇就幽默地说："这年头，当个娃娃也不容易，足球要从娃娃抓起，外语要从娃娃抓起，电脑要从娃娃抓起，如此等等，这些都属于教育范畴，也不算离谱。至于公民教育要从娃娃抓起，职业道德要从娃娃抓起，拐个弯儿也还可以理解。但是，有些从娃娃抓起实在让人匪夷所思，譬如反腐倡廉。"这种言论的写法，让人感到既有趣味，又有哲理。

一、调侃评论 3 大要素

对中国人来说，幽默型的"新闻脑"难得，思辨型的幽默"新闻脑"更为难得。评论名人梁二平①乃"辩才中的怪才"，无论时政短评，还是影视杂

---

① 梁二平，1997 年调入《深圳特区报》，现任《深圳晚报》副总编辑。曾著《谁在地球的另一边：从古代海图看世界》、《谁在世界的中央：古代中国的天下观》、《古代中国的海洋观》、《中国古代海洋地图举要》、《身体的迷雾：我们身体的文化史》、《秀场与看客》。

感，都可见一针见血的穿透力，尽情流淌的思想潮水。他曾在"两瓶之后"专栏上连续40天妙语连珠，不知醉倒多少受众。他在评论自杀时有一句名言：你连死的勇气都有了，还害怕活吗？在分析女人选美时他则调侃道：女人首先是嫁人，其次是选美。倘若你嫁给总统，成了第一夫人，还用脱得半光不光地等待评委亮分吗？

分析调侃评论的艺术特色，由于其隶属于新闻评论范畴，在结构上也同样具有3个要素：

1. 幽默缘由要素

俄罗斯总统普京一个人行走在圣彼得堡空旷的大街上。

这是调侃评论立论部分的破题缘由，是针对新近发生的一个典型事件，或是当前一种发人深省的现象而提炼出的立论观点。这需要以超常的思维能力和独特的观察眼光，察觉到一个不寻常的幽默"由头"。《人民日报》刊发的《由"普京独行在空旷的大街上"说起》[①]一文，像是散文、像是评论，暗含幽默，意味深刻，其"由头"要素为：

网上视频播出，俄罗斯总统普京参加完自己柔道启蒙教练的葬礼后，拒绝记者、警卫的跟随，一个人行走在圣彼得堡空旷的大街上。他紧贴着临街的窗户，走在窄窄的有点老旧的人行道上，一会儿又跨过一条马路，跃上对面的人行道，偶有行人看他一眼，也各行其道。

---

① 参见梁衡：《由"普京独行在空旷的大街上"说起》，载《人民日报》，2013-08-18。梁衡，中国著名新闻理论家、散文家、科普作家和政论家，曾任《光明日报》记者、国家新闻出版署副署长、《人民日报》副总编辑。

以我们的习惯思维，这首先有安全问题，其次还有老百姓的围观。我老觉得那临街的窗户里随时会伸出一把手枪，或者路边会有人下跪上访，给一个难堪。但是没有，普京只是自顾自地走着，别的行人也没有大惊小怪。官不觉官，民自为民，这是一种多么平静的政治生态。微风吹起普京西服的下摆，他甩着一副摔跤手的臂膀，目光向前。我不知道他在想什么，是想安静一会儿，还是想看看这片他治下的土地？他难道就不怕安全不保，不怕有人来纠缠？但从画面看，他一身胆气，淡定自然。这不只是因为他柔道出身，有一身好武艺，还因它别有一种政治上的自信。

作者笔底落下点拨人生真谛的文字洋洋洒洒，一定是因其心灵无羁的意境，才恰像哈利·波特骑着飞天扫帚般自由飞翔在想象的太空。

2. 调侃推理要素

调侃推理要素即一环扣一环地进行逻辑推导。这是评论的主体。能否以理由充足的分析，阐述一个观点，推导一个结论，让人心服口服，这是验证"辩才"功力强弱的关键之处。能否在逻辑推导中，以俏皮、犀利之笔形成奇妙的穿透力，层层剥皮，啃到骨头，就需要以灵动的笔调，将严谨的论文置换为优美的散文，使之透出诗情画意。这像是真情实感的流露，又像是头脑中蹦出怪念头的记录，让人读起来似临高山流水，欢快流畅，爽透了！

《一只鸡的生活意见——速生鸡的成长历程》开篇自述：我是一只鸡，但你们对我并不了解。这篇评论排列的推理顺序为：

出生：我诞生于一个"贫民窟"家庭，因为它太拥挤了，这个长50米，宽15米的鸡棚内，就生活了一万多只鸡。我们一辈子生活在铁笼里，没见过青草绿树，没见过鸟兽鱼虫，有的是遍地乱拉的屎尿，臭气熏天，还有没日没夜的吵闹，哭声喊声哀嚎声。

生长：我们生来就不能睡觉，养鸡场内无论白天还是黑夜，都是灯火通明，饲料满地。为了让我们快速长大，让我们不断地吃东西，尼玛！以为我是猪啊！我的心脏只有拇指那么大，整天地吃让我整个生命系统经常运行不过来。很多兄弟因为承受不住，吃着吃着，突然就死去了。

吃药：为了不让我们死去，从我诞生的第一天开始，他们就在我的食物里放进药品，有时候是阿莫西林，有时候是氯霉素，我翻了一下日记，发现我这一生中吃了18种抗生素。

结局：好了，马上轮到宰杀我了。十五分钟之后，我就是一只没有毛的鸡了；半个小时之后，我就会被抛进冰箱。两天之后，我就可能到达上海；三天之后，就可能被啃什么鸡和麦什么劳的人员放进油锅。

预言：是的，我消失了。当然，对于我们来说，又何曾存在过？但是对于你们——养我吃我的人来说，我的悲催的一生也可能会造成你的悲催的一生——这才是我的生活意见。[①]

3. 结论点睛要素

这是通过分析得出深层次结论的幽默精要之笔。在情理之中和意料之外蹦出一个结论，或是发出回味悠长的反诘和感叹。深圳市住建局曾发布有关规定："在严肃处理期内，严禁农民工通过群体性上访等非正常方式或手段讨要工资，凡是组织、参与集体上访事件的，一律按相关规定严肃处理，造成严重后果或恶劣影响的，追究其刑事责任。"这引起社会强烈反响，对此，一篇评论经过推理分析后，得出一个结论：

看来，深圳市住建局禁止农民工群体上访讨薪，完全是一个法盲式的规定。[②]

可能人的大脑细胞结构特殊，才能如此灵感迸发，搞笑出奇。一篇与著名登山家王石闲侃的评论，不知是从哪里蹦出一个精灵古怪的联想，将思维火车扳了道岔：

王石说自己是"工薪阶层"，看到停在酒店门口等着他的"奔驰"，我真不知该为中国的工薪阶层乐呢，还是哭。

1968 年墨西哥奥运会上美国选手吉姆·海因斯跑出了九点九六秒的新世界纪录，在无数人欢呼的时候，一篇评论却得出另类结论：

人不可能比兔子跑得还快。人类若想在这个记录上玩下去，只好把记录扩大到小数点后四位六位或者干脆就来它十位。百米争斗要想继续下去，唯有改革。新的姿态将是：坐着起跑，倒着冲刺，用后脑勺撞线，像冰上舞蹈那样，加评艺术印象分。如此，记录才会从头来过，一次次刷新。[③]

---

① 摘编自亮剑精神：《一只鸡的生活意见——速生鸡的成长历程》，见喀什都市网，2012 - 12 - 18。内容有改动。

② 邓辉林：《这是法盲出的馊主意》，载《深圳特区报》，2011 - 05 - 09。

③ 梁二平：《肢体的游戏》，南宁，广西人民出版社，2005。

这像是蹦出的另类怪念，花样百出又一针见血！行文恰似高山流水，最后捧出中肯结论。

二、调侃评论 4 大特色

调侃评论仅仅具备上述几个要素，还远远不能展示其艺术魅力。尚需将其结构要素和艺术张力巧妙搭配，方能显示出迷人风采。

1. 俏皮

这是调侃评论的外在风格。幽默的前提是鲜活，即所要分析的信息和语言要给人以新奇俏皮的生动之感。俏皮贯穿评论始终，从信息立论、逻辑推导，到最后的结论。《中国青年报》"求实篇"专栏刊载过《请留下那个墓碑》一文，开头说：

云南省沪西县农行头头要信用社女青年赵丽琼陪酒，导致赵中毒死亡。事后他们在赵坟前立了一座 1.69 米高的墓碑，上刻"因公逝世的赵丽琼同志之墓"。

这就产生难言的黑色幽默，让人追问陪酒死亡的真相。

记者徐华曾连续刊发了湖南 14 岁妹子兰兰在深圳被逼当"三陪"的悲惨故事。几经舆论监督，罪魁熊中笑才被拘捕，为此报社刊发了评论《不算完》：

一脚踩死个蚂蚁，是一件很费劲的事吗？

但要先给个理由，这就要费些周章。虽然，熊中笑是个没道德没有良心的人，可我们不能用中世纪的办法，把她放在广场中央，让老百姓用石头将她砸死。

熊中笑抓而未捕，老百姓放心不下。

这就通过"踩死蚂蚁"、"石头砸死"等幽默假设，把百姓的忧虑、焦急点到了此案的关键点：惩处邪恶，执法部门会不会姑息养奸？

2. 爽快

这是调侃评论的内在性格。幽默不是某种荒诞，恰恰相反，是在俏皮、夸张、悬念等外在形式下表现的一种内在性格——倾诉对真理的苦苦追求、对丑陋的无情鞭笞。这和幽默小品的表现情形是相似的，外在的滑稽是为了表现内在的意图；抨击、褒扬，都有自己明确的指向。一篇谈论自行车赛的评论，幽默地铺垫道：

这辆 21 速的山地车，差不多就是我的 3.0，我的 V6。1997 年的夏天，我把自行车托运到鸟城，就遭到老鸟城人的嘲笑："花一百六十元把自行车从内地运来，这不等于给小偷发货吗？"果然，不出半个月，我的车就丢了。[①]

《中国青年报》载《苍蝇籍贯问题》一文说：

某卫生检查组在 B 厂索要 8 000 元，否则发现一个苍蝇罚 5 元，若交钱后发现苍蝇，则视为外地跑来的，不负责。这是一桩千真万确的新闻。如今企业成了唐僧，一些掌握了一点权力的部门，变着法儿去割它的肉，以致闹出苍蝇还有籍贯的怪事。

在这里，评论对肩负的使命锲而不舍，以幽默的心境深入分析：

许多企业为了自身的生存，不得不违心地给这个婆婆那个婆婆叩头，给这个老虎那个老虎送礼，给这个会那个协集资。若是哪家惠顾不到，对不起，卡不着脖子也要绊你一跤，咬不着你一口肉也要咬你一嘴毛。

说得真真切切，透透彻彻！流畅、爽快！

3. 雅致

这是指调侃评论的文字要活泼、雅巧而不臃笨。在逻辑推导中要有杂文的辛辣和散文的优雅。《南方都市报》刊载的《那一个微笑的电子漂流瓶》评论说：一个英国青年意外地在新购的 iPhone 手机中发现陌生中国女孩照片，苹果迷很快在网络上分享这一发现。她笑容芬芳，获得"iPhone 女孩"称号。

"iPhone 女孩"之所以引发关注，在于苹果这条高度精密的生产线竟然也会出差错。这起意外事件所代表的"反常规"，暗合了流行文化所赞许的那种"酷异"。要得到一部有东方女孩照片的原装 iPhone，最后甚至找到其人真身，几率如同中奖，而这个电子漂流瓶却让一位英国青年体验了全球亿万苹果粉丝无法体会的"独孤求败"般的快感。尽管如此，我们仍能想象"iPhone 女孩"美丽笑容的背后是日复一日机械性的劳动；如果她要买上一部 iPhone，可能得花掉一年的积蓄。然而，如照片显示，她甘愿通过诚实而辛勤的劳作来改变自身境遇，创造美好生活。我认为，这才是"中国制造的鲜活表情"：这不仅是一张可供欣赏的漂亮面孔，这是一个有尊严的劳动者开心的瞬间，

---

① 梁二平：《肢体的游戏》，南宁，广西人民出版社，2005。

只是她拍照的时机和地点深具创意而已。

4. 精深

调侃评论要有深度,有冲击力、穿透力,这是其质量所在。其思想境界有多高,揭示事物内在本质就会有多深。一篇评论的分量轻重,要看其揭示事物的内在本质的程度。20 世纪 80 年代毛阿敏在哈尔滨逃税一事,在全闹得沸沸扬扬,几百篇评论文章尽施抨击之力。但有一篇题评论《毛阿敏,敲得好!》,却从另一个角度给人耳目一新之感:演出秩序混乱,穴头贪财克扣,致使明星身价百倍,毛阿敏敲的不仅是观众,也有穴头,因为没有相关法令条例出台,毛阿敏这类"星"们还会敲下去。

知名杂文家刘洪波在《张庆案件的双重意义》一文说:看到《新京报》8 月 29 日报道,长春市民张庆因涉嫌赌博,被羁押于长春市第三看守所,三名警察指使 4 名在押人员向张庆实施灌盐、掐睾丸等虐待行为,长达 50 小时,张庆昏迷后死亡。该文深入分析道:

这是对张庆死亡所作的第三次鉴定,前面的两个鉴定机构,分别是吉林大学法医鉴定中心、四川华西法医学鉴定中心,这两家鉴定机构对张庆之死做出的鉴定结论差不多,"可由于肝硬化致肝性脑病死亡","外伤不构成死因,可构成死亡的诱发因素"。

华夏物证鉴定中心肯定"虐待致死",因为这一个结论,两所大学的声誉摇摇欲坠,中国高等教育的声誉也被动摇。难道你们就没有一点维护真理的信心?你们是失误吗?你们是技不如人吗?你们是另有隐情吗?

对我来说,张庆死亡案件的意义是双重的。它让我知道教育、法律、医学这些概念的中国意义,也让我明白羁押场所对人体结构有着特殊的兴趣,柔软部位的疼痛反应研究、肢体的物理性能研究、生殖器官的羞耻与疼痛研究,都相当精深。

三、调侃评论 4 种角度

调侃评论看似灵动飘逸,但其为叙述主题而选择的"突破口",则需下一番苦心。新闻开头如何精深?分析角度如何开辟?一句话,引言要有趣味,有意境,可使用设论、反论、比拟等,林林总总;角度要依据新闻的剖析点位,对事实进行深层思辨,其延伸路径也和制图一样,一张剖视图,角度选择得好，才会一目了然。

1. 直述式

直述式即在调侃评论中把引用的新闻事实作为逻辑推导的起点。复旦大学外国语言文学院教授陆谷孙撰写的《天哪，贪官还"拳拳之心"》，幽默地从一位贪官的表白引发联想：

"我为祖国、为民族和理想奋斗的信念不是一天两天形成的，也不会因为这么大的跟斗而丢弃，我的这种理想从来没有泯灭，我仍然抱有拳拳之心！"

天哪，早从1993年就开始受贿，任前后左右有多少贪官被关被杀，仍以自己前赴后继的一贯行动，雄辩地为执政党乃至祖国、民族抹黑。到了法庭，居然轻描淡写地说是跌了个"跟斗"，还有脸捶胸顿足侈谈"理想"，亮出"拳拳之心"，说这人是无耻之尤不为过吧？

一篇博客文稿《与破草帽斗，其乐几何》的论述路径是：

天门的魏文华因拍摄城管执法被殴打，诱发冠心病急性发作而死亡。进入审判程序后，三名被控直接打人者要被判刑，害怕了，都翻供，不想替人"背黑锅"，于是说出了可笑又可悲的内幕："城管工作就是要打。"

在天门，新任城管局长仍在苦恼："公安可以抓人，工商税务可以吊销执照，城管执法对象不服从处罚怎么办？"

该文一针见血地指出，几十顶大盖帽管不好一顶破草帽，固然是一件滑稽的事情，但有谁去想过，为什么你要去管住那一顶"破草帽"呢？破草帽很卑微，但并非没有权利在城市里讨生活。这篇评论一气呵成，层层剥皮，分析打人的深层原因：当官的站到了民众的对立面！①

2. 借喻式

借喻式即借用语言、段子、故事或童话等转引到调侃评论的主题上。知名学者徐贲撰写的《古怪法律是怎么来的》，就在导语以此巧妙破题：

如果你访问一个叫做"傻笨之法"（www.dumblaws.com）的网站，就会看到美国各州在过去制定过的种种古怪法律。加州就有律法规定，"穿牛仔靴者必须至少拥有两头牛"、"所有的狗粪必须在七日内从后院清除"、"拥有未

---

① 参见刘洪波：《"与破草帽斗"，其乐几何》，载《晶报》，2008-09-23。

经处理和发臭的兽皮是违法的"、"禁止在人行道上玩保龄球"、"动物不得在离旅馆、学校和宗教场所 1 500 尺以内交配",等等。访客在浏览了许多逗乐的法律条文后,难免会有一个问题,这些傻帽至极的法律是从哪里来的?

《学学螃蟹的精明》一文,说的是海伦市伦河镇腾出机关大院办乡企的奋斗精神,但评论员王素芝并没有直接去立论,而是喻义在故事之外,引申于事实之中:

看了伦河镇的消息,我想起一则童话:一只螃蟹弄到一个饭团。猴子见了,就用一粒柿籽换了饭团美餐一顿。螃蟹忍着饥饿,把柿籽种在地里,添土、浇水。秋天,柿树硕果满枝,螃蟹便有了一冬的食物。而这时猴子才悟出螃蟹的精明。我以为,伦河的做法颇具这种难得的远见。

3. 解辞式

解辞式即选择反映调侃评论主题的"关键词",进行文字词语的溯源解读。这种开头由于引文溯源不像借喻式那样生动,会给人以考据之感。在哈尔滨市郊区有个拉林村,那里的农民攒了一些钱,想发大财,竟然想和哈工大机器人中心合作,后来还真的生产出来先进的机器手,卖给秦皇岛玻璃厂。记者为《拉林村生产机器人了》一文写评论,紧急时刻只好求助词典,写了一篇言论《说"胆"》。

《素问》说:"胆者,中清之府,号曰将军。""凡十一脏,皆取决于胆。"可以说胆气升发独占鳌头,预示着生气的健旺,衡量一个人的勇气。三国时的赵子龙、姜维皆"胆大如斗",横扫千军万马。如今,小小的拉林村农民胆量也不小,虽然没有把天捅个大窟窿,却悄悄制造出来机器手、清淤机器人,而且第一单就进账 2 300 多万元。学部委员、机器人专家蔡鹤皋说,村长可能是高兴多喝了几杯,下命令造一个能够喝酒不醉的机器人村长来。

4. 剖析式

剖析式即将新闻事实的主要特性或某个侧面幽默地剖析,以揭示其一个重要特性的评论方式。这种招数常见于社论、评论员文章,以及大的热点话题中。

河北赵县南柏舍镇政府大院一群人搓麻将。这一幕被记者拍下。后记者遭不明身份人员围殴,摄影器材被抢,报社司机为护相机被刺伤。评论专家张兰军据此写的《写给赵县搓麻官员的几句心里话》，是一篇典型的调侃评论，用"规劝"的口吻，深刻解剖了个别政府官员不干正事的恶劣行径：

思索再三，我想说几句"心里话"：

其一，你太大胆。想想看，政府大院是何地方？上班时间又意味着什么？谁都明白，公务员上班时间搓麻并不在少数，可为啥人家都平安无事？没别的秘方，无非就是选幽僻之所，择封闭之室，同时，为防拍、防录、防记者，还要窗上帘，壁清扫，屏气凝神而为之。一旦有风吹草动，可随时"全身"而退。谁又像你这样不遮不挡，大大咧咧，到时不被撞上才怪！

其二，你太粗心。既然选择了工作时间、政府大院来搓麻，就应眼观六路，耳听八方，以百倍的谨慎来以防万一。毕竟，现在的记者太"狡猾"，不仅装备精良，更惯于"出其不意，攻其不备"。稍有不慎，或许就要成为其镜中之物，笔下典型。到时，你不想出名都难！

其三，你太不懂人情世故。比如近日山西一煤矿的"封口费"事件，人家那么大的事故，仅靠十几万元就破财免灾，使得诸多记者及媒体俯首帖耳，唯唯诺诺。咱不就是工作时间搓搓麻将吗！到时，花个数百上千，让这些记者"回心转意"，掉转"枪口"，或许就不是啥难事。可惜，你不但没能这样做，还依仗人多势众，反给记者一个下马威。

其四，你不必太悲观。最起码，停职没停薪吧？留得公职在，何惧没钱花？岂不闻有很多高官因种种原因被停职，可一年半载后，又易地任用，官复原职。想想看，人家那么大的官，最终都能"化险为夷"，东山再起，你一个比芝麻粒还小的镇政府人员，想回归"自我"，恐怕也不会太难。

啰啰唆唆，写了这么多。虽言不尽意，毕竟是发自肺腑。唯望老兄看后能细细思量，好自为之。

如今，中国人的思维愈发开放，调侃口气的文稿也泛滥了，让人含笑阅读时得到精深的启迪。有关调侃评论，应用广泛。回顾过去，也偶有调侃之术，譬如毛泽东写的《别了，司徒雷登》，可谓幽默至极，有时间可否拜阅赏析？

D 法纪论

记者讲故事，也要顺从游戏规则，避免踏入雷区。保存自己，才能揭露阴暗。那你就要当一位"新闻律师"喽。你看，网络突发的爆炸性消息，如何辨别真假？传说中见官大一级的"无冕之王"，稍不留神就会引来指责，难也！

D1 网事报道——全媒体实战谋略

有图就会有真相？

新华社记者高洁、李劲峰、刘林盘点 2013 年的一连串舆论反转事件，发现最早上网的一幅幅震撼图片竟然都是假的。譬如：

"医院烤死新生儿"消息发生在 7 月 18 日晚：网友"可爱的腰间盘啊"微博称"泉州儿童医院一个刚出生婴儿放保温箱，因温度太高，活活被烤死"，其配发的数张照片更是触目惊心。一时间，网络上对医院的大规模声讨形成"一边倒"，一位新生儿家长甚至要求立刻给孩子办理转院手续。专业人士认为，婴儿保温箱灼伤婴儿的可能性很小，不可能上到百度高温。19 日下午，泉州质检部门对婴儿生前使用的保温箱完成检测，发现各项指标均符合标准，福建官方初步鉴定女婴死于感染。

"城管打死商贩"报道更为离奇：担架上盖着白布的"死者"、周边一群"家属"戴孝跪哭、闹市区架放花圈"讨要说法"……8 月 3 日，网友上传一组武汉市江汉路"城管打死人"、家属"抬尸"抗议的照片。一时间，网络上针对城管声讨四起。当天下午，这名"死者"突然起身从推车底下拿出矿泉水大喝，说"太热了，受不了"，示意同伴离开。武汉江汉区城管部门事后回应表示，当日城管部门整治违规占道经营，部分商贩不服引发肢体冲突，随后又上演"诈尸"闹剧，以此索要赔偿。

这警示：有图未必有真相。

——摘编自高洁、李劲峰、刘林：《盘点 2013 年那些"狗血"新闻反转剧》，见《新华每日电讯》，2013 - 12 - 05。内容有改动。

进入大数据时代，网络传播速度极快，一篇轰动新闻上网，一时缺乏求证，人们一哄而上，往往弄假成真。那么，新媒体如何追踪真相？全媒体语境下的网事报道如何赢得权威性？

全媒体，是指媒体以文字、图片、图表、漫画、动画、声音、视频等多媒体手段，通过网站、广播、电视、报纸、杂志、书籍、音像、电影等不同媒介形态融合传播。① 这个天才的创意，最早源于玛莎斯图尔特全媒体公司的探索。1999 年 10 月，该公司跨界经营杂志、书籍出版及 17 万注册用户的一个网站，还拥有在美国 330 多家电台播出的一个节目。② 不成想，"全媒体"概念很快被世界主流传媒热捧和嫁接。

2001 年，《沈阳日报》成为我国首家引进全媒体概念的报媒，中国全媒体记者横空出世！这种记者不仅承担着写稿、录音、摄影、剪裁、直播等职能，还要集文字记者、摄影记者、摄像记者、网络记者和主持人于一身，视新闻源为一个舞台，以不同角色去发现和讲述新闻。

但这也令人质疑：在职业分工趋细的大背景下，记者大跨度"全能"似乎是个神话。特别是中国媒体众多网站记者，如何在特定时空变换角色，如愿完成新闻采集和制作，甚至开辟深度原创报道，显然是难以破解的最大难题。

一、全媒体记者角色转换的三个坐标

在全球网络新媒体的冲击下，传统媒体被迫采取两个应对措施：一是面临受众和广告被大量挤压，拼命守住原有的覆盖面和影响力；二是受到网络传播优势和巨大利润空间的诱惑，大举进军新媒体市场，快速培训全媒体记者编辑，奔赴新闻一线。可以说，新媒体逼迫传统媒体转型，逼迫老式记者"回炉"。但是，尽管主流媒体鼓励文字记者摄影，引导摄影记者兼职摄像，可"全能记者"终究难以批量出炉。特别是在现场争分夺秒的境遇里，记者如何以多重角色完成记录、录音、拍照、摄像、主持、直播等重任？该遵循哪些坐标像孙行者那样随意角色穿越？这是不是一种理论构想的天方夜谭？

第一，新闻事件的价值坐标。

新闻价值的判断，是媒体选择策划方向的始点。新闻价值越高，动用的人力、物力和传播手段越多。全媒体记者根据新闻价值坐标转换角色，分为两种情况：

一是通常情况下，依照新闻级别派出记者。那些轰动全球、中国、本地的新闻，媒体往往蜂拥而上，第一时间抢先报道。此时，记者突击队最为奏

---

① ②　参见百度百科"全媒体"；邸书错：《全媒体记者：后报业时代的记者先锋》，载《青年记者》，2011 (5)。

效，即由不同角色的记者专业分工，以各自最擅长的手段和体裁，采集制作获得的各类鲜活新闻。而新闻价值级别较低的，则以单兵记者去独立采集，这就迫使进入新闻源的记者"全能"，在现场根据需要伺机转换角色。

二是特殊情况下，被迫派出单兵记者上阵。尤其是遇到突发新闻，因距离、交通、人脉等缘由，只能有一名记者赶到现场，摄影和视频记者缺位。此时这名记者只能不断角色穿越，以最大能量完成全媒体传播任务。尤其是遇到重大事件，譬如全国"两会"、奥运会、世界杯等，尽管报道十分重要，但因为限定入场名额，甚至拿到一张采访证已属不易，记者只能孤身闯阵，犹如"十项全能运动员"。不仅需携带照相机、摄像机、录音笔、海事电话、电脑装备，还要根据新闻特性选择文字、拍照、摄像或是直播等最适宜的采访方式。这会遇到诸多麻烦，包括单兵记者体能严重透支，采集新闻、上网直播和剪辑制作花费更多时间，无人配合联系后方编辑部，等等，这种超负荷状态显然会令单一记者身心疲惫。

难怪新闻专家对单兵全媒体记者评判：不应该是一种常态。[1] 还有专家描述堪萨斯大学训练学生同时给报纸、电视和网站提供采访作品，结果学生什么都可以做，但都做不好。[2]

第二，新闻现场的时间坐标。

时间，是全媒体记者采集新闻的最大瓶颈。因此，要依照时限情况，制定现场角色转换预案。

一是突发新闻境遇，因为现场瞬息万变，采集时机稍纵即逝，采访角色要灵活多变。倘若是上午发生新闻，记者可以从容进行网上直播、拍照和摄像，剪裁发布，晚些时候撰写文字稿件，甚至有时间还可以链接新闻，或是出手一篇深度报道；倘若是下午发生新闻，就显得紧张许多；倘若晚上发生新闻，则必须要有新闻突击队才能在截稿前完成报道。目前中国主流媒体记者每月发稿底线为22篇，平均每天发稿不到一篇，而全能记者则要发稿、发图、发视频，角色依次穿越转换，怎能不超负荷运转？

二是深度报道语境，记者面临的采访环境十分复杂，甚至暗藏人身危险，编辑部要制定稳妥方案。无论是开展解释性报道、分析性报道，还是连续追

---

[1] 参见陈国权：《气喘吁吁的全媒体记者》，见人民网，2012-01-12。
[2] 参见陈一新：《全媒体记者如何掌"全"》，载《新闻战线》，2011（2）。

踪报道，倘若深度选题重大和敏感，需要找到新闻关键点，架网暗访暗拍，倘若题目涉及面广，则需要团队配合，多角度捕捉新闻群。至于何时何地设点、何种人数配置、何样采集手段、何人变换角色、则需要实地调度力量。

第三，新闻流程的技术坐标。

全媒体记者的采集能量受到技术装备的限定，要从技术支撑能力考虑采访角色变换预案。

全媒体新式流程有两种，一是主编负责制。即记者将获知的文字、声音、图片、视频等新闻制作后，第一时间将报道上传所属新闻中心，主编审定后在网站、手机、广播、电视、报纸、杂志等媒介上立体报道。二是所谓的"主编已死"。即记者将获得的新闻按照不同体裁制作后，发稿时，可不经审定环节，有权按照网络管理级别，输入密码上传文稿、图片、视频、图表、漫画等，直接将新闻内容第一时间送达受众。

2013 年 7 月 1 日，《人民日报》将稿件转化为文字、视频、音频等多媒体形态，总编室增设报网互动编辑室；人民网成立报网互动部，当日推出带二维码"求证"等视频报道，得到读者好评。①

《宁波晚报》率先推出"掌上编辑部"。记者配备一台装有远程编辑系统的 iPad，无论何时何地都可浏览本部门稿件和公共图库，可发文字稿和图片，也可查看报纸的排版进度等；编辑可以实时改稿、签发稿件上版等；总编辑可实时审核稿件并签发报纸大样、掌控采编的全过程。②

这都为全媒体提供了技术支撑。目前全媒体记者已经颠覆了带着笨重的单反相机、摄像机、海事电话等，满身工具的可笑形象，而使用智能手机摄影、摄像、录音、发稿、传片，可谓一机在手，风行天下。随着网络设备的技术飞跃，新闻传输将会愈发便捷。

总体判断，新闻需要全媒体传播，记者难以诸项均达到专业水准，只能一专多能；新闻现场情况复杂，记者团队有序分工仍是主流；记者单兵作战不是常态，但尽量多专有利于补台。因此，全媒体记者除了写作、拍照等传统招数外，也要尽可能精通其他传播手段：摄录剪裁视频，以 DV 讲述一个

---

① 参见于洋：《人民日报"新纸媒"探路：扫二维码看视频报道》，见人民网，2013 - 08 - 01。
② 参见吴明京：《宁波晚报在国内报业率先打造"掌上编辑部"》，见中国报协网，2012 - 09 - 05。

动感的新闻故事①；现场网上直播，以身临其境的现场优势实时播报。这样做，怎能不赢得受众追捧？

看来，记者若想在传媒"混迹"一生，摆脱"本领恐慌"，就转型为全媒体记者吧！

二、全媒体原创新闻策划的三个基石

全媒体像初升的太阳，改变了单一稿件、图片、图像的运送方式，为受众提供融合各媒体形式的精神大餐。虽然在传播原理上没有改变，但在策划质量、采集难度和渠道优势上大为升级。

全媒体有个新动向，即推崇所谓的"原创新闻"报道。其实，这带有明显的传统媒体基因，没有跳出深度报道范畴，只是传播手法改变了。

传统媒体则有一个错觉，就是自认深度、观点是独有的天然优势，居于深度报道、新闻评论的制高点。其实，中国传统媒体的强大传播力来自政治优势，而以网络基础技术为骨干的新媒体，不仅具有即时传播、海量新闻、互动平台，甚至雄厚资金的优势，同时也在深度和观点的原创新闻上突围。诸多新媒体深度报道的成功案例，证实其开始向传统媒体的核心阵地发起攻击。同时，这种态势为传统媒体如何占领固有阵地，以及向全媒体进军，提供了借鉴。

1. 求证新闻内核，确立原创选题

网络采访，因为博客、微博、微信、QQ、论坛、帖吧等大大缩短空间距离，使采访者容易接触到当事人，于是成了传媒流行的手段。郭德纲引起争议的一首诗，马伊琍匆匆写的一句话，都是受众关注的重要新闻。因此许多记者守着张柏芝、章子怡、范冰冰、文章等明星的微信微博，一有动静就立刻发稿传片。当然，网络因是虚拟容易搞错，网络采访也要编织人脉网格，获得交谈机会和内幕新闻，并鉴定新闻来源是否真实。

求证，为何成为全媒体首条门规？一是网上突发新闻，需要辨认事实真假；二是新闻确实发生，需要判定价值大小。假如网上出现快讯《一对情侣

---

① 人在明亮状态下，可保持45分钟左右的精神兴奋，因此全世界的学校一课时为45分钟；人在黑暗状态下，可以保持120分钟精神兴奋，因此电影大片一般不超过两小时。网络视频最佳时间为3分钟以内，因此需要1∶5的原始视频素材制成品。

天台野战双双坠楼身亡》、《广州"伪娘 coser"遭黑人强奸》，你如何应对？是立刻转发，还是等待求证？你浪费时间求证，该报道很快网上爆棚，就被动了。倘若发现是假新闻，还可庆幸躲过；倘若是一条真消息，岂不后悔莫及？

《人民日报》设置"求证"栏目，专门调查网上受质疑的新闻事件。针对传闻"全世界只有 20 多个国家没有实行免费医疗"，刊发《哪些国家提供免费医疗》，发现只有古巴实行真正的全民免费医疗。[①]

温州林春平收购美国"大西洋银行"的闹剧，则是媒体缺失求证导致了假新闻：

2011 年 12 月 20 日，一则《招聘启事》刊载温州某报头版："中国春平集团、英属维尔京群岛春平国际金融控股集团因收购美国某银行，需招聘高级翻译、银行高级经理、副行长各 2 名，年薪 5 万～20 万美金。"这一广告极其吸引眼球，网上炒得沸沸扬扬。

2012 年 3 月，一位旅美华侨发现"这是一场国际玩笑。"《温州都市报》等大篇幅揭露林春平收购银行闹剧的真相；新华社实地调查，发现位于特拉华州的大西洋银行无迹可寻。3 月 13 日，林春平公开道歉。6 月 11 日，温州警方通报，林春平潜逃到广东珠海后落网，目前已被刑拘。

对此，新闻专家娄炜栋、王琳认为：坚守新闻真实的生命线，媒体才能赢得社会公众的尊重。[②]

全媒体原创新闻的选题，具有鲜活、深度、互动、海量等传统媒体难以比拟的传播优势，使其深度报道犹如"导弹"般精准和轰动。譬如《纽约时报》网站 2012 年 12 月 20 日发表的数字化专题报道《雪崩》，选题灵感源于滑雪场的高死亡率，由 6 个故事组成：

打开这篇报道，呈现在眼前的是全屏循环播放的积雪滚落山坡的视频。往下滑动，则能见到记者的文字穿插于视频和图像之间，交互图片、采访视频及知名滑雪者的传记等元素巧妙地融合进去，把故事讲"活"了。《雪崩》系列报道发布 6 天后，《纽约时报》就获得了 350 万页面的浏览量。

《雪崩》使很多人猜想：主流媒体是不是要抛弃"文字加图片"，走上多

---

① 参见杨振华：《"求证"新闻：网络时代纸媒的担当》，载《新闻实践》，2012（8）。
② 案例摘编自娄炜栋、王琳：《媒体被"大西洋银行"绊了一跤——"林春平事件"的媒体反思》，载《新闻实践》，2012（8）。内容有改动。

媒体数字化的道路？

《雪崩》成本十分高。该项目由 11 人耗时 6 个月完成，耗资高达 25 万美元。有资深媒体人指出，类似于《雪崩》这种精致的数字化媒体表达方式，似乎更加适用于纪录片而非新闻。①

《雪崩》，是传统报业对新媒体报道的一次全新尝试，也成为传统媒体融入新媒体的范例。其选题的独特性、分析的深刻性、记述的多元性，令人受到震撼。

2. 激活新闻燃点，追踪事实真相

全媒体为何极易激活新闻燃点？很简单，这是因为其集合了所有传播手段，使新闻获得从未有过的立体受众面。譬如日本福岛发生大地震，NHK 以电视、网络等全媒体形式 24 小时连续报道，访问量是平时的 3 倍甚至 5 倍。震后 12 天，来电大约 6 万 1 千件。②

新闻专家徐澜认为，记者做调查报道，不入虎穴焉得虎子？还原真相，媒体才能获得不可动摇的地位。③ 腾讯对人体器官非法买卖的专题报道，撕开地下卖肾网络的铁幕，让相当多的主流媒体自叹不如：一天，腾讯大浙网总裁傅剑锋看图片报道发现，有座别墅很恐怖，里面既有买肾者，也有卖肾者，手术就在别墅里做，形成一个卖肾车间。网上传言说，有人为了买 iPhone 把肾卖了，还有人为了给女朋友买金项链把肾卖了。于是他组织了一个采写团队，通过搜索 QQ 查到一个卖肾窝点，派记者去里面卧底 10 天，发现卖肾网络渗透全国，一颗肾的行价为 3.5 万元。④ 报道在网络微博传播，"卖肾车间"成为百度最热词条：

2008 年，白某走上了卖肾的道路，但是术后不久，中介突然人间蒸发，白某没了肾，也没有换回一分钱。为了安顿自己，他加入了犯罪团伙。9 名被告人，除了郝某负责开车运输，陈某、殷某一直没有配型成功，其余 6 名被

---

① 摘编自张祯希：《〈纽约时报〉数字化专题报道"雪崩"难复制》，见东方网，2013 - 05 - 21。内容有改动。《雪崩》由普利策获奖作家约翰·布兰奇撰写。

② 参见《NHK 报日地震新闻总达 254 小时》，见凤凰网，2011 - 03 - 25。

③ 参见徐澜：《纸媒要学会互联网生存》，见新浪传媒网，2013 - 07 - 25。徐澜为《钱江晚报》副总编辑。

④ 参见傅剑锋：《新媒体的内容布局与趋势——以腾讯网为例的观察与思考》演讲记录，2013 - 12 - 13。

告均已把一个肾脏卖了出去。公诉机关认为，被告人吕某、沈某、向某、白某等9人的行为已构成组织出卖人体器官罪。

为了几万块钱，摘掉自己的一个器官，值得吗？杭州浙大医院一名内科主任医生告诉记者，人体的两只肾脏是交替工作的，如果只有一个肾脏，这只肾脏即处于满负荷工作状态，易出现问题。[①]

该报道从采访手段来说，以打入潜伏、暗访暗拍等方式，其实是沿用传统媒体的深度报道套路。但因其新闻采集的原创性，传播渠道的全媒体化，吸引受众点击6亿人次，这是老媒体叹息不及的。

3. 分析网调舆情，发布观点评述

网络媒体同样要以观点树立权威性。因为评述新闻事件，是报道揭示新闻深层规律和特性的重要环节。

网调，是针对热点新闻链接的网络调查。在网文后边往往会链接几项问卷题目，这是全媒体报道的一个常规设置，但对其结果进行舆情数据分析，则类似于一种深度报道。譬如《刘铁男被查，网民怎么看》，是《中国青年报》对国家发改委副主任刘铁男被查的网络调查报道：

5月12日11时，监察部发布了"国家发改委副主任刘铁男涉嫌严重违纪正接受组织调查"的消息。这条短到33字的消息并没有抑制网民讨论的热情。

中青舆情监测室统计显示，截至5月13日14时，主题新闻已达3 210篇，微博平台上，主题微博达1.6万条。抽样数据显示，31.7%网民关注"情妇反腐"，但不再是简单的嘲讽，更多的是反思。

另一个值得注意的现象是，33.1%的网民更关注实名举报以及制度化反腐问题。在抽样数据中，15.8%的网民认为实名举报让官员接受公众监督，是防止腐败的有效手段。网民"乐百事BEN"认为，刘铁男"不是第一个，也不会是最后一个，也不会是最大的一个。靠人民监督才是正道"。[②]

该报道围绕刘铁男案件分析了舆情数据，评估了真实民意。这说明，全媒体报道策划也要追踪效果。网调，是检验媒体影响力的测量表。

网络讨论，有助于辨明是非。2013年12月20日，新华网济南新媒体专

---

① 摘编自施宇翔等：《杭州"卖肾工厂"案开审 独家连线卧底拍客》，见大浙网，2013-02-21。内容有改动。

② 摘编自李丽等：《刘铁男被查，网民怎么看》，载《中国青年报》，2013-05-14。内容有改动。

电播发记者吴书光报道：山东省东营市广饶县一居民因收快递而中毒抢救无效死亡，同时有多人出现中毒症状。"夺命快递"事件引起国人震惊！CCTV、香港卫视、深圳卫视等纷纷通过访谈节目、网络直播、手机微信等全媒体手段，开展"快递要人命，你的包裹安全吗?"等专题讨论，表达了媒体的真情关切和负责态度。很快，圆通速递公司被查处。

"征收遗产税即将提上日程"报道，则是因主流媒体引导讨论而获得的一次意外成功：

2013 年 9 月 23 日，一则关于"征收遗产税即将提上日程"的消息，被媒体海量转载。可国务院参事网于 10 月 1 日刊登了《国务院参事刘桓声明》，明确否定。但新闻史上吊诡的一幕出现了：一则假新闻不仅未见平息，反而主流传媒围绕着征与不征、何时征收、起征点几何、国外征收经验等，舆论热度持续不减。新华社也针对涡漩话题，把不同观点呈现给受众，没有回避我国贫富差距加大的现实，没有回避开征遗产税引发的巨大争论，引发受众进行澄彻的思考。[①]

目前，《华尔街日报》、《今日美国》、《纽约时报》等世界大报都在头版把记者采写的诸多文字、图像、声音等"链接"到网络上。受众可以在报社网站、记者博客上深度阅读。这种报网互动，是新闻事件的全媒体传播。其引起的受众互动，远远超过单一传统媒体的覆盖面，赢得了受众信赖。

全媒体不是伪命题，而是刚刚登场的主角。试想，融合所有传播手段报道一件新闻，力量该多么大？网事报道，让人们看到未来传媒的巨大潜力，难以估量！

---

① 摘编自吴晓燕：《一篇失实报道缘何被"爆炒"——来自遗产税报道热潮的沉思》，载《报道》，2013（12）。内容有改动。

D2 情报新闻——布网盯住新消息

"水门事件"的"深喉"马克·费尔特。

1972 年 6 月美国大选期间，有 5 个人潜入华盛顿水门饭店，那里是民主党的全国总部。可是警卫很机灵，将这 5 人当场逮住。

《华盛顿邮报》的两位记者去采访这起盗窃案。鲍勃·伍德沃德和卡尔·伯恩斯坦惊讶地发现其中一人来自美国中央情报局！

就在他俩愁于没有线索时，突然有人主动电话接触，提供证据，说这 5 人在民主党总部安装了窃听器。

哎呀，大新闻！由于有内幕线索，《华盛顿邮报》频频刊出独家新闻。主编布拉德利顶住国家司法系统的巨大压力，揭露出一个惊天大案。

"水门事件调查委员会"要求总统尼克松交出录音带。1974 年 7 月，美众议院以"妨碍司法调查"为名准备弹劾尼克松。1974 年 8 月尼克松被迫承认违宪而宣布辞去总统职务。

《华盛顿邮报》一直拒绝透露告密者的身份，引用当时一部知名色情电影《深喉》的片名，作为告密者的化名。其实有 4 个人知道"深喉"是谁———记者伍德沃德和伯恩斯坦、主编布拉德利，还有"深喉"自己。

2005 年 5 月 31 日，《名利场》杂志突然抖出这一惊人内幕，水门事件内幕的泄密者，是当时的联邦调查局副局长马克·费尔特。

这引爆了一颗"新闻原子弹"！

91 岁的费尔特原打算将这个美国历史上最大的政治秘密带进坟墓，但 30 多年的心理重压终于挤垮了他最后的心底防线：1999 年，费尔特将其密友拉各德叫进自家的浴室里，打开水龙头，然后语出惊人地告诉他说："我就是让尼克松下台的'深喉'!"拉各德目瞪口呆!

2002年,拉各德忍不住将真相告诉了费尔特的女儿乔安。震惊不已的乔安立即找老爸对质。无话可说的费尔特终于向女儿承认说,他就是"深喉"。费尔特又把儿子小马克叫来说:"我从来不觉得身为'深喉'是多光荣的一件事!"

当年,促使费尔特披露水门事件真相的诱因是一起人事纠纷。水门事件发生前,联邦调查局局长胡佛突然去世,费尔特希望接任局长职位。但未曾料到尼克松任命了助理司法部长格瑞,费尔特的希望破灭。在此背景下,费尔特开始与记者接触,提供相关线索,条件是不能透露消息的真实来源。

——摘编自吴建友:《"深喉"马克·费尔特》,见光明网 BBS。内容有改动。

这一故事对解读水门事件不可磨灭的贡献在于,它改变了美国和世界新闻业的传统,使情报消息来源登上大雅之堂。"深喉"从此成为这种情报新闻报道的代名词。

约瑟夫·普利策曾对当时的美国总统西奥多·罗斯福政府提出质疑,确立了"政府和总统都要受舆论监督"的理念,他特别强调记者也是侦探。因为法律法规的导向,人间正义感的召唤,受众对难以获知的情报天然地有一种不可抑制的欲望。这像是一种神秘的兴奋剂,也催促媒体"狗仔"四处嗅味狂奔。缘何?情报中有新闻也。

中国"财经记者第一人"胡舒立,曾以《基金黑幕》一文引发中国证券市场的大地震。对此,她在北大授课说到此稿的学术价值时,有学员与其讨论过一个前沿理念——情报新闻。

这个概念可谓是媒体的一个绝技,犹如武功秘籍中的降龙十八掌。

广州、北京、成都、重庆、上海和南京成为媒体大战的6个漩涡。追寻其中奥秘发现:媒体竞争的一个焦点,是看你获得情报新闻的网络强弱;记者比拼的一个关键,是看你获得情报新闻的招数多少。这诱人遐想:新闻和情报二者有何区别与联系?新闻人如何在情报中寻找猛料?可谓趣味幽深。

一、新闻与情报的异同

某报接到一位详知内情的济南公职人员的"情报":在高考中,山东省曹县80名考生经人组织移民到西藏,在林芝地区八一县第一中学考试。该报记者据此采访并核实这一新闻，曝光了这起违纪事件。2007 年 8 月 13 日，湖南湘西土家族苗族自治州堤溪大桥垮塌，也是凤凰县公务员将现场死伤人数"情报"私下透露给媒体，从而成为爆炸性新闻得以传播。这说明，新闻和情报有着密切的关系。

新闻，是能够引发受众萌生知情欲望并具有大众传播价值的新信息。

情报，是获得具有保密性质的有关信息并加以研究得出的成果。它以文字资料、声音资料、图像资料、实物资料等为载体，按照内容和性质分为军事情报、政治情报、经济情报、科技情报等。

情报和新闻是一对既有区别、又有联系的统一体：

1. 新闻和情报的性质不同

新闻是受众关注的新信息，具有公开性。它必须通过报纸、广播、电视、网络、手机等媒体运送传播，实现新闻价值，由此它归属于新闻业。而情报是为某一专门部门和特殊人士提供的信息，具有保密性。它以相应的国家法律、情报机构来保护和调控其扩散的密级，由此它归属保密系统。因此新闻和情报属于两个不同的范畴。

2. 新闻和情报的对象不同

新闻满足的对象是大众受众，新闻价值越高，信息扩散面越广，因而新闻媒体都想方设法捕捉独家新闻，扩大受众群；而情报服务的对象是特殊人群，情报价值越大，保密档次越高，因而情报部门的职责是使获知的人数稀少。当然，越接近核心情报，其新闻性越强，但防范措施也越严密，情报也更难以变成新闻。

3. 新闻和情报的功能不同

新闻是以传播有价值的信息形成某种导向，去感染普罗大众；而情报则是以各类特殊信息去为国家、部门、企业和个人的专项指令服务，去构成特定圈子。

然而，新闻和情报又有同一性，即双方本质上都是信息。情报大都具有新闻性，越是保密级别高的情报，往往新闻价值越大。只是限于法律法规等种种原因，不可作为新闻公开传播罢了。一方面新闻以情报为重要来源之一，另一方面情报又可以从新闻中搜寻到自己需要的资料，形成情报线索或情报成果。这证明二者相互依存，在一定条件下可以转化。后半句话很重要，强调"一定条件"。

情报新闻，是指新闻范畴和情报范畴在外延上相互交集时，所重叠的部分就显露出新闻即是情报，而情报即是新闻，是能够引发受众萌生知情欲望并具有大众传播价值的新信息。

情报新闻是最有价值的新闻，散发着令受众不可抗拒的魅力。从情报中挖取新闻，颇具诱惑。因为情报是分等级的，从普通图书文档情报，到科技军事机密，越秘密，就越刺激，越具新闻性。西方记者则往往热衷于搜寻"高档情报"，无论是国家机密，还是总统隐私，一律可以构成新闻报道，只是面对防范森严的"保密墙"，往往只能望洋兴叹。1956 年 2 月 25 日，赫鲁晓夫在苏联共产党第二十次代表大会上反对斯大林的秘密报告《关于个人崇拜及其后果》，是"绝密"。但因波兰党总书记爱德华·奥哈布的疏忽，被以色列特工辗转得到，将此作为厚礼献给美国中央情报局。美国《纽约时报》全文刊登，自由欧洲之声电台也滚动播出这一绝密报告。情报变成了重大新闻！[①]

最高情报关系到国家和民族的切身利益，以及公民的个人尊严，任何国家都不会允许媒体无限制地将情报变成新闻。因为放任自流，必然会给社会或者个人带来某种损害。中国的情报管理和西方有着截然不同的情形。因此研究这一课题要从中国的实际情况出发，才有可靠的参照物。

二、情报新闻主要类型

1. 解密情报新闻

解密情报新闻指某一情报在泄密或解密边缘的极短时间里，成为引发受众萌生知情欲望并具有大众传播价值的新信息。曾经有一篇通讯叫《被一个女人打倒的"造假大王"》，说的是 2002 年中央财经大学研究所的研究员刘姝威与上市公司蓝田集团的纠葛。这一事件在情报新闻的角度上分为两个时态：(1) 保密时态。刘姝威在研究上市公司蓝田集团的时候，得出一个结论：这

---

① 参见曾文经：《传媒的魔力》，108～111 页，北京，时事出版社，2001。

家公司是个"空壳"。为此，她写了一篇 600 字的报告，在机密级刊物《金融内参》上作为情报加以刊载，建议立即停止对蓝田股份发放贷款。此时情报是保密的，不可作为新闻扩散。(2)解密时态。按理，这是一份保密要求很高的刊物，但蓝田集团的总裁瞿兆玉却很快手持这份刊物，找到刘姝威"算账"，宣布"1 月 23 日是你（刘姝威）的死期"。而刘姝威坚定地认为，蓝田套牢银行十几亿元贷款，自身空壳，迟早会倒。这一情报在蓝田公司得到机密文件后，已经泄密和解密。因此媒体此时争先恐后进入新闻源，尤其是CCTV 连续进行人物专访，一时间全国舆论沸扬。刘姝威成为"2002 感动中国"第一人。[1]

2. 隐私情报新闻

隐私情报新闻指某人不愿公开的隐秘，在一定条件下被传媒发掘，成为引发受众萌生知情欲望并具有大众传播价值的新信息。它有两种类型最为受众关注：一是"性丑闻"，即由于不正当性关系被大众传播曝光的新闻。如美国总统克林顿与白宫女实习生莱温斯基的性丑闻，最早是白宫秘书特里普将莱温斯基苦闷的谈话暗自录音后，提供给了《新闻周刊》记者米歇尔·伊斯科夫，直到 1998 年 9 月 9 日独立检察官斯塔尔将调查报告交给国会。虽然克林顿一再否认，但莱温斯基称愿意拿出一条沾有克林顿精液的短裙，才使克林顿彻底服软，向美国人民公开承认错误。二是"金钱犯罪"。越是公众人物涉嫌贪污，越会形成舆论漩涡。日本《文艺春秋》杂志于 1974 年 10 月 10 日披露了洛克希德公司曾经向田中角荣首相行贿巨资，引发日本朝野震动。11月 26 日田中角荣被迫辞职。1977 年 7 月 27 日田中角荣被捕，1983 年 10 月12 日被判处有期徒刑 4 年，罚金 5 亿日元。

隐私情报转变为新闻，是受法律、法规、条例和社会道德规范限制的。香港《东周刊》2002 年 11 月将影星刘嘉玲多年前被黑社会绑架逼迫拍下的裸体照片，当作鲜活的新闻刊登在封面上，对该隐私情报进行公开炒作，企图扩大影响并得到经济效益。这引起刘嘉玲和香港演艺界人士的强烈愤慨，以"天理不容"为题召开了声讨大会，梅艳芳、成龙、郑裕玲、曾志伟等纷纷痛斥《东周刊》的恶意做法，呼唤香港形成正义风气。最后《东周刊》公开道歉，并被香

---

[1] 参见张洁、吴征主编：《调查〈新闻调查〉》，北京，文化艺术出版社，2006。

港政府有关管理部门认定为三级淫秽刊物。陈冠希"艳照门事件"涉及几十位女明星,"艳照"网上横流,隐私惨遭曝光。这种行径也被世人谴责。

3. 报料情报新闻

报料情报新闻指媒体得到的报料情报,是能引发受众萌生知情欲望并具有大众传播价值的新信息。它分为电话、传真、邮件、线人等即时新闻线索。《生活报》曾获得哈尔滨铁路内部的一条"情报":海伦火车站货运大量丢失。但丢什么、丢多少,铁路部门拒绝向媒体透露。无奈,记者前往当事商场打探。由于商场经理们不敢透露内情,记者便依据新闻管理法规和条例,巧妙侦查,追踪采访,摸清商场丢货确有发生。最后发现这一带发生货物失窃400多起,失窃金额高达几百万元,当地百姓说:"除了骨灰盒,啥都丢!"海伦商业大厦从北京盛锡福制帽厂发来的150顶高级皮帽,到货后箱子撕开大口子,只剩下空盒。丢的都是每顶400元以上的水獭、狸獭高档帽。某商店提货时发现电视机没了,顶替的竟是一堆砖头。海伦塑料厂两车皮100吨的聚丙烯,居然途中被盗贼办理"改线"手续,蒸发了。

记者迅速写成《大动脉在失血》一文,见报后,公安部门据此抓获30余名犯罪嫌疑人,打掉了这股恶流。这给人们一个启示:部门情报管理必须服从国家的《宪法》、《保密法》、新闻法规和保密条例,不可将部门利益和丑闻当作情报加以封锁。情报新闻能够带来良好的社会效益,进行大众传播乃天经地义、合情合法。

4. 文档情报新闻

文档情报新闻指以文件档案等形式载录的情报,是能成为引发受众萌生知情欲望并具有大众传播价值的新信息。包括社会各部门有保密性质的文件、读者来信提供的新闻线索、历史档案里隐藏的新闻猛料等。文档情报转变为情报新闻,在不同的国家有着不同的法律界定和理解。在我国,文档情报转变为新闻,要得到有关管理机构的授权,否则视为违法或违规。意大利女记者奥莉娅娜·法拉奇以写著名政治人物的访问记蜚声于世。她采访过越南战争、印度和巴基斯坦战争、中东战争和南非动乱,两次获得圣·文森特新闻奖,被人们誉为"世界第一女记者"。她每次采访前都要阅读几十公斤甚至上百公斤的文档材料,尤其是第一时间解密的文档情报。由于史料十分珍贵,因此报道内容精彩，情节引人入胜。这些材料大都是具有相当保密级别的文档情报，当然这种做法事先得到了最高权力部门的认可。

三、情报新闻搜寻原则

1. 坚持法纪原则，挖掘情报新闻

情报不可能成为皆可发布的新闻，新闻也不允许随意选取任何级别的情报去传播。因此，从情报中挖掘新闻，必须从维护国家和民族的利益出发，为促进社会经济和文化的发展服务。

我国根据《宪法》第五十三条、五十四条，制定了《保密法》、《新闻出版保密规定》。《保密法》第三、八、九、十、二十至二十六条明确规定，属于国家机密和私人、家庭单项调查资料，非经同意，不得泄露。这个界线不得逾越。《新闻出版保密规定》也规定"新闻工作者必须在宪法和法律的范围内活动，自觉遵守宪法、法律和宣传纪律"，"严格保守党和国家的秘密，自觉维护国家的利益和安全"，"通过合法和正当的手段获取新闻"。

然而，情报的范围是广泛的。从图书资料情报到国家核心机密，除受法律保护不得扩散的情报外，仍有大量的情报信息可以作为新闻来报道。每天令人眼花缭乱的经济、科技、文化等情报信息，大都可以形成新闻。只要捕捉快捷准确，都可以成为有影响的报道。1999年1月4日傍晚6点50分，重庆市綦江县跨越长江支流的綦江人行彩虹桥轰然垮塌，40人落水遇难。而该县领导却制定了封锁消息的"四不准"，将这一重大灾害新闻强行变为"情报"管理，严禁议论和接触记者，严重者开除公职！然而，CCTV、新华社、《人民日报》、《光明日报》、《法制日报》、《中国青年报》等各大媒体依据国家有关法律和条例，冲破封锁，对这起"豆腐渣工程"进行了追踪报道。綦江大桥惨案的直接责任者统统受到法律的严惩！这说明，媒体和记者按照宪法、新闻条例的要求，在法律法规保护范围内从事新闻采集传播活动，对情报新闻进行扩散，是得民心的。

2. 坚持核实原则，报道有理有据

核实，这是深度分析的过程。目的很简单：查清来龙去脉。《财经》杂志的例行做法就是规定记者搜集情报新闻必须同时搜集证据，并且在刊发前由

法律顾问审阅签字，方可发表。倘若未经核实，新闻媒介将初始情报新闻原封不动地刊载出去，显然是不负责任的做法。在法律日趋完备的今天，甚至会招致某些"官司"，踏上"雷区"。如 2003 年 5 月 22 日，某报登了一篇《警察鸣八枪镇住百人群殴》的新闻。郑州市公安局迅速调查，真实情况荒唐离奇：聘用记者朱某 5 月 19 日晚在家中用一部电台接通警方频率，偷听到 110 夜巡民警在处理一起打架事件，由于电台中人声嘈杂，朱某便猜测发生了聚众械斗，编撰出一篇失实报道。由于其触犯了《治安管理处罚条例》第十九条第五款之规定，公安机关依法予以行政拘留 15 天的处罚。朱某尝到了"新闻"没有核实的苦果。

3. 坚持解密原则，传播节奏分明

这是记者和媒体捕捉情报新闻最妥当的办法。尤其是边缘情报新闻的报道，报纸既遵守新闻出版条例，属于法律法规保护范畴，排除了不必要的纠纷和连带责任，又能以新闻事实的内在力量赢得读者和社会各界的热切关注。哪些情报新闻可以公开报道？哪些不能正式传播？哪些新闻可搞系列追踪？要进行周密的策划，使报道节奏分明。有关情报新闻事实认定后，是否报道？这是编辑部要审慎辨别的问题。在目前社会诸多矛盾激化的情况下，筛选报道题目，前提是有利于社会安定。比如某些特殊敏感问题的纠葛情报，如果舆论上加以炒作，容易激化某种不安定情绪，媒体尤其需要慎之又慎。因此说，对情报新闻的策划，一要选择热点难点问题可能得到破解的题目；二要选择上级机关和有关部门没有重视、经报道会对该事例有正能量推动的情报新闻；三要选择符合相关法律和报道条例、能够带来轰动效应、便于全景策划的报道题目。

4. 坚持效率原则，编织灵敏网络

情报新闻是媒体的降龙十八掌，是争夺生存空间的绝招。媒体你死我活地争夺生存空间，必然要倾力挖掘情报新闻，以满足受众的胃口。其寻找过程和制作招数成套成组，环环相扣，关键是编织搜集情报新闻的灵敏网络：(1) 编织常规网格——情报员。《法制晚报》等媒体将北京按照 5 公里的直径划分为 17 个区域，每个区域配备 1 名记者，一旦突发新闻，保证 30 分钟能赶到现场。这对于记者布点网格化，抢发突发情报新闻有启示。(2) 设立特

别队伍——突击队。一些重大的情报新闻，要有功力深厚的记者去突击报道；一些暂时处于秘密搜集状态，等待解密的情报新闻，也需要机动记者去长期跟踪。（3）布控内线人员——卧底者。情报新闻的捕捉难度你可以尽情想象，没有特殊渠道，简直是异想天开；设置卧底者，乃必然也。（4）确立编辑主导——指挥者。围绕版面，编辑以 7 天为一个周期，提前策划一定数量的报道选题，便于总编辑和总编室心中有数，削峰平谷，均衡选稿。每个版面要有 10 条新闻和 1 张图片，即"10＋1"。这就逼迫编辑必须催促记者抓来大量鲜活的情报新闻，以填满版面；记者则要尽快向编辑汇报，明确该情报新闻在当天版面占何位置，并寻求人力物力的援助。这无形中确立了编辑的主导地位。

看来，情报新闻是靓女帅男，牵引着读者的视线。如果你轻视它、蔑视它，甚至用冷漠的眼神来打量它，只能证明你是"傻瓜里的天才"。

D3 批评报道——证据确凿揭真相

"把写稿的交出来！把朱文娜交出来！"凶巴巴的声音让人胆战心惊，甚至让见过世面的记者们惊恐，感到脊梁冷风嗖嗖。

这一幕，竟然发生在北京《法人》杂志编辑部，威吓催逼的是来自辽宁西丰县的公安干警。这发生在公元 2008 年 1 月 4 日。

原来，2006 年西丰县要兴建东北土特产品交易中心，女企业家赵俊萍拥有的沈丰加油站被列入拆迁范围，评估值为 364 万元。据说是数额太高，开发商不同意。于是，县拆迁办又组织第二次评估，价值仅为 22 万元！两次竟然相差了 340 多万元。赵俊萍不同意，未果。

2006 年 5 月，沈丰加油站被违法强制拆除。赵俊萍三番五次找有关部门要求解决此事，但有关部门和主管领导让她找县委书记张志国解决。而张志国十分坚硬地告诉她说："你还想在西丰混不？要想混，就别跟我提拆迁补偿！"

生性倔强的赵俊萍跑到省里反映此事。两位省级领导均批示：请西丰县政府依法解决沈丰加油站拆迁补偿问题等。

接到省领导批示后，张志国在全县经济工作会议上表态：不能给赵俊萍补偿，赵俊萍的两个加油站都不准开业，要把赵俊萍的企业从西丰县地图上抹去。

3 天后，西丰县公安局称接到举报，反映赵俊萍的自选商场涉嫌偷税，对赵俊萍立案侦查，在西丰县电视台播发消息通缉赵俊萍。同时将赵俊萍的加油站、自选商场查封。

赵俊萍正在沈阳治病，得知自己成了通缉犯，激愤之下根据西丰的市井流言，编了一条短信："辽宁西丰有大案，案主姓张是正县，独霸西丰整六年，贪赃枉法罪无限。大市场藏案中案，官商勾结真黑暗，乌云笼罩西丰县。"

这则短信给赵俊萍带来更大的压力。西丰县公安局当即以涉嫌诽谤罪立案侦查，将参与发短信的赵俊萍二姐等人抓捕，并对赵俊萍的父母实施控制。

赵俊萍于 2007 年 3 月 15 日，携带张志国涉嫌违法的举报材料进京，打算向中纪委反映情况。但她还没递出材料，3 月 21 日就被西丰警方从北京抓回。

10 月 30 日，赵俊萍被羁押 7 个多月后，西丰县法院开庭审理赵俊萍涉嫌"偷税、诽谤"罪一案。

法院迟迟不下判决。就在审限期满之际，检察院搞了一个撤诉。按法律规定，撤诉应释放犯罪嫌疑人。但检察院不放人，而是要求西丰县公安局重新侦查。

《法人》杂志记者朱文娜闻讯深入采访，撰写了《辽宁西丰：一场官商较量》一文，2008 年 1 月 1 日刊发，从而发生了本文开始的那一幕。

——摘编自朱文娜：《辽宁西丰：一场官商较量》，载《法人》，2008（1）。内容有改动。

公安进京抓记者事件，立刻引起海内外媒体的强烈反响，张志国被网友称为"最牛县委书记"。后来，西丰县撤销了拘传令，县委书记张志国被撤职。《法人》杂志老总王丰斌发表声明："舆论监督报道遭遇诽谤立案，新闻记者遭遇警察拘传，这不仅是新闻媒体的悲哀，更是现代法治社会的一个耻辱。在此，我们由衷地希望发生在朱文娜记者身上的噩梦永远成为过去。"

一个媒体，是否敢于涤荡阴暗浊流，百姓翘首。

一个记者，是否敢于揭露龌龊丑陋，牵动眼球。

普利策说：媒体是人类航船上的哨兵，天赋其职是批评。没有批评的媒体，是软弱的；缺少批评的媒体，是胆怯的；放弃批评的媒体，是被鄙视的——它无异于黑势力的帮凶。

当媒体以无情的眼光盯住社会的丑恶之时，俨然是一位魅力四射的斗士。2006 年 6 月 5 日，《深圳特区报》在 A1～A4 版推出《下梅林露天集市藏污纳垢》大型批评报道。照片上，夜幕下灯火中的"集市"规模浩大场面混乱，令人触目惊心，这一鲜为人知的城市管理死角曝光。

批评报道，是针对给社会造成某种损害的新闻事件和人物而进行的是与非的客观采写和大众传播过程。有人类，就有批评。无论是好人失误带来的损害，还是坏人掠夺而制造的悲剧，只要是对社会进步和民众幸福形成某种威胁，皆属批评之列。然而，百姓叹赏的批评报道，如今却步履维艰，像是踏入仙雾缭绕的幽谷，嶙峋兀险，慑心撼神。幽谷中，涉及批评报道的原则、技巧等，亦属探险物语。

一、批评报道幽谷险境

媒体的天职是社会监督。曾任昆明市委书记的仇和讲得好："媒体就是社会的保健医生，她的职责主要是帮助社会发现问题和解决问题。"但媒体要履行保健之责，却步履维艰。

王才民①，是中国新闻史上被忽视的一位"批评大师"。40 年新闻生涯中，他不仅写下有关松花江 8·18 沉船、大兴安岭大火、"乔四"团伙、哈尔滨 3·15 银行大盗等事件的轰动性报道，而且他一贯疾恶如仇，时常拍案而起，疾书笔触犀利的批评稿件。《无私无畏的女民警》得罪一个地区级领导，竟然发生了官员将记者告到省委、中央的怪事。后经查实，给了那位领导党籍处分并调离工作，一场黑云压顶的风波才算平息。《疯女之怨》发表后，发生了记者与执法者旷日持久的"官司"，历经几届省委书记、省长，此案一直打到最高法院和全国妇联，王才民坚持的正义才终见阳光，坏人才被送进监狱大牢。

王才民搞批评报道遭遇了不少磨难，可一遇到邪恶他就一跃而起，冲上去！他无数次乔装打扮亲历犯罪现场，获取第一手素材；敢于以乘客身份面对面采访横行在列车上的车匪路霸，写出《"红胡子"卖烧鸡》的现场报道；甚至面对两名歹徒行凶，挺身而出和路人一起擒贼救人；尤其是退休后，面对五常市委书记、市长引入"刀枪炮"黑恶势力，不许啤酒经营者到厂家和市外进货，发生个体户孙兆波被连捅 7 刀这样震惊社会的血案，他写出了"酒霸"报道。可是想不到黑恶势力竟然派"潘小二"等数名杀手，进入冰城来取王才民的项上人头。面对大权在握的官员与亡命歹徒的巨大压力，王才民毫不退缩，4 年里在《人民日报》、《法制日报》、《生活报》等连续发表数十篇揭露稿件，最后经黑龙江省纪委、监察厅会同省公安厅、审计厅等联合调查，将原五常市委书记、市长等 8 人分别给予党纪政纪处分，五常"酒霸"顷刻覆灭。②

---

① 王才民，1937 年生，辽宁西丰人。原黑龙江日报高级记者。因为王才民得罪诸多黑恶势力，公安部门曾经特批他佩戴一支手枪。

② 参见王才民：《政法报道 20 年》，见《黑龙江日报 65 年 65 人》，223～239 页，哈尔滨，黑龙江日报出版社，2010。

资深记者赵钊认为："国际重大赛事设有一个'敢斗'奖，如果我国也设一个这样的奖的话，我看王才民将当之无愧。"[①] 如今，76 岁的王才民依然精神矍铄、斗志昂扬、宝刀不老，这位坚定的布尔什维克，令后辈记者高山仰止，充满崇敬。

1. 新闻批评尚缺特许，法律空白

新闻批评的特许权，是新闻采访的一个重要前提。《宪法》第二十七条规定，一切国家机关和国家工作人员必须"接受人民的监督"，这给予公民监督权力。《中国新闻工作者职业道德准则》规定："勇于批评、揭露违背人民利益的错误言行和消极腐败现象，积极、正确发挥舆论监督的作用。"以政策形式保护记者的人身安全和采访无碍。

2010 年 3 月 5 日，温家宝总理在政府工作报告中强调："创造条件让人民批评政府、监督政府，同时充分发挥新闻舆论的监督作用，让权力在阳光下运行。"深圳市委领导也曾提出新闻媒体开展舆论监督的"三光"理念：通过媒体，把问题和丑陋的东西暴露在"阳光"下；把政府的工作置于群众的"目光"下；舆论监督要像"激光"手术一样，帮助政府以较小的代价，迅速解决社会发展中的问题。2004 年 12 月 30 日，深圳市人大常委会通过了《深圳市预防职务犯罪条例》，规定"新闻媒体依法对国家工作人员履行职务的行为进行舆论监督，并对其宣传报道负责。有关单位和国家工作人员应当自觉接受新闻媒体的监督"，在全国首次将舆论监督权写进地方法规。

2008 年 12 月，《昆明市行政效能新闻监督制度》出台，规定在市纪委、市监察局设立新闻监督办公室，通过群众投诉举报等渠道收集线索，采取明察暗访等方式进行调查核实，经审核同意后播出或刊发，并对曝光的问题进行跟踪督办。但是，这在纯粹的法律强制力上，还限于专门的新闻监督办公室进行的"统筹监督"，并没有直接赋予媒体进行批评报道的"特许权"。2009 年轰动一时的"躲猫猫"事件也证明，舆论监督没有法律"特许权"的强制力加以保护，难以奏效：

24 岁的李荞明因盗伐林木被刑事拘留，进入云南晋宁县公安局看守所后

---

① 赵钊：《似有剑气涌笔端——王才民其人其事》，见《拍案集》序，哈尔滨，哈尔滨出版社，1994。

于 2 月 8 日受伤住院，4 天后死亡。当地警方解释说，他是在同监室狱友玩"躲猫猫"游戏时，因为蒙着眼睛被狱友踢打后撞到墙壁受伤。这一答案引发网友强烈质疑，"躲猫猫"立即成为流行词语。19 日，网民调查团在经历尴尬的调查后，铩羽而归，真相未明。

27 日下午，云南省检察机关、公安机关才公布了"躲猫猫"事件调查结论：李荞明系因同监室在押人员殴打，头部撞击墙面，导致受伤、死亡。依照有关规定，已对相关责任人进行了处理，3 人遭撤职，1 名民警被辞退。

批评报道的深层阻力来自某些官员，普通百姓怎能弄清楚真相？

某些官员将媒体看成"粉饰太平、扶助升官"的工具。譬如：

中国之声《新闻纵横》2009 年 6 月 17 日 7 时 41 分报道，河南郑州市须水镇西岗村原本被划拨为建设经济适用房的土地上，竟然被开发商建起了 12 幢连体别墅和两幢楼中楼。日前，中广记者任磊萍、河南台记者何岩赶赴郑州进行了深入调查采访。当记者要求主管信访工作的副局长逯军对于他们出具的信访处理意见进行解释时，这位副局长却向记者问了这样一个问题："你是准备替党说话，还是准备替老百姓说话？"

这显然把党和老百姓相互对立起来，似乎替党说话，就不能替老百姓说话；这一糊涂的提问也暴露了某些官员对批评报道的真实态度。一时间，该新闻监督事件引起全国舆论大哗。

新闻批评"特许权"，是指依照新闻传播需求，在法律上支持媒体和记者为了公众利益对被批评方进行的采访、撰写和传播不受拒绝和干涉；对社会丑恶现象进行有力的抨击和鞭挞，其细致描绘和人身安全受法律保护。这一点在司法度量和新闻批评实践中，迫切需要尽早授予。所说的"特许权"，不是超出法律允许范围的"特殊权"，而是新闻媒体代表公众意愿行使"知情权"的必要前提。目前新闻媒体那种"无冕之王"的传统理念，已经遭到怀疑。"宪法并未明确设定新闻监督权，甚至没有出现'新闻监督'一词。""我国目前还没有一部专门的立法对新闻监督进行专门规定，这与新闻媒体作为'第四权力'的身份并不相符。"[①] 因此在新闻法律尚不完善的情况下，批评报道承受着重重压力：一是拒绝采访的情形增多。人们发现记者并不高贵，采

---

① 翁萍萍：《法治视野下的新闻监督》，见《首届中国新闻法治建设学术峰会获奖论文集》，67 页，2013。

访并不神秘，拒绝你并不犯法。法律容忍这种选择，不理睬你，没商量！甚至出现职能部门面对批评，硬性驱逐记者的可悲场景。追溯根源，显然是缺少相关法律对记者采访的强制保护，造成新闻媒体尊严凸显尴尬。二是被批评方往往在稿件中"鸡蛋里挑骨头"，寻找"破绽"，以此作为进行诉讼的证据，要求恢复"肖像权"、"名誉权"等。有的因稿件中有"吹胡子瞪眼"的文字，便大闹媒体："那天我刚刚刮了胡子，怎么吹？那天我得了红眼病，怎么瞪？"

对此，法律专家程科伟①在一次讲学时，阐述了一个珍贵的观点：应给予舆论监督和批评报道"特许权"、"反诉权"：一是无法律允许的特殊理由，任何人不得拒绝新闻记者的采访，玩什么"无可奉告"。二是记者在报道社会阴暗面，抨击社会丑陋时，可以大胆地使用"描述性"、"鞭挞性"的语言。三是对于新闻诉讼案件不要怕，你告我，告不成，我反告你！四是要充分使用法律的权威来保护记者。譬如你使用了官方权威性素材，就没有错！因为最高人民法院1998年9月15日开始实施的一个重要的司法解释——《最高人民法院关于审理名誉权案件若干问题的解释》第六条解释说："新闻单位根据国家机关依据职权制作的公开的文书和实施的公开的职权行为所作的报道，其报道客观准确的，不应当认定为侵害他人名誉权。"原则上支持媒体使用权威机构官方文字材料的合法性。

2. 批评报道如同闯关，险情四伏

一篇批评报道的推出，从采访、撰写到出版的各个环节，往往如同探险，随时面临塌方、雪崩、野兽袭击等；也像是一场球赛，你踢、我踢、他踢，不知是什么时候会将批评报道像足球一样踢进网窝，见报曝光。就连CCTV的"焦点访谈"进行批评报道，也会引来庞大的说情大军。

由于批评报道社会反响巨大，因此阻力重重。比如每年春季，在CCTV"焦点访谈"、"谈话"等节目中，都重点报道农民土地纠纷。仅据一份内部统计材料，上访农民90%以上是因为乱占耕地、分配不公。曾有40多位农民拿着印有上百个红指印的上告状，说上边没和村民商量，就广播通知串地，引起一片混乱，请新闻媒介主持公道。可是，开展批评报道却异常艰难。一是

---

① 程科伟，现任深圳市政协副主席，曾任深圳市检察院反贪局局长。

限制批评报道范围的管理条例较多，容易让被批评方找到解脱的理由；二是媒体在把握批评报道上十分谨慎，稍有风吹草动，就会"果断"放弃，不惹麻烦；三是来自社会的压力较大，被批评方的人和单位，一旦得知媒体曝光负面信息，便会动员所有关系赶来灭火。致使一些十分恶劣的事件，也很难大白天下。譬如"封口费事件"：

2008年9月20日，山西霍宝干河煤矿发生矿工死亡事故，事故发生后该矿负责人为隐瞒事实真相、封锁消息而向媒体记者及相关人员发放"封口费"阻挠采访。10月27日经《中国青年报》曝光后，社会反响强烈，中央领导对此高度重视，要求严肃查处。11月26日，新闻出版总署通报了处理结果：查明收受"封口费"记者4名、媒体工作人员26人，假记者28人，已由有关部门依法处理，还有12名相关涉案人员尚在调查中。

3. 记者采访屡被殴打，职业高危

揭露阴暗，谈何容易。在新闻监督力度逐渐加大的同时，一幕幕记者采访被粗暴干涉的画面让人触目惊心：新华社记者在采访河南登封市一煤矿透水事故时被殴打；中央电视台记者在山西省保德县采访一污染企业时被殴打；深圳《晶报》记者采访落水儿童遭暴打；《羊城晚报》记者采访中遭环卫队围殴；《南京晨报》、《金陵晚报》等4家媒体记者到江苏教育厅采访被保安群殴；《京华时报》记者在北京街头采访时被人追打；山西《生活晨报》记者在307国道夏家营收费站采访，被两名歹徒掷砖头，采访车被砸；福建电视台记者在寿宁县采访一起建设纠纷投诉时，遭县建设局局长殴打，摄像机被扔进了河里；湖北电视台记者在宜昌采访一欠薪企业时被殴打，摄像机被夺；《新快报》记者采访"飞车党"时血溅街头；到浙江临海市采访的新华社记者遭20多人殴打，身上多处受伤；《三秦都市报》、《华商报》两记者在西安市采访不法销售商时，被打成颅脑轻度损伤；《荆州日报》和荆州电视台记者跟随当地劳动监察部门到一企业采访调查时被打，数码相机被损坏；《兰州日报》、甘肃电视台两记者在兰州汽车东站采访时，遭车站负责人率众殴打，受伤住院；《成都晚报》记者在采访一家被消费者投诉的通讯公司时，遭集体殴打，造成脑震荡；《兰州晨报》记者采访民工讨薪事件时遭殴打；等等。

记者被打，名单一串。皆因舆论监督触动了某些人的利益，必然要遭到其敌视和抗拒，记者的人身安全也往往面临种种威胁。但是批评报道剔除社

会丑陋，让生活光彩夺目，不可缺。有专家说："当记者自身权益得不到保护，舆论监督得不到有效开展时，最终损害的将是国家和公众的利益。问题的关键是，阻挠记者采访、殴打记者到了司空见惯的时候，就该反思法律失位了。"

二、批评报道探险路标

近年来，党和国家一再强调保障公民的知情权、参与权、表达权、监督权。新闻媒体也主动曝光"重庆钉子户"、"山西黑劳工"、"陕西华南虎"、"三鹿毒奶粉"等问题，掀起了舆论监督的热浪。广东电视台的《今日关注》、深圳电视台的《第一现场》、江苏电视台的《南京零距离》等也成为受众追捧的频道和栏目，让人们看到了批评报道的哨兵角色和巨大能量。

路标一：证据确凿

批评报道的突出特点是矛盾集中和舆论敏感，因此具有较强的轰动效应。一旦在整个采写过程中的某个环节出现疏漏，如情节有偏差，就会引来连珠炮式的责难和无休止的纠缠，使报道逆转。这告诫我们新闻记者和新闻单位，在批评报道的采访、写作和传播的全程，必须遵守证据确凿的报道原则，使采写和制作始终处于主动地位。譬如某报曾刊发批评报道《夜宿湖美应招小姐说：这里全省最安全》，引起诉讼，被法院一审判决赔偿1万元。当时该判决虽引起社会争议，但也说明证据扎实格外重要。

现场捕捉过硬素材。批评报道面对的当事人，往往各执己见，各说其理。但道理绝非事实。一定要排除各种干扰，调动所有采访手段，透过表面现象摸清事实真相。否则离开"事实"，按某一方的"道理"去搜集素材，尤其是记者未到应到的现场，凭材料、凭介绍，就极容易剑锋走偏。记者对所掌握的新闻事实，也要亮给当事双方，让其心服口服。深圳某报曾经刊登《灵塔炒卖天上掉馅饼吗?》，虽引起诉讼，但采写得当，法院根据事实支持媒体。

使用权威部门消息。包括政府和执法部门、经济杠杆部门发布的官方消息以及这些部门负责人发表的言论，都是合法的、受保护的。即使是消息来源有误，新闻媒体也不负连带责任。而从这些部门的其他个人得来的消息则不具权威性。如《假发票疯狂乱世》报道，是在税务部门的联合检查中，发现一家大酒楼使用假发票，见报后，因没有对其处理，该酒店老板乘机起诉，说因不实报道造成生意一落千丈。经查，由于记者到过现场，引用的是权威部门提供的材料，法院对媒体的批评报道给予支持。

路标二：公正客观

批评报道必须公正，不偏不倚，不能带有个人的偏好和私利。坚持"公正"原则，就是要在坚持事实的基础上进行报道，不能凭一时感情冲动，发表失实稿件。有一篇"骗婚"报道，由于采访来源是前夫一方说辞，主体材料是从其他媒体摘来，缺少多方真实情况的采访，造成新闻失实，原告起诉后，媒体无奈败诉。

在采访技巧上，要讲究原则性和灵活性的结合。其一，对于错综复杂的事件，采访前要熟悉相关政策及法律条文，这样才能心中有底，抓住要害。其二，采访中面对情绪激动的矛盾双方，要保持冷静，不能受其情绪感染而偏听偏信，要用事实向双方提出问题，请他们做出各自的解释。1998 年 9 月，《深圳商报》刊发《冬瓜岭正与邪的较量》，引起诉讼。原告认为文章有诽谤性语言，失实，要求赔偿 10 万元精神损失费。但经过法庭调查，新闻报道公正客观，支持记者。

2005 年 6 月，《深圳晚报》记者在随罗湖区卫生监督部门检查时，发现哈根达斯未向有关部门报批的地下加工点。一个国际知名企业的产品，竟然出自地下黑作坊，直接危害消费者健康，令记者和检查人员震惊。

第二天，《深圳哈根达斯冰激凌蛋糕：黑作坊加工》公开披露，引起全国关注，媒体、网站纷纷转载。一时间成为国内舆论的一个热点。

面对报道，哈根达斯中国区总部有关负责人不仅无意认错，还到深圳记协状告记者虚夸事实，给国际名牌造成重大损失，要求追究记者的责任，恢复名誉。

对此，《深圳特区报》、《深圳商报》等各报跟踪报道，发表评论，批评哈根达斯的傲慢无理。在大量事实面前，该公司负责人最后不得不登门认错，并发布向消费者的道歉广告。

路标三：着眼大局

批评是为了什么？不是单纯地为了发稿，引起社会轰动，拿到新闻大奖；也不是单纯地曝光，主持正义，赢得公理。要着眼于社会的稳定和进步，去决定批评与否。记者进行批评报道，要讲政策；编辑处理批评稿件，也要依据法纪办事。可以说，从社会整体利益出发，争得政府机构和有关领导的支持，是促使舆论监督解决问题、获取良好社会效果的基石。

1998年7月，《深圳特区报》记者周锦雄、实习生彭静采写了一篇报道：《糊涂医生开错药：过敏注射氯化钾　明白护士开了腔：患者拣回一条命》，批评某医院的医生不负责任开错药差点置人于死地。这篇稿件写好后，编辑也存在顾虑，认为这是批评深圳市最大的一家医院，稿件见报出了问题怎么办？经总编辑审阅该稿，认为该医疗问题绝非偶然，应抓住这一典型事件，促进医疗行业作风的转变。该稿第二天在显著位置见报：

7月22日凌晨，益田村李先生因身体不适，去本市某大医院看急诊。随后的经历令他在跨出医院大门时仍然胆战心惊。

据陪同看病的李太太说，当时一位外科男医生诊断李先生病症是过敏，随后开了药方。于是她到药房拿了药，扶着李先生到注射室。一位护士在配药时发现少了一种药，李太太只得去药房询问。药房的回答是要问医生。那位外科男医生此时已经睡觉了，李太太喊醒了医生到注射室，注射室的另一位护士指着一支10毫升、浓度为10%的药剂惊奇地问医生："怎么有氯化钾？"（后来李太太才知道，静脉注射氯化钾，马上就会置人于死地）那位医生一看吓了一大跳，说："错了错了，不能用氯化钾。"忙到药房把氯化钾改成葡萄糖酸钙。李先生算是逃过一劫。

过了一会儿，惊魂甫定的李太太发现，医生开的阿司咪唑上贴着标签，注明"每日3次，每次1粒"。可是李太太分明看到说明上写着，每天吃一粒即可维持药剂在人体血液中的浓度，该药对肝脏及心脏都有损伤。李太太只好又去问那位医生。医生一看，连忙说："错了错了，怎么能一天吃3粒呢？"在标签上将每日3次改为每日1次。这样，李先生才逃过了第二劫。事后，心有余悸的李先生夫妇感到非常气愤："如果不是少拿了一种药，后果简直不堪设想。幸亏我们认识字。"

稿件见报后，群众反响强烈，纷纷诉说自己对医疗行业的看法。深圳市委书记在一次大会上出示了该篇报道，他读出该报道的标题后说："开错药啊同志们！这样的针怎么敢打?!"他提高了语调说："我们卫生部门负责人里有教授、有主任医师，有的来自基层，更应该了解百姓的疾苦啊!"

借这股东风，医疗系统进行了大规模的整顿，产生了良好的社会效果。

路标四：策划精心

批评报道要当作一个精致工程来运作。类似"官商交易"、"非法集市"、"拐卖妇女"、"偷盗儿童"、"非法行医"、"黑医托"、"黑网吧"等社会丑陋现象，都可以作为常规专题精心策划，统统给予曝光。1992年1月9日，海南省琼山县发生一起摧残妇女的恶性案件。罪犯用硫酸将邢月欧的双眼、鼻子、耳朵烧掉，却一直逍遥法外。记者寒冰得知此事后，前去采访。邢月欧悲痛欲绝地喊道："活不如死，你可要为我申冤啊！"该报道选题经策划决定：(1) 撰写通讯《邢月欧惨遭摧残始末》，发表在《海口晚报》。(2) 报社组织读者对此展开讨论，形成焦点。(3) 撰写内参，向有关部门和省市领导汇报，等等。由于该报毫不退缩，有理有节，将内幕大白天下，最后在省市领导的支持，经公安部门努力，在逃4名凶犯一一落网。该案例说明精心策划方使报道立于不败之地。

《深圳特区报》对于"假发票"、"山寨大巴"等选题，因为筹划周密，报道引起社会强烈反响，被腾讯、新浪、网易、搜狐等转载，问题得到政府有关部门重视，迅速解决。该报的"市民论坛"、"民生面对面"等大型报道专栏，每次都经过规定流程，组织强大报道人力，使舆论监督做得有板有眼。

三、批评报道主攻重点

目前，主流媒体在开展舆论监督上，探索了诸多办法。2005年12月31日，由深圳市纪委、市监察局、市信访办和《深圳特区报》联合主办"直通车"栏目，市委书记作为首期嘉宾登"车"接访，倾听民声，大张旗鼓地进行舆论监督。此后，市领导和各局领导纷纷登"车"接访，陆续有上万名市民通过来访、咨询等形式参与互动，对社会丑恶现象进行批评，推动了一大批诸如欠薪、违建、黑诊所等问题的解决，引起社会的一片叫好声。该栏目被评为中国新闻奖一等奖。

1. 对社会热点难点问题，批评报道要巧妙破题

针对社会难点，党和政府开展的中心工作，给舆论监督提供了大背景。批评报道如何选择最典型的事例，巧妙破题，打好第一枪，面临考验。深圳市"查违建"，记者发现南山区某村顶风违法在闹市区建16层高楼，在《深

圳特区报》一版予以揭露，刊出《有钱就可以盖这么高》，并批评该区政府主管部门失职。第二天，记者收到匿名恐吓电话与信件，威胁说："你再乱写，我以百万元买你的人头。"对此，市委书记和市长批示严查恐吓者，坚决支持批评报道。《深圳特区报》与深圳新闻网邀请专家与网民展开对话，约 10 万人踊跃参与讨论，对违法者和渎职者形成巨大舆论压力，有关部门立即制止了违法行为，拔除了硬钉子。

"校讯通"是深圳长期没有得到解决的老大难。150 万在校（园）学生，每人每月 10 元交付"校讯通"，深圳家长每年要多出近 2 亿元的教育负担。2013 年 9 月 6 日，《深圳特区报》刊发记者易东的报道《"校讯通"被指搭车乱收费》，揭露学校为经营"校讯通"企业提供了一个营利平台，从学生身上赢利。经过罗湖市监分局调查，发现有 10 家企业经营"校讯通"，大的企业每年盈利千万以上。一时间"校讯通"成了众矢之的。许多家长致电报社：早就觉得这个收费不合理，但是因为小孩要上学读书，有苦不敢说啊！报社连续刊发《三家"校讯通"运营商被立案调查》等追踪报道，市教育局决定取消"校讯通"收费，家长拍手称快。

2. 对百姓呼声高的问题，批评报道要主动介入

媒体要及时反映民意，呼吁解决百姓呼声最高的问题，才能赢得受众的信赖。2004 年 3 月，《深圳特区报》针对黑势力的猖獗，在头版头条报道《"东门大世界"何日得安宁》，披露盘踞在东门大世界一股黑恶势力——"冠丰华公司"，10 年来凭借其复杂社会关系和华丽的"红顶子"，违规搞经营、层层乱搭建、恶势力横行；接着在头版推出《"冠丰华"为何如此猖獗》，并配以评论《除掉这股恶势力》；一周时间，清算冠丰华 10 年来的累累恶行，特别是报道冠丰华公司组织 200 多人强占宝安电子城的新闻，以活生生的事实揭露了这股不同寻常的黑恶势力。随着报道深入，群众纷纷揭发该集团的罪恶，提供了大量破案线索。冠丰华头目潜逃外地，公安部门果断行动，追捕缉拿要犯。从《深圳特区报》第一篇报道发出，到 2005 年 5 月 25 日该团伙被送上法庭，仅《深圳特区报》就发表 47 篇报道。一位领导说，若没有党报及各媒体的支持，破获该案根本就不会这么顺利。

针对市民反响强烈的问题，媒体要积极开展专题追踪报道，逐一给予曝光。譬如《150 吨问题排骨从粤西流入深圳》报道这些猪肉中土霉素含量超标

12 倍，会造成人体肝脏损害，引起深圳市民极大关注，市食安局就有关情况向社会作出通报。《"问题鱼"为何能"游"进深圳市场？》报道市食品安全局、罗湖市场监管分局在罗芳水产品批发市场抽取 11 份样品，经检测，6 个批次样品孔雀石绿含量超标，4 名犯罪嫌疑人被逮捕。[①]

2013 年 7 月 5 日，《深圳特区报》刊发《打印二手房合同竟要 200 元》，一石激起千重浪，市民纷纷质疑乱收费。CCTV 财经频道、《南方日报》、《广州日报》、深圳电视台以及腾讯、网易、新浪等媒体纷纷介入报道，记者连续刊发《房地产权登记中心被立案调查》、《交易手续费是否已包含打印费？》、《交了手续费，还要交打印费？》等 6 篇追踪报道，引起市主要领导、市发改委、市规划国土委的高度关注，罗湖市场监管分局对深圳市房地产登记中心立案调查。最后，市民免费打印合同立等可取。报社受到市民广泛赞扬。[②]

3. 对管理相互掣肘问题，批评报道要大胆曝光

《深圳特区报》深南大道上演"生死时速"的系列报道版面。

社会生活是复杂的。常常由于政府管理部门之间的权限模糊、相互掣肘，一些问题得不到及时解决。媒体对此就要选择时机，大胆曝光。深圳最值得自豪的深南大道，宽敞优美，当年规划为一条行人优先的公交主干道，并根据每 400 米一个路口的标准，预留了若干个行人过街的路口。但是，多年以

---

① 参见易东：《"问题鱼"为何能"游"进深圳市场？》，载《深圳特区报》，2013 - 11 - 12。
② 参见易东：《打印二手房合同竟要 200 元》，载《深圳特区报》，2013 - 07 - 05。

来，这些预留的口子很多都没有开出来，时间一长，深南大道成了一条车辆通行优先的快速路。仅其中 7 个大站，6.8 公里，4 处路口无红绿灯，人行路口之间距离平均为 1 公里左右。因此导致人车争道，事故频频，市民反映强烈。可因涉及市规划局、市交警局等多个部门，长期没有得到切实解决。

2005 年 4 月初，《深圳特区报》在要闻版连续一周推出《深南大道上演"生死时速"——本报记者昨现场直击行人过马路危险路口》、《深南大道问题不能拖》、《设施不齐全　设置不合理》等 6 个版的系列报道，披露在岗厦至竹子林发生 19 起重大交通事故，造成 19 人丧生，1 人受伤。这一报道引起市政府的重视，由主管副市长牵头研究解决办法，很快合理设置了红绿灯，并提出设立过街天桥的整改时间表。

新中国成立以来，中国媒体最成功的批评报道是针对"渤海二号"钻井船翻沉的事故追踪。据记载：

1979 年 11 月 25 日凌晨 3 点 30 分左右，石油部海洋石油勘探局"渤海二号"钻井船在渤海湾迁移井位的拖航作业途中翻沉。船上 74 名职工除两人获救外，其余 72 人全部遇难，直接经济损失高达 3 700 万元人民币。

事故发生后，该局领导竟把"丧事当作喜事办"：隆重召开遇难同志追悼大会，追认英雄烈士，并命名"渤海二号"钻井队为"英雄钻井队"，企图以此来掩饰自己的错误。

新华社、《人民日报》和《工人日报》等新闻单位顶住巨大压力介入事故调查，历经八个月的共同努力，终于将这一起重大责任事故的真相和石油部主要领导在这一事故上的错误态度和做法公之于众。

8 月 25 日，新华社报道了国务院关于处理"渤海二号"事故的决定：解除石油部长宋振明的职务，并给予主管石油工业的副总理康世恩以记大过处分。报纸还迅速报道了天津市中级人民法院对"渤海二号"事故案直接责任者判处徒刑的消息。

国务院的这一决定在各条战线引起巨大反响。纷至沓来的读者来信反映：部长解除职务、副总理记大过、国务院公开检讨，这是新中国成立以来的第一次，说明党和政府决心严肃法纪，厉行民主，四化建设大有希望。[①]

---

① 方汉奇：《中国新闻事业通史》，第三卷，464～465 页，北京，中国人民大学出版社，1992。

改革开放 30 多年的新闻史册，记载着一个个敢于挑战阴暗势力的名字：中国"堂吉诃德"式的记者卢跃华、林肯·斯蒂芬斯式的记者王克勤、揭秘"二奶村"的伊丽莎白·科克伦式的女记者涂俏、揭开《死亡名单》的CCTV记者曲长缨、写下《被收容者孙志刚之死》的记者陈峰等，遥望身影，无限崇敬。

揭秘"二奶村"的伊丽莎白·科克伦式的女记者涂俏，在深圳大学讲授隐性采访技巧。　**耿伟　摄**

D4 揭假断真——幕后亦是真新闻

1938 年 10 月 30 日晚，哥伦比亚广播网"太空剧场"像往常一样开播，讲述一个特别的故事。

主播威勒斯以听众熟悉的声音说："在遥无边际的太虚高空，一群我们视为野兽的怪物，正冷冷地用贪婪的目光盯着地球，向我们驶来。人类幻灭的日子来临了。"

接着另一位主播不露痕迹地播放天气预报和探戈乐曲。

大约 12 分钟后，节目突然插播新闻："一个巨大的物体，应该是流星，落在新泽西的特伦顿附近，大约离翠恩登 22 英里处。"

插播的背景音乐停止，改成现场播报：火星人竖起丑陋的头颅，用火焰、毒瓦斯等毁灭性的武器打败了我们的军队，切断了通讯系统，杀死同胞，攻占整个国家！美国政府官员召开紧急会议，调遣大量军队，激烈的陆空战斗正在进行！

最让观众信以为真的是内政部长发表的讲话："全国居民们，我不应该掩饰如今国家面临的危机，也保证政府一定尽力保护人民的生命和财产。不过，敌人只局限在小区域，相信我们的军队可以使他们不向外扩展。"

这段讲话后，"前方记者"报道火星人横扫一切地向纽约进攻了。

于是，节目不仅演变为新闻，而且变为假新闻！其巨大的恐怖膨胀了：

哥伦比亚广播公司的电话总机几乎被打爆了，不停地接到被吓得逃亡、昏厥、自杀之类的报告，整个国家像歇斯底里的狂人。

广播剧中断前一分钟，"现场报道"火星人向纽约喷洒毒气；"最后的播音员"考林斯英勇地死在哥伦比亚广播公司的顶楼；停泊在港口里的轮船不断鸣笛，直到船上的人全部死光；一个业余无线电玩家向黑夜发出微弱的呼叫："有人在频道上吗？有人吗？"

5 秒钟后，主播声明：这是虚构的广播剧。

然而，此时已没有什么人听这番声明了。因为受到惊吓而恐慌的上百万听众早已大逃亡了。

有些妇女一听到火星人横扫美国的消息，就吓得昏倒。数百辆驾车欲穿越新泽西旅游的人，收听到火星人在前方，立即调头夺路而逃。

纽约，许多人匆匆跳上汽车逃往空旷处。巴士站挤满了逃亡的人，一位妇人不耐烦地打电话到巴士公司说："快一点！世界末日到了，我有许多事要做。"

——摘编自曾文经：《传媒的魔力》，319～323页，北京，时事出版社，2011。内容有改动。

纵观世界新闻史，以耸人听闻的手段引起社会恐慌的假新闻，首推戏剧性的《火星人进攻地球》，其创下的不安指数纪录至今尚未被打破。当时如此荒诞的局面，其传媒背景是广播媒体的突然崛起。新闻专家曾文经分析，在1938年，美国3 800万户居民中有收音机的多达2 700万户，听众对广播十分信赖，大量听众把火星人进攻地球当成一个真实的新闻事件；特别是该报道使用实地名称，让真名真姓的内政部长、专家等登台，诱人信以为真；加之80%的听众不是从头听起，很容易把这个虚构的广播剧当成真实的现场报道。①

假新闻，是指新近发生的能够引起受众萌生知情欲望，但不具有大众传播价值的虚假信息。这个概念说明，假新闻具有3个含义：（1）内容极具鲜活性。（2）受众极易被蒙骗。（3）传播极其没价值。这说明假新闻也具有新闻性，归属于新闻大的范畴里。

如果说，《火星人进攻地球》是当年广播媒体崛起时期的造假，那么进入21世纪以来的2013年则是因为网络失控成为假新闻高发年，甚至有人将假新闻编撰到国家最高领导人身上。2013年4月18日，香港《大公报》刊发了一篇图文并茂、情节生动的新闻：《北京"的哥"：习近平总书记坐上了我的车》。文中说3月1日晚上7点多，北京一郭姓司机在鼓楼西大街附近接上习近平总书记和一个随从，将他们送到钓鱼台大酒店，全程8.2公里，耗时26分钟，一路上聊了很多社会时事话题，最后习近平总书记还给他留字"一帆风顺"。车费24元，外加燃油附加费3元，总共27元。那位随从给了司机30元，且不让找补，也没要车票。

---

① 参见曾文经：《传媒的魔力》，323页，北京，时事出版社，2001。

一时间，几乎所有门户网站和新闻网站纷纷转载传播。当日晚上新华社澄清此报道为虚假新闻。[1] 17时55分香港《大公报》刊发了道歉信：

《大公报》4月18日刊发了《北京"的哥"：习近平总书记坐上了我的车》一文。经核，此为虚假消息，对此我们深感不安和万分遗憾。由于我们的工作失误，出现如此重大虚假消息是极不应该的。对此我们诚恳地向读者致歉。我们将以此为鉴，用准确严谨的新闻报道回馈公众。[2]

《新闻记者》对于假新闻的研探，有一个特殊贡献：从2001年起刊发年度"十大假新闻"。[3] 每年以一篇纵览式大作，配制奇思妙想的漫画，讲述假新闻背后的真新闻故事，譬如《比尔·盖茨遇刺》、《小百万富翁抱得美人归》、《施拉格是中国姑爷》、《武汉大学女生卖淫成风》、《女大学生捡剩馒头充饥》、《中科院资深院士陈家镛两度"逝世"》、《左权县投资3亿打造中国"新闻烈士陵园"》、《全国10所实验小学明年试用美国教材》、《老汉旅店见网友，一开门傻了——"跟我开房的咋是儿媳妇"》等，让人暗自发笑、拍案叫绝！有趣的是，该杂志每年还为当选的假新闻颁发奖金，但没有人厚颜无耻地去领奖。

最让中国新闻人蒙羞的事件，是2003年9月15日，新华社发布了令人震惊的消息：11名新闻记者在采访山西繁峙矿难过程中，面对一具具矿工的尸体，却收受当地有关负责人及非法矿主贿送的现金和金元宝，上演一出瞒情不报、搞假新闻的丑剧。事后这些记者虽然受到重罚，自取其辱，但是给人的反思却很沉重。数量如此之多的假新闻为何屡屡出笼？媒体该如何及时堵住这些漏洞呢？

媒体可否在揭假断真的过程中，给受众讲述一个假新闻幕后的真实故事呢？

一、假新闻出笼缘由

1. 新闻枯竭，无中生有

新闻竞争十分激烈的境况，致使承受极大压力的记者往往两眼茫然，独

---

[1] 参见《关于习近平打车报道为虚假新闻》，见新华网，2013-04-18。

[2] 《大公报就〈北京"的哥"：习近平总书记坐上了我的车〉一文向读者致歉》，见人民网，2013-04-18。

[3] 参见《中国记者》2001年以来年度假新闻论文。起初为贾亦凡、陈斌署名论文，漫画家阿仁配图，后发展出年度虚假新闻研究课题组。

孤无助，不知新闻在何方。有的搜寻独家新闻无望，只好采纳道听途说或闭门编撰，试图混过新闻考核的严格关口。美国《华盛顿邮报》黑人女记者珍妮特·库克因难以找到独家新闻源，只好编撰了一篇"催人泪下"的《吉米的悲惨故事》。结果8岁的海洛因吸毒者吉米惊动了美国社会。"那皮肤细嫩的孩童手臂上，布满着斑斑点点的针孔"等描绘，令人们掀起寻找吉米的热潮。对此珍妮特·库克一再以各种理由拒绝吉米露面。后因她获得普利策新闻奖时公布的学历存伪，引起报社怀疑其报道的真实性，开始追查这才迫使珍妮特·库克不得不承认消息是编造的。

曾经轰动一时的"纸包子"报道，尤为荒诞透顶，让人啼笑皆非。一篇《京城"纸馅包子"假新闻出笼前后》①，将其前因后果叙述为一个故事：

6月初，訾北佳在《透明度》栏目组选题会上提出，曾接到过群众电话反映"包子有掺碎纸"的问题，引起栏目制片人的兴趣，遂被确定为报道专题。

十几天里，他每天早晨都买包子吃，从西四环到东四环，走访了许多卖包子的场所，但始终没有发现包子的质量问题。由于选题已上报，压力很大。期间，栏目主编以时限为由，催促其抓紧拍摄专题节目。于是，他化名"胡月"，找到朝阳区太阳宫乡十字口村13号院，并以为民工购买早点的名义，要求来自陕西省华阴市的卫全峰、赵晓彦、赵江波、杨春玲等人为其制作包子。

6月底的一天，訾北佳携带秘密拍摄设备，邀请其朋友、无业人员张沄江假扮工地老板，在朝阳区康家沟市场购买了肉馅、面粉等物后前往13号院，要求卫全峰等四人做包子。拍摄过程中，訾北佳要求卫全峰等人将其捡来的纸箱经水浸泡剁碎掺入肉馅中，制成包子喂狗。因效果不佳，便随机找到一名农民工，授意其编造了有关"肉和纸比例关系"的谎话。

訾北佳因制造"纸包子"假新闻而闻名天下，很快被北京市第二中级人民法院判以损害商品声誉罪处有期徒刑1年，并处罚金1 000元。于是，在新闻史上留下这样的记载："因编造传播假新闻被判刑，訾北佳可谓中国记者第一人。"②

---

① 参见刘浦泉：《京城"纸馅包子"假新闻出笼前后》，见新华网，2007 - 07 - 19。
② 百度百科"纸包子事件"；刘浦泉：《京城"纸馅包子"假新闻出笼前后》，见新华网，2007 -
07 - 19。

2. 制造卖点，故意贩假

媒体在残酷的新闻竞争中，为了摆脱被动局面，争得受众眼光，明知新闻"卖点"可能掺假，仍试图通过打擦边球，怀着侥幸心理铤而走险。这往往是媒体老总丧失理智的无奈行为。这与新闻来源枯竭有相似点，不同的是前者往往是记者行为，而后者是媒体行为。

韩日世界杯是中国足球记者制造假新闻的一个高峰时段。由于这次大赛在两个国家举行，正值美国"9·11"惨案发生后9个月，反恐主题极大地考验这次大赛，因此各国球队的保安措施极其严格，记者大都难以接触到球员。于是一些败兴的记者便坐在宾馆里胡乱编撰。其中有两条假消息被称作假新闻之最：一是《哥斯达黎加国脚万乔普涉嫌服用兴奋剂》；二是意大利队输给韩国后的《意韩赛主裁惨死于乱枪》。这两篇稿子明眼人一看就不真实，但当时有关世界杯的报道竞争十分激烈，纷纷出版特刊，版面多则几十版。于是有的媒体老总考虑这仅仅是体育报道，危险不大，稿子极具新闻卖点，便采取这样的处理招数：稿子照登，但在文中注明"该消息尚未得到官方证实"。这显然是掩耳盗铃，怕事后被追责留下个借口。

2004年8月19日，一篇《金钱激出张国政奥运冠军》被多家报媒刊登，记述举重运动员张国政在竞争最艰难时刻，教练陈文斌拿出一张卡，说这里有50万元现金，这把举起来就是你的了。这一刺激令张国政"力拔山兮"，夺金登顶。其实，这篇贬低中国奥运冠军的稿件，有头脑的值班总编编辑一定会怀疑。然而如此简单的造假，却不经核实，被轻率让路，实属故意贩假。

明星粉丝很多，造假极易引起轰动。于是谁暧昧了，谁绯闻了，谁离婚了，此类报道虚虚实实、真假难辨。2007年12月9日，竟然有人胆敢编造巨星去世的消息：

一代功夫巨星洪金宝昨夜突然去世。记者从香港同行处获悉这一噩耗后，紧急联系香港英皇的某位高层，对方证实了这一消息。

到记者截稿时止，洪金宝的死因尚未明朗，只知道他不是在香港去世。香港媒体得到消息后，赶赴洪金宝的家以及他在港投资的一间酒吧打探情况。据悉，11月30日，洪金宝在广州参加活动时身体还非常健康，并无异样。

这篇无中生有的报道，不知健在的洪金宝当时得知消息脸色如何。

3. 胡摘乱编，偏颇变假

从新闻稿件中寻找刺激性的内容，将其胡编乱摘，添枝加叶，极易让人搞错。诸如"奥巴马送金正日苹果电脑"、"石家庄积雪比人高"、"金庸去世"、"老板手头紧，让5情妇PK"、"一女生世博排队被强奸怀孕"、"偷菜游戏或被取消"、"村里一半都是我的娃"等假消息，越编越离奇。

稿件偏离原意，自然成假。譬如2004年11月7日一篇《180万买辆宝马砸着玩》，是网上流传许久的一个故事，本来就是无中生有，但某传媒将其变换时间地点，编得有根有据，成了一篇假新闻。然而后续媒体不甘示弱，接棒编撰。

2005年5月18日，一篇《美国官员透露布什正考虑将夏威夷卖给日本》出笼：

据美国媒体5月16日报道，美国国务院一名官员日前透露，由于长期陷入伊拉克战争，面临严重预算赤字危机的布什竟然开始考虑，准备将夏威夷卖给日本。在获知布什准备出售岛屿的计划后，98%的夏威夷居民称，他们感到"极度愤慨"。

这条消息鲜活热辣，许多没有得到稿件的媒体追查"漏稿"。可哪能想到，所谓美国媒体的正式消息，其实来自《世界新闻周刊》的娱乐搞怪，是以想象编撰的一个笑话。

4. 利益需要，精心作假

这是一种特殊的情形。是某一国家或集团为了政治、军事等重大决策的需要，精心策划的假新闻。20世纪80年代末发生"东欧剧变"时，自由欧洲广播电台播出罗马尼亚前6名高级领导的一封信，说"齐奥塞斯库在国外有10亿存款"，引起该国动乱，齐奥塞斯库夫妇被捕，几个小时后被秘密审判并处决。事后人们才知道，所谓"存款"、"大屠杀"等证言全是假的，可齐奥塞斯库夫妇死了，却是真的。

曾经沸沸扬扬的"周老虎"事件也是一个假新闻典型：

2007年10月12日，陕西林业厅公布了猎人周正龙用数码相机和胶片相机拍摄的华南虎照片。随后，照片真实性受到网友、华南虎专家和中科院专家等质疑，并引发中国乃至世界的关注。

2008年6月29日，陕西政府通报周正龙华南虎照片造假。9月27日，

《广州日报》"周老虎事件"报道局部版面。

周正龙一审获刑两年零六个月。11月17日，周正龙涉嫌诈骗罪和非法持有弹药罪案终于尘埃落定。法庭作出最终裁定：决定执行有期徒刑两年六个月，缓期三年执行，并处罚金两千元人民币。所得两万元奖金上交陕西省林业厅。

2010年元月，周正龙坚称自己没有骗人，说自己2009年9月上山再次看到老虎，可惜准备好的相机没电了。5月2日，突然传来周正龙被法院带走的消息，经调查证实，周已被安康中院裁定取消缓刑，收监服刑。[①]

周老虎事件，法院调查证据是周正龙受金钱诱惑，拍摄了一组假的华南虎照片来蒙骗政府，然而政府官员利用这组照片为当地搞名声，干脆将蒙骗进行到底。

还有的是来自发稿冲动。编撰真切故事，打动和蒙骗编辑，特别是作者与媒体保持着密切的联系，很容易让编辑忽略新闻的真实性。著名新闻专家梁衡在《新闻原理的思考》中记载，四川省德阳市金山乡动员怀孕夫妇签订手术合同的荒唐报道，是四川中江县广播电视局的一位助理记者写的。"他在稿件上还盖有私刻的公章。"

2013年6月1日13时，一篇《网友海购奶粉意外收到小袋鼠》的消息称：刘女士有一个10个月大的宝宝，她经常从网上一家店铺购买澳大利亚奶粉。可最近她收取从澳洲寄来的奶粉包裹时发生了一件离奇事，居然收到了一只幼年袋鼠。青岛公安辟谣该新闻是假新闻，是某网店有意的一次炒作。[②]

---

① 摘自百度百科"周老虎事件"。
② 参见《2013年度中国25大假新闻》，见搞趣网官方微博，2013-12-20。

假新闻为何屡禁不止？其深层次原因在于：一是新闻大战的背景下，媒体为了寻找卖点，争得受众传播面，吸引品牌广告投入。诚信意识一旦弱化，就容易将假新闻当作真新闻播发。二是新闻媒体防范造假机制虚设，面临假新闻难以及时被印证查实，往往无奈地被假新闻钻了空子。假新闻由来已久，即便是媒体有防范意识，稍微疏忽，也会像 SARS 病毒般传染。

二、假新闻不同类型

1. 追求史料轰动

突发新闻的概念包括突然发生的新闻、突然发现的新闻。这也意味着新发现的名人史料往往会成为受众关注的一个焦点。而且因为当事人已经不在人世，这种史料倘若造假往往很少受到追究，容易既获得新闻轰动效应，又避免引起新闻官司。20 世纪西方的 3 大假新闻案恰恰都发生在名人身上：

林肯"亲笔信件"案。1928 年，美国《大西洋月刊》收到了据说是林肯总统青年时写的 6 封信，提供者威尔玛·佛朗西斯·迈纳解释说，她是从母亲那儿得到这些信件的。最后查明这些信件是迈纳的母亲拟稿，由迈纳模仿林肯的笔迹伪造的。

墨索里尼"日记"案。1957 年，意大利 57 岁老妇罗莎·潘维尼和她的 43 岁的女儿阿玛利亚，向美国《生活周报》驻罗马记者站和意大利《晚邮报》出售据说是墨索里尼亲笔写成的 30 册日记。这部日记伪造得极妙，连墨索里尼的儿子也没有发现丝毫破绽。

希特勒"日记"案。1983 年 4 月 25 日，西德最大的一家报刊《明星》发布了一条特大新闻：该刊记者找到了希特勒 1932 年 6 月 22 日至 1945 年 4 月亲笔写的 60 本日记。其实假日记是老记者海德曼搞出来的。他知道有位名叫费舍尔的人拥有大批未曾发表过的希特勒手稿，便高价买下了全部手稿，花两年多的时间模仿希特勒的笔迹，并伪造了"日记"。

上述假新闻的相似经历，都是在一番新闻发布、专家鉴定之后，搞得世界轰动，达到传播极点，然后被曝光露出真相的。2013 年关于《红楼梦》"后 28 回手稿"回归祖国的消息，与其同属一类。盖因史料当事人不在人世，专业鉴定十分艰难，伪造者往往自认有机可乘。

2. 制造权威形象

媒体在竞争中为了赢得市场、赢得受众关注，增加阅读量和点击量，吸引品牌广告投入，扩大增值服务收入，首先要证明自己的新闻是最新鲜的、最出色的，如果再有权威专家、权威人物加以证明，则更能显示自己的权威性。著名新闻专家梁衡在《新闻原理的思考》中讲述过两个案例：

某报曾经为宣传一种口服液，编出一个故事，说此口服液是由6位留学洋博士多年艰苦研究发明的。为了显示其真实和权威，还找来6张照片，起了6个假名字、假学位，编成一篇动人的故事，印发600万份。结果有一些人发现照片上的人根本不是什么老外，就在身边，只是相貌像老外罢了。

1992年4月，某报头版登出记者王某某采访国家领导人万里、李瑞环谈改革的稿子。编撰者王某某是一名通讯员，据说这些假专访是他为早点调入报社而编的。他以为采访最高领导的报道谁敢去验证？可偏偏是中央有关部门注意到了这两条新闻，经查被揭穿了。①

2008年下半年，上海、深圳股市单边下滑。10月14日，一篇《年底前"政策利好不断货"》的虚假报道，杜撰了中国证监会成立应急领导小组，部署具体应急措施；对各大基金、券商、保险等机构投资者实行临时窗口指导，限制做空；修改涨跌幅限制；平准基金初定900亿元规模随时待命；叫停大小非减持；"休市"以及"新股发行制度改革征求意见稿即将出炉"等所谓六大救市措施。该文散布"年底前政策利好会不间断地出台"等言论，严重扰乱了资本市场秩序，造成严重后果。②

3. 寻觅荒诞离奇

腾讯微信2011年1月21日诞生后，有一条消息反复上线，就是某男青年到夜总会遇到漂亮女郎，两人开房，清晨醒来发现自己在浴盆，肾脏被偷走。这一稀奇古怪的故事，早在美国新奥尔良、休斯敦等地流传。此类偷肾

---

① 梁衡：《新闻原理的思考》，北京，人民出版社，1996。
② 参见《新闻出版总署通报批评多家报纸刊载严重虚假失实报道》，见新华网，2009-04-14。

消息，谁都能看出是荒诞的假新闻。2001 年 10 月 2 日就曾有《男子一时好色两肾被偷　悉尼频发器官盗窃案》一文见报：

> 新加坡男子艾里克·李抵达悉尼后，独自来到"金丝雀"酒吧，与一位衣着性感的白人女性相识。两人来到一家宾馆，他喝了性感女子端上的一杯饮料，很快不省人事。约 1 小时 30 分钟之后，艾里克慢慢清醒，发现自己全身赤裸，躺在房间附设的浴缸中。他拨打悉尼市的急救热线，警方根据报案提示他："你的肾脏已经被偷走了。"

这种荒诞离奇的新闻每年都会上演。2008 年 7 月 31 日，一篇《韩国历史教授有此研究"成果"：孙中山又成了韩国人》的虚假报道，由于编辑把关不严，直接转载未经核实的互联网消息，导致国内网站广泛转载，造成严重的不良社会影响。2009 年 1 月 18 日、19 日，有报媒连续刊登《深海围"鲨"》、《"海口"猎"鲨"》等关于我国舰艇编队索马里护航的虚假文章。由于未按照国家有关规定严格把关，在国内外造成了负面影响。[1]

中国人常常以为自己和犹太人一样，是世界上智商最高的人种，一旦在智力领域超过"洋人"的消息传来，往往令虚荣心理膨胀，这就给假新闻提供了可乘之机。譬如 2012 年 10 月 31 日《论证国际数学猜想的 90 后男孩王骁威：想做追梦的"中国高斯"》一文，报道广东韶关学院大四学生王骁威破解了一道国际数学难题。直到 11 月 23 日《中国青年报》刊登《媒体制造的"数学天才"神话》，才弄清楚是假的。这与 10 多年前有关"留学生吴杨获得牛津大学博士学位和最高奖学金"的假新闻十分相近：2001 年 1 月 23 日一篇《20 岁鹤城姑娘穿上牛津博士服》见报，有网站继续炒作。随后《中国青年报》发表主人公吴杨的声明：我没有获得博士学位。[2]

香港也是炒作假新闻的大平台。狗仔队在机场、酒店、夜总会都会架网布点，甚至盯住每一位名人的垃圾桶。主流媒体也被迫走小报路线，实施三招：煽情、黄色、血腥，甚至热衷于"女人店"、"婴儿店"，炒作八卦新闻。其中还有"支票新闻"，即用钱去制造一个耸人听闻、荒诞离奇的假新闻，一旦暴露，假新闻又变成真新闻，让人哭笑不得。

---

① 参见《新闻出版总署通报批评多家报纸刊载严重虚假失实报道》，见新华网，2009-04-14。
② 参见陈斌、贾亦凡：《2001 年十大假新闻》，载《新闻记者》，2002 (1)。

三、假新闻防范关隘

1. 找到人证物证

发现新闻似乎有假，首先要争取与新闻人物直接对话，核实验证，揭示真相。2002 年 12 月有媒体称："正在北京大学新闻系读二年级的湘籍奥运冠军刘璇因主演电视剧与期末考试发生冲突，学校因此向她发出最后通牒。"此热点稿件是真是假？中新网利用人脉找到刘璇的哥哥刘奕，刘奕说："这是一则真正的假新闻！"中新网顺势挖出了假新闻背后的真新闻。

梁衡在《新闻原理的思考》中，记载了《朝日新闻》如何揭露一条震惊世界的假新闻：

日本冲绳县附近的海里生长着一株据说是世界上最大的珊瑚树。这株树在水下 15 米深处，高 4 米，直径最大 8 米，是日本的国宝。1989 年 4 月 20 日，该报刊出记者本田佳郎拍摄的彩照表明，不知谁在这株珊瑚树上刻下了"KR"。这引起人们的强烈关注。可是有一家媒体对此很怀疑，派一位潜水员寻找物证，终于弄清是本田佳郎为了制造轰动效应，自己在水下用摄影架刻下了"KR"。于是本田佳郎被开除，该报社长也引咎辞职。

2013 年 5 月 9 日，关于"上海一男子中 4 800 万彩票后开跑车炫耀辞职"的消息在网上蹿红。但上海市福利彩票中心证实，上海当年没有出过 4 800 万元的巨奖。9 月 17 日，一则新闻《美国公司开价 500 亿求购我国中药方》报道，美国默克公司欲以高价向"中国金方安徽淮硖中医研究院"求购一张中药药方。但监管部门表示没听说过中国这个机构。10 月 4 日，一则《丈母娘婚宴上送 400 万元宾利轿车》，报道一对新人在大酒店举行婚宴，丈母娘当场宣布，赠给女婿一辆价值 400 万元左右的宾利牌轿车。经调查，酒店否认接待过此婚宴。①

2. 追寻造假祸源

假新闻总是会有制造者，捕捉到他，犹如拿住了蛇的七寸。这有两种情形：一是主动寻找造假者，在第一时间发现假新闻的时候，割断传播路径，

---

① 参见《2013 年度中国 25 大假新闻》，见搞趣网官方微博，2013 - 12 - 20。

这十分重要；二是被动寻找造假者，这往往发生在假新闻已经面世，如何证实真假，是否转发的时候，是一种补救。诸如"西安被确定为国家第五个直辖市"、"主持人柴静被问：你幸福吗?"、"最美钟点工救人"、"女兵学习十八大精神"、"南京市民排队喝鹿血"等真相大白天下，都是公开发表后才被证实失实。2005年5月16日，一篇《蒙古规划北水南调计划将贝加尔湖水引入北京》被刊发：

蒙古国议会已于2004年批准了"北水南调"项目。有关从贝加尔湖引水的问题，蒙古与俄罗斯也开始进行接触。所以，未来北京市民将喝上贝加尔湖纯净的高山矿泉水。

面对这条轰动性的消息，《环球时报》经过寻根调查确认虚假；水利部新闻发言人也公开否定，提出防止这一假新闻的扩散；《新闻记者》杂志则将其评为年度十大假新闻。

3. 媒体自我防范

无论是记者报道还是通讯员报道，无论是常规报道还是突发报道，无论是当地采访还是异地采访，媒体都要审慎对待，多问一个"是真的吗?"《纽约时报》2003年5月11日用4个版面曝光自家丑闻：

27岁黑人记者杰克·布莱尔在其73篇新闻报道中有36篇要么杜撰，要么剽窃。他是1998年夏天来到《纽约时报》的，他制造假新闻有一个套路：一是选用的新闻由头大都是真实的；二是新闻主体事实的报道一半真、一半假；三是背景和秘闻的深入报道以及后续报道完全是假的。布莱尔丑闻曝光后，他知道自己的记者生涯彻底完结，但他恬不知耻，与出版代理人签订协议，准备在电视、电影和书籍里讲述他在《纽约时报》的故事。

2004年1月6日，《今日美国》经过内部调查后，也主动曝光大名鼎鼎的资深记者凯利涉嫌假新闻，揭露了这位走遍世界各大战场、曾获普利策新闻奖提名的凯利诸多稿件掺假，并取消凯利的采访权利。

针对假新闻，国家新闻出版广电总局加大了处罚力度：

2013年3月25日，中国新闻网刊发中国新闻社广东分社记者的报道《深圳90后女孩当街给残疾乞丐喂饭感动路人》。报道称在深圳打工的90后某女孩单膝跪地给残疾乞丐喂饭，并配发了新闻图片。经查，该报道与事实严重不符。中国新闻社记者收到社会来稿后，未深入采访核实就将稿件和图片编发后上传至中国新闻网，致使虚假报道在网站刊发，造成了不良社会影响。近日，中国新闻社已对当事记者、网站当日值班责任人等做出了处理。

2013年3月25日，《中华工商时报》刊登该报记者的报道《天然气市场化改革踏上"最后一公里"》。报道称："从4月起，我国天然气价格将进行大幅度上涨，其各地零售终端价格将达到3元～3.5元/立方米区位，进而逼向4元大关。"3月27日，有关部门公开辟谣。经查，记者仅采访了有关机构及专家，未向国家权威部门核实，报社把关不严，致使报道关键信息失实，造成了不良社会影响。近日，《中华工商时报》主管单位中华全国工商业联合会已对该报总编辑、值班编委、当事记者等相关责任人作出处理。

2013年4月7日，江西《信息日报》刊发该报记者的报道《流浪9年回家瞬间变"富翁"》。报道称，温州某男子在外乞讨流浪9年染病被江西萍乡救助站人员救助并送回家乡后被告知，因搞城中村开发，他已获得700余万元的土地补偿金。经核查，该报道中当事人获得"700余万元的土地补偿金"等关键信息系救助站人员转述他人的说法，记者未做深入核实，信息日报社把关不严，导致报道失实。近日，江西省新闻出版局已责成信息日报社严肃处理相关责任人。①

陈永洲事件，则是新闻媒体缺失自我防范的"反转"典型，对于中国主流媒体的伤害极大。2013年5月27日，《新快报》刊发记者陈永洲采写的某上市企业涉嫌销售造假等报道。随后，陈永洲因涉嫌损害企业商誉罪被长沙警方拘留。此事在网上引发热议，《新快报》呼吁放人。此事随后转向：陈永洲向办案民警招供自己受人指使，多次收取"酬劳"，未经核实在不到一年的时间里连续发表的10篇报道中，只有"一篇半"是自己在他人安排采访下完成的。一时间舆论哗然。②

一篇篇假新闻可谓稀奇古怪：诸如《巨蟒吞噬中国维和士兵》、《上海方言"嗲（dia）"字收入牛津英语词典》、《北京房地产商会会长赞成炸掉故宫盖住宅》、《郭晶晶怀上霍启刚骨肉欲离队》、《比尔·盖茨花亿元租房看奥运》、《李佳薇和李湘前夫李厚霖结婚》、《地球生命只剩50年》、《千年木乃伊出土

---

① 摘编自2013年5月2日国家新闻出版广电总局《关于中国新闻网等媒体虚假失实报道查处情况的通报》。内容有改动。

② 参见高洁、李劲峰、刘林：《盘点2013年那些"狗血"新闻反转剧》，载《新华每日电讯》，2013-12-05。

后怀孕》、《宋祖英要揭央视"老底"》、《南京大屠杀纪念馆拟改名》、《第二代身份证将由日本企业造》、《北京孔庙将竖历届高考状元碑》、《上海交大环卫工人"捣毁鸟巢"》、《安徽太和孕妇"腹中胎儿被盗"》等，真真假假，既让人瞠目结舌，又让人暗自称奇——真有灵感、真能胡编！

不过，揭露这一幕幕造假真相，讲述其中有趣的故事，倒是一条条鲜活的真新闻。

D5 焦点访谈——暗访秘录追热点

《焦点》系"焦点访谈"节目内容结集成书。

白岩松：您好，观众朋友，在整整 15 年前，也就是 1997 年的 11 月，"焦点访谈"播出了一期极具影响力的节目，名字叫《"罚"要依法》：

回放：

交警一脸蛮横，开口罚款：20 元！

潜伏的记者疑惑："为什么罚 20 元？"

交警二话不说：40！

这一幕，发生在山西黎城孟洞河。

40！这一数字和片段，给人们留下深深的印记。

接着，在漫流河，记者发现路边竖着一块标语牌，上面写着"执行政策，遵章守纪，文明执勤"，便问山西潞城交警大队指导员，执法时是否做到了这几条，回答说："那不是我们的，那是煤站的。"

心虚了，不敢正视这一标语。

白岩松：整整 15 年后，当我们做今天这期"新闻1+1"的时候看到了非常相似的内容。

交警：到这儿一毛不拔让你走，不可能吧？

白岩松：谁能想到，这个声称"一毛不拔不让走"的人竟然是一名正在执勤的交警。这段 7 分钟的视频记录了获嘉县交警 13 次乱收费的现场。在舆论的关注下，当地有关部门也迅速介入，到 11 月 22 日，获嘉县公安局副局长兼交警大队大队长已经被停职，涉事的副大队长、中队长、两名交警也被免职，五名协警被清退。

——摘编自 CCTV 网"新闻 1＋1"《"罚要依法"：老标题为何不过时?!》；顾理平：《隐性采访论》，67～69 页，北京，新华出版社，2004。内容有改动。

著名主持人白岩松在"新闻 1＋1"回顾了"焦点访谈"的这个经典。《"罚"要依法》获得 1997 年度中国广播电视新闻奖新闻评论一等奖、第八届中国新闻奖一等奖。

焦点访谈，是将新闻现场和主持场景嫁接，对某一新闻人物或事件进行分析性访谈的深度报道体裁。1994 年 4 月 1 日开办的"焦点访谈"，每期 13 分钟的深度报道栏目，就像一匹突然杀出的新闻"黑马"，很快演变为电视、电台、报纸推崇的王牌节目，几乎每家媒体都抢着效仿这一报道招数，以新闻报道和评论相结合的方式，将热点、焦点事件推到最引人关注的位置，以引起社会的强烈共鸣。据主持人敬一丹回忆，其初衷是效仿报纸而增添的画面"评论"。可它一启动，立刻拥有了 3 亿固定观众，乃王牌！

此后，CCTV 加设了"新闻调查"、"新闻 1＋1"、"实话实说"、"今日说法"、"面对面"、"对话"等栏目，全国媒体酷似"焦点访谈"的节目四处开花：上海东方卫视开辟了"今日新话题"，新疆卫视热侃"每周话题"，辽宁台则冠以"发现"，等等，让人眼花缭乱。

"焦点访谈"这种报道方式，国内外新闻媒介早就有过。查阅资料发现，1988 年《黑龙江日报》就曾在一版、三版陆续开设过"热门话题"、"交流"、"大家事大家谈"等焦点栏目，报道过学术著作出版难的《王慎之现象》、青年难自立的《直面"软骨症"》等，这恐怕是国内媒体最早的"焦点访谈"，值得记下一笔。

20 年来，围绕"焦点访谈"的争论，主要是记者大量使用隐性采访和秘录方式，是否有法律依据，是否受法规保护？可能是因为 CCTV 带有中央国家机关的某种色彩，被当作变相的"衙门"，惹不起；也可能被偷拍偷录的人犯下的事儿都挺丑陋，因此不敢"反抗"。不管怎样，至今还没听说哪个被曝光的人敢于挑战 CCTV。于是，这些年随着相关法律对于秘录资料的逐渐认可，为媒体提供了挑战阴暗力量的模板。可以说，"焦点访谈"是新闻改革的一个开路先锋，功不可没。

当然，今日尽管有新闻专家尖锐地质问："焦点访谈"何以失焦？[①] 其实也反证了其承受着亿万受众的殷殷重托。

"焦点访谈"起伏跌宕的轨迹，从策划、采写、制作和传播的视角，给新闻人以深刻启迪：

一、散点访记赢得公正信誉

散点访记，即在追踪新闻线索时，按照事实的逻辑联系，分不同层面去精选所要采访的人，去客观阐述事实和观点。

"焦点访谈"节目开播以来，坚持"领导重视、群众关心、普遍存在"的选题原则，受到了上至党和国家领导人、下至普通老百姓的广泛关注和重视。

"焦点访谈"很透明，公布了栏目联系方式，电话：010-68579889-196；电子邮箱：ab30@cctv.com；栏目QQ：966877；通讯地址：北京复兴路11号中央电视台《焦点访谈》；邮政编码：100859；以及官方二维码。这些畅通的信息渠道，让该节目每天都有上千名观众打电话、写信、发传真和电子邮件，反映收视的切身感受，提供大量的报道线索。

作为一个电视栏目，"焦点访谈"曾得到共和国三任总理的题词：

1997年12月29日，李鹏总理视察中央电视台，题词为：焦点访谈，表扬先进，批评落后，伸张正义。

1998年10月7日，朱镕基总理专程来到中央电视台，郑重赠言：舆论监督，群众喉舌，政府镜鉴，改革尖兵。

2003年8月26日，温家宝总理视察中央电视台，在演播室赠言：与祖国同在，与人民同行，与世界同步，与时代同进。

1. 锁定大众焦点，推动舆论监督

"焦点访谈"的选题很大胆，它锁定大众焦点，以舆论监督推动了中国改革开放和民主法治。1997年8月24日郑州市某人驾驶一辆白色轿车逆行，将11岁的苏磊当场撞飞致死，将苏磊的父亲撞伤，事后逃逸。《大河报》不畏恐吓，25日上午10点将这一报道上版。引起该省领导重视，批示速查。原来，肇事者竟然是郑州公安局某分局的政委、一级警督张金柱。在案件查处的艰

---

① 参见庄永志：《"焦点访谈"何以失焦》，载《青年记者》，2013（7）下。

难时刻，10 月 13 日，"焦点访谈"将这一惨案曝光，全国舆论沸腾。在新闻媒体的推动下，第二年 1 月 12 日，法律终于作出了判处肇事者死刑的决定，2 月 26 日罪犯张金柱在郑州西郊法场被执行枪决。

中国人对"焦点访谈"的期望值极高。记者采访常会遇到如此壮观场景：一边是"说情大军"前来"灭火"，一边是"上访大军"前来"诉冤"。然而，"焦点访谈"一旦偏离社会热点，受众也会因失望而转换频道。CCTV 制片人张海潮认为："焦点不单指曝光社会的不良现象，也不仅仅是突发灾难事件，它应该是近期内老百姓最关注的问题。"① 新闻专家庄永志指出：近三年网民最关心的热点调查报道，几乎没有一个事件是因为"焦点访谈"率先揭露或跟踪报道而成为焦点。在每年关注度最高的 20 件网络热点事件中，"焦点访谈"2010 年只报道了不到 2.5 件、2011 年只报道了不足 4.5 件、2012 年只报道了 6 件，而且几乎无一涉及舆论监督。② 这种需要报道升级的挑战，摆在"焦点访谈"面前。

但是"焦点访谈"与新闻联播无缝连接，仍然是中国传媒的"王牌节目"，其舆论监督的巨大能量不可小瞧。

2. 按照法规要求，多方充分说理

按照新闻管理条例，重大报道特别是批评报道都要与各当事方见面，以保证报道的客观公正。"焦点访谈"《没电盼电　有电怕电》、《别让大盖帽满天飞》、《复杂的复合肥》、《山绿了　眼红了》、《"村官"不能官派》、《劣种出自种子站》、《小灶惹大祸》、《苦涩的"咖啡豆"》、《"当家人"败了家》、《高价"宰"客面临末日》、《地球只有一个》、《假戏真唱引出的官司》、《"传销王国"见闻记》、《投资还是投机》等，都按这一精神，多视角去叙述新闻画面。

其中《别让大盖帽满天飞》，就选择了 10 多名当事人、老百姓、专家、官员，从不同角度发表看法；《李欢：变奏生命的颂歌》，对西安 9 岁女孩李欢的父亲、同学、老师、医生，以及与李欢患同样麻痹症的那位小男孩交叉进行访谈，让大家从不同角度述说自己是如何看待李欢笑对疾病、战胜疾病这件事的。

---

① 转引自庄永志：《"焦点访谈"何以失焦》，载《青年记者》，2013（7）下。
② 参见庄永志：《"焦点访谈"何以失焦》，载《青年记者》，2013（7）下。

再如记叙黑龙江省五大连池市挪用粮食收购资金的《巨额粮款化为水》，表面看似随机，实为精选了 20 名干部、农民、技术人员去发表看法，从正反面充分表达不同的意见。这表明"焦点访谈"这种体裁是形散神不散，散点访记有着强韧的内在逻辑力量。

3. 追踪事实真相，敢在刀尖跳舞

针对"问题新闻"的报道，"焦点访谈"不说套话，不说假话，提供给观众唯一的东西就是最鲜活的事实。正因为如此，它才能够吸引广大受众的眼球。为发现事实，"焦点访谈"的记者深入到生活的许多层面，有时甚至要冒生命危险。诸如《东黄输油管道泄漏爆炸特别重大事故追踪》、《这样停车太霸道》、《旅途上演"丢包"计》、《大道上拦车 岔道里生财》、《暗访污染源》、《"童颜神器"的真颜》、《莫拿"花旗"耍花招》等，采访虽然异常艰苦，但记者最终都拿到了真实素材。1996 年"焦点访谈"播出关于黑龙江省海伦市有人用黄土制造"大豆"的报道。制造假大豆的人听说被 CCTV 的记者秘密录像，将在 CCTV 曝光，便到处扬言："恨不得立刻宰了他。""焦点访谈"的记者实属不易，但正是这种不易支撑起了"焦点访谈"的天空。

二、事理兼容激活逻辑力量

事理兼容，是对新闻事实进行叙述和分析的过程。"焦点访谈"不仅用有逻辑的动感画面叙述事件来龙去脉，还把评论与新闻二者有机地结合起来，夹叙夹议，从而形成有事实、有议论、有分析的深度报道。

1. 报道夹叙夹议，叙述有理有据

新闻要想说服受众，事实要鲜活、新颖；评论也要旗帜鲜明，褒贬直率。如《政绩出了"羊"相》、《走私货的背后》、《药品过期良心变质》、《让人糊涂的明白卡》、《耕地是如何消失的》、《飞去的"乌纱"又飞回》、《化肥"肥"了?》、《"白条"还要打多久》、《"吹牛"该由谁上税》等，追求媒体与受众的共鸣，以一种互动行为追求真理。其中《算命竟然有公司》一文，说的是四川有一名叫宫间的人，在通往深圳的公路上相继办起几家算命公司。这就针对全国的"算命热"选取了具有典型意义、吸引受众眼球的素材；由此去揭露一些人以研究中华古典文化为名，搞蒙昧迷信、骗取钱财的事实；并通过

分析评论，以科学的道理说服人。

2. 过滤新闻事件，点评内容精要

三分新闻，七分评论。因为观点是主流媒体的核动力。任何一个社会，任何一个地方，因各种矛盾的存在，必然会有许多热点问题需要记者去挖掘和分析。如何从大量素材中提炼最吸引人的内容，是破题的关键。既要看新闻事实的重要程度，又要看新闻所能引发的社会震动大小，从而提炼出评论的主题，阐明媒体的观点。山东某县春节前农民娶媳妇，手续 20 多项，花去上千元。中央电视台记者为此采写了《喜中别添忧》，以这一新闻揭露了这样的现实：一些机关干部本来是应该给老百姓办实事的，却给老百姓增加了不少负担。这一报道的成功，既是因为新闻角度选得准，破题有新意，又是因为报道分析透彻，点评说理深刻。

《天价拖车费　宰你没商量》分析："车在路上跑，难免会遇事故、出故障。事大了，就得寻求救援，这也催生出一个巨大的道路事故救援市场。按说这也是供需两便，促进运输的好事情，可是最近也有一些司机发现，现在有一些救援车，总会在他们需要帮助时，从特殊渠道获得消息，并在第一时间赶到现场。可是，一旦把车拿到，抢生意的热乎劲瞬间就会变成另一副模样。这到底是为了什么呢？"① 这种点评，引导受众思考"天价拖车费"的是与非，推动报道深入一个层次。

3. 切入社会热点，注重释疑解惑

中国社会问题多，报道热点信手拈来。这些问题如何解决，为亿万人翘首关注。2003 年 4 月，"非典"疫情肆虐。能否战胜"非典"牵动每个中国人的心。"焦点访谈"立刻报道抗击"非典"的各界人士，对北京代市长王岐山、医学权威钟南山以及有代表性的各界人士进行了访谈。当时北京是一个焦点，北方交通大学、中央财经大学等因受病毒的威胁，学生、教工和家属被隔离。那么，被隔离的这些人生活状况如何呢？"焦点访谈"记者立马投入探访，这自然牵引受众的眼球。节目通过一个个真实画面释疑解惑，坚定了人们抗击"非典"的信心。

---

① 《天价拖车费　宰你没商量》，见"焦点访谈"官网，2013 - 11 - 29。

中国社会难题往往是周期轮转的。在长达 20 年的时间里，"焦点访谈"对于地沟油、假发票、黑诊所、毒奶粉、乱收费、房价高、就业难、春运难、山寨手机等，反复抓典型事例，或给予无情曝光，或进行深度分析。譬如《男科门诊的秘密》、《红火的黑诊所》、《谋财害命的"神医"》等，一幕幕让人触目惊心。当然，这些选题的周期重复，也带来报道的审美疲劳。可见，"焦点访谈"如何深化也是一个焦点。

三、一追到底辨明真相是非

"焦点访谈"每天面临的一个个选题，都需要一追到底。这是受正义感的驱使，为发现事实真相而义无反顾之举。作为媒体和记者，研究"焦点访谈"的运作流程，目的也是通过访谈报道，揭示新闻真相，给人们以生活的启迪。

1. 质疑直指内幕，采访穷追不舍

质疑才能找到真相。"焦点访谈"有一组关于"打假"的报道：《证件岂能当街办？》、《真真假假话公章》、《假酒追查记》、《一个"贵族学校"的局》、《试卷是怎样泄密的》、《病人求仙　仙姑求钱》、《跨省报考骗局的背后》、《学童何以变师长》、《穷县富车的困惑》、《旧配件竟变"进口车"》、《暗访明查假商标》，都是记者一追到底的例证。尤其是《打假者走上被告席》，虽然法律界仍然对其褒贬不一，但"焦点访谈"那种气贯长虹的魄力，至今让人发出敬佩的呐喊。那是 1995 年 7 月，四川省技术监督局对夹江县彩印厂及其厂长万建华作出行政处罚决定，查封该厂印制的一批假商标和一些设备。夹江彩印厂不服，以省技术监督局没有行政处罚权，属越权行为为由提起诉讼。这一造假者胆敢告打假者的行为，引起舆论哗然。"焦点访谈"于 12 月 7 日将四川省人大代表对夹江法院院长的质询报道出来，正义之声铿锵有力。转年 4 月 9 日法院判处维持省技术监督局的处理意见，终于有了一个百姓满意的说法。

2. 精心筹措策划，坚持公正客观

"焦点访谈"不是一味地追求新颖别致，而是在精心策划的基础上制作，以正义感去揭示真理，让人民群众看到什么是对，什么是错。甚至让反面典型也充分讲话，让老百姓和各级领导去辨别真伪，给人们以公道。同样，"焦

点访谈"树立的正面典型也是以新闻揭示真理。如上海普通工人徐虎义务为群众服务的感人事迹，经中央电视台连续两天的访谈，让人们看到了中国普通百姓身上的美德，无不称赞徐虎是"晚上八九点钟的太阳"。

"焦点访谈"在节目运作上采用制片人第一责任制。制片人是该栏目的管理者和节目创作的组织者与把关人，也是节目的第一责任人，对节目的全程制作、经费使用、人员调配具有决定权。新闻评论部是国内将制片人体制引入新闻节目制作的第一家，"焦点访谈"是这种国际通用先进管理方法的首批嫁接者。

"焦点访谈"推出的主持人敬一丹、水均益、张泉灵、张羽、侯丰、劳春燕等，留给观众极其深刻的印象。其制作群体由制片人、主持人、编辑、记者和技术人员等百人构成，包括中心组、记者一组、记者二组、国际组，每日一期地从事电视新闻评论节目的生产。在如此长的时间里，保持节目的鲜活水灵，实属不易。其应对的支点，当然是机制的活力、选题的灵感、人才的辛苦。

3. 关注事态发展，寻求问题解决

打开"焦点访谈"官网，在屏幕下部有一个"反馈区"，表明其非常注意新闻事件播出后的反响。这也有助于报道的深入发展和完整结局。诸如针对《蔬菜大棚"种"房忙》、《超标车是怎么购进的》，《蹊跷的采访》、《揭开黑记者的黑幕》、《留得珍宝在人间》、《假油漆　真坑人》等报道，北京市昌平区、国家烟草专卖局、新闻出版部门、山西省政府、国家文物局、河北保定、安徽宿州、江苏宿迁等地分别整改"焦点访谈"曝光的问题，件件有记录。2013年10月15日"焦点访谈"对山西左云在省道上设立限高架迫使车辆走收费公路的现象进行了报道，2013年10月17日20：00发布消息："记者来到现场看到，前一天还横在道路上的2.8米的限高架已经不见了踪影，在道路旁可以看到限高架的底座。现在大车可以顺利地通过了。"①

"焦点访谈"成为推动工作的正能量。譬如《严刹公款送礼风》、《滥挖草药　毁了草原》、《公路也需"安全带"》、《专访财政部部长楼继伟》、《专访国家发展改革委主任徐绍史》、《暴雪袭东北》、《光明的接力》、《超标车是怎么

---

① 《山西积极整改"焦点访谈"反映的问题》，见央视网，2013－07－05。

购进的》等报道，或是针对近期出现的热点难点，及时给予了预警和曝光，或是国家政策法规出台，及时给予了权威性解读。2013 年 5 月 26 日，"焦点访谈"播出《古建：莫让财富变包袱》，报道山西省高平市在文物古建保护中的问题。当晚，山西省省长李小鹏、副省长张复明致电晋城市委市政府，要求立即整改。晋城市委市政府、高平市委市政府认为"焦点访谈"报道客观，决定两级财政紧急调拨专项资金 3 000 万元用于 2013 年的文物保护，凡被占用为羊猪鸡舍或其他用途的，立即清理；对措施落实不力、文物损毁严重、造成不良后果的，坚决依法依纪追究相关责任。①

四、隐性采访挑战秘录法规

"焦点访谈"敢于隐性采访，其背景是"上有总书记，下有 3 亿人"。若没有高层领导的开明和支持，仅有 3 亿受众也会步履维艰。但值得注意的是"焦点访谈"大量镜头采取秘密偷录获得，这是否形成证据或者证据线索？

1. 记者暗访的基本原则

隐性采访，俗称"暗访"，是记者在被采访者不知身份的情况下，秘密运用照相机、录音机、摄像机等工具进行的新闻采集活动。"焦点访谈"大量使用了秘密录音、录像的特殊手法，包括《上有土地法　下有土办法》、《账上竟能长庄稼》、《补贴到手　斧锯出手》、《填湖　胡填》、《走私车长了翅膀?》、《银耳怎么变白了》等等引起轰动的报道。

这一采访形式，是媒体寻找新闻真相的重要渠道。中央电视台 1992 年组织 28 人，将摄像设备隐藏在车上，进行了一次大规模的隐性采访，制作了《在路上》，为受众叫好。相反，"焦点访谈"、"新闻调查"这样的著名节目倘若减少隐性采访，则会明显失去受众。

媒体是否使用隐性采访，有四项基本原则：一是被迫原则，即记者通过正常渠道拿不到新闻时，被迫"最后选择"的非常规采访方式。其前提是，记者隐去自己的真实身份是为了维护公众的根本利益。二是保密原则，即隐性采访不能触及公民个人的隐私，不能泄露国家机密和商业秘密。三是守法原则，即记者不能使用"欺骗"的手段诱发被采访者触犯法律，不能为了获

---

① 参见《山西积极整改"焦点访谈"反映的问题》，见央视网，2013 - 07 - 05。

取新闻而以违法形式采访。四是技术原则，《国家安全法》第二十一条规定："任何个人和组织都不得非法持有、使用窃听、窃照等专用间谍器材。"这就明确规定了任何媒体和记者都无权使用国家安全部门认定的专用间谍器材。

世界关注的"窃听门"为何默多克败诉？就是因为采访违背了隐性采访的上述原则。2003 年起，《世界新闻报》因窃听众多名人、军人、政治家、王室成员、伦敦地铁爆炸案遇难者家属的电话而引起公愤。甚至只有几个亲信知道的王储威廉膝盖受伤之事也被曝光。为报道有关 2002 年被绑架后遭撕票的 13 岁女生道勒的详情，不惜雇用私家侦探，窃听道勒家人当年在道勒手机上的留言，这激起了众怒。伦敦警察局透露，该报窃听行为受害者可能多达 4 000人，窃听前首相戈登·布朗的电话甚至长达 10 多年。"窃听门"致使这份有着 168 年历史、750 万忠实读者的《世界新闻报》在总字 8 674 期关门。①

这是《世界新闻报》对新闻采访权滥用的恶果。"为了获得独家新闻所采取的种种采访手段与方法，诸如入侵手机反客为主、重金贿赂获取猛料、勾结警察利益共谋、雇用侦探窃听私情等，均超越了法律的权限，也侵犯了受害者的隐私权。"②

2. 实施秘录的法律依据

最高人民法院 1995 年 3 月 6 日在批复河北高级人民法院的一个司法解释里认为："未经对方当事人同意私自录制其谈话，系不合法行为，以这种手段取得的录音资料，不能作为证据使用。"那么，"焦点访谈"种种秘录行为，也面临法律法规的监测。其暗访过程中秘密录制行为是否构成违法？会不会闯入"雷区"？同时可能有人会问：某些法规不能为媒体的合理行为提供强制保护，是否过时？

因此，从法律上真正给予主流媒体舆论监督的保障，出台《新闻法》是新闻人的期待。1984 年全国人民大会教科文卫委员会与中国社科院新闻所就成立了"新闻法研究室"，正式起草《新闻法》，1988 年 4 月推出《中华人民共和国新闻法（草案）》，至今尚未正式出炉。进入本世纪以来，北京、上海、深圳等地陆续出台了新闻舆论监督的若干规定，这为《新闻法》的问世和实

---

① 参见百度百科"窃听门"。

② 沈正赋：《西方新闻自由的理想王国与现实图景——从英国〈世界新闻报〉"窃听门"事件谈起》，载《当代传播》，2011（5）。

施提供了动力。

《深圳特区报》报道记者暗访的局部版面。

2001 年 12 月 6 日，最高人民法院审判委员会通过了《关于民事诉讼的若干规定》，确认录音、录像资料可以作为有效证据在法庭上使用。其中关于偷拍偷录是否被法律认可，新闻专家顾理平认为：仔细分析该规定第二十一条、二十二条和第七十条，有关录音、录像资料到底是否成为合法证据，还要符合若干条件，譬如调查人员要说明这些证据资料来源的过程和合法性。但是，无论怎样，这已经为新闻采访的秘录打开了一条合法通道。①

尤其是 2003 年 9 月 8 日公安部公布的《公安机关办理行政案件程序规定》："严禁以刑讯逼供和以威胁、利诱欺骗或者其他手段收集证据。"顾理平认为这恰恰反证："只要是合法手段取得的录音、录像或者与录音、录像资料核对无误的复制件，即使对方提出疑义，但只要没有反驳的足够证据，法院就应确定其证明力；而以侵害他人或非法手段取得的证据，不能作为事实根据。"② 这意味着暗访获取的文字、图片、视频资料，只要不是以逼供、威胁、利诱、欺骗或者侵害他人的手段收集的，都可以作为证据、素材，进行新闻纪录。

3. 隐性采访的灰色地带

记者隐瞒身份以录音录像等暗访手段，进行调查性报道，实际上是把

---

① 参见顾理平：《隐性采访论》，139～140 页，北京，新华出版社，2004。
② 同上书，141 页。

"双刃剑"。一方面对于社会黑暗势力、丑陋行为、热点难点进行的暗访，以及实施的偷拍偷录，会得到相应的法律保护；另一方面，倘若事实真相并非预判的邪恶或不公，则侵犯了被调查者的肖像权、住宅权及隐私权，触犯了法律红线。这也是为何围绕偷拍偷录一直争论不断的缘由。

隐性采访位于灰色地带。卧底记者不同于卧底侦查：前者是记者隐瞒身份，甚至冒充嫖客、毒品贩子、审计人员等进行调查性采写，以发现新闻事实的真相；后者是负有侦查职责的公务员经过特殊批准，隐瞒真实身份，打入犯罪组织内部，调查和获取犯罪证据。新《刑诉法》对于卧底侦查有明确的适用规定，提供了法律依据。然而记者在什么情况下才需要以卧底的身份去探究信息？应该对扮演卧底角色的记者的行为做什么要求？这些问题在法律规定和媒体规约中都是一片空白。[①] 1993 年北京人民广播电台记者偷拍假发票现象，该报道获得中国广播新闻奖。但有评委提出异议，认为记者不可冒充买假发票者。[②]

因此，有法律专家认为，记者的卧底调查行为可以仿照"线民"的模式来对待。[③] 因为"线民"是为揭露犯罪事实而进行活动和提供证据，为此受到警方保护；卧底记者揭露社会丑陋现象，同样应该得到法律保护。

无论如何争论，"焦点访谈"20 年的暗拍暗录，让大量社会丑陋现象大白天下，已经得到社会的容忍和赞赏。同时又衍生出"面对面"、"讲述"、"经历"等品牌节目。甚至网络媒体也热衷于链接，并模仿策划报道。对于平面媒体来说，嫁接"焦点访谈"明显缺失画面优势。如今还没有哪家报媒专栏能够达到"焦点访谈"的力度。

新闻专家曾文经评价说："焦点访谈已经不仅仅是一个电视品牌，它已经成为传媒的一面旗帜，成为社会公正和良心的象征，成为体现中国民主与法制建设水平的一个标志。"[④]

"焦点访谈"没有成为惊鸿一瞥，没有成为流星一瞬。CCTV 自荐该栏目时有一个说明，给人留下难以磨灭的记忆：视观众的眼睛为永恒的焦点！

"焦点访谈"永远与事实共舞！

---

① 参见张科：《媒体调查手段合法性考究——以〈刑事诉讼法〉为视角》，载《首届中国新闻法治建设学术峰会获奖论文集》，109 页，2013。

② 参见周俊：《隐性采访应有的职业意识》，载《青年记者》，2011（8）上。

③ 参见张科：《媒体调查手段合法性考究——以〈刑事诉讼法〉为视角》，载《首届中国新闻法治建设学术峰会获奖论文集》，113 页，2013。

④ 曾文经：《传媒的魔力》，270 页，北京，时事出版社，2001。

跋　知足常乐

"知足常乐、苦中作乐、助人为乐"印章。

每个人都是时间长河的泅渡者。

维克多·雨果有命运三部曲：描述人与自然冲突的《海上劳工》，诉说人与人苦斗的《悲惨世界》，诠释人与灵魂绞杀的《巴黎圣母院》。我撰写《新闻的写法——全媒体实战攻略》这部书稿，也像是灵魂的一次挣扎，因为我担心这种实战逻辑会被学院派嘲笑。多亏中国人民大学出版社的曹沁颖，她推荐名编辑翟江虹策划本书。在深圳报业大厦后边的小贝壳菜馆，专程飞来的翟江虹特约《走进美国大报》作者辜晓进，从专业角度给予令人兴奋的建议，才让我获得了一种勇气。

当然，书稿付梓也离不开中国报业名人吴松营[1]的支持。他是深圳报业"舰队"的"老船长"，有许多不同寻常的经历。作为深圳新闻人才基金会理事长，他支持本书成为该基金的资助项目，也让我拥有了一种动力。

张贤亮曾对陈鲁豫说："一切都是能量守恒，你肉体上寂寞，灵魂上就富有。"[2]我是一个有想法的人，却在这个"时间就是金钱"的城市，花掉了人生最富创造力的光阴，用以破解采写密码。值得慰藉的是，这种孤独沉思，演绎出一个个逻辑推论，也引发了对新闻人的中国宿命的感悟。

幸运的是我在过去的每个时间段，都可以做自己喜欢的事。1975年下乡当知青，到察尔森水库办报，被选入吉林省白城知青办编辑《知青战线》，又转到白城广播电台当编辑，后考上东北师大，毕业分到白城地委党校教书，后又调回东北师大任教，攻读黑龙江省委党校研究生，取得吉林大学法学硕士学位，在《黑龙江日报》任职时四处奔波，在《深圳特区报》时苦熬苦练——一条起伏的人生轨迹，既是我探寻人生的可靠钥匙，也诱导我涉猎新闻学、社会学、思想史，并写了上百篇论文。《新闻传播》[3]曾有一篇通讯《耿伟，总有惊叹号！》[4]，则是对我的一次盘点。

深圳报业集团社长陈寅，也鼓励我侧重中观理论研究，认为这既可以深化前沿理念，又可以指导具体实战。他曾批示我去授课，让书稿有机会接受一次测评。我从心里感谢他。

感谢那些关怀我的亲人和朋友们：

家父生前见我凌晨还在改稿，便说："你在苦熬啊。"那一幕，将永远刻在我的脑海；挚友刘福祥，每次通话都催我快点写出来；激情四射的报社副总编辑邓自强，鼓励我通过授课，让书写得更严谨；思想深邃的副总编辑吕延涛，认为本书就是要说明一个道理：写新闻就像讲故事；厚道刚毅的编委刘琦玮，当年调任《深圳晚报》副总编辑时，几番帮我查阅例证；资深报人李延林大姐有关原子弹爆炸区、哈纳斯大红鱼的报道经历，让我敬佩她的冒险精神；高级编辑曾文经送我专著《传媒的魔力》，提供诸多过硬案例；横挑鼻子竖挑眼的资深记者李静敏，建议每一章的开头都讲个故事；资深摄影记者郑东升、马彦、许光明、吴俊等提供珍贵图片；国家级摄影师韦建诚为我在莲花山拍照；记者周锦雄、陈毕其为印制样书辛苦奔波；美编刘春雨勾勒让人捧腹的人物漫画；平面设计大师雷霆为封面奉献创意灵感；文字专家关琪精心对全书修辞加工；电脑高手金恩承、陈荣周、胡冠一给予技术支撑；职业校对彭军、陈立新几番跟踪勘正；人才基金会副秘书长胡志民、薛景山，秘书王旭文，《报道》杂志执行主编郭法鲁、编辑黄昌海时常问询写作进度；好友毕国顺、傅伟、陈智军等见面不时催促出书；《走进美国大报》名编赵泓博士慧眼识书，推荐出版；回东北老家讲学，《松原日报》原社长张银梅、关东画家华玉清给予盛赞，记者韩志力、安平和杨春雷分别撰写有关我的长篇通讯，将尘封片段描绘得起伏跌宕，似乎我做了一件大事。

记得我那年去嵩山少林，发现一尊石碑，上刻奇怪白描：正看大佛垂目，左看孔子儒风，右看老子逸范。高僧说这是三教归一：道家无为即知足常乐，佛学修炼即苦中作乐，儒教仁爱即助人为乐。我惊诧，千年经典竟然和百姓家训[5]灵犀相通！原来人世间的真理是雅俗共赏的。倘若这部书稿能够将新闻笔法说得很简单，我这个老记者就真的知足了。

书稿的最后，我留下一首歌词《记者》，这是为那些令人尊重的同仁而作：

每当你遇到突发的事件，
就会立刻冲上采访一线。
你去记录那灾难带来的凄惨，
你去融入那激情燃烧的狂欢；
你定格那一幕幕震撼的瞬间，
你写下那一页页催泪的诗篇。
你拼命撕开真相的铁幕，
你孤独寻找罪恶的根源。
你记得受屈辱者最后的眼神，
你被迫发出公道何在的呐喊！

有人说你是时代的号角，
其实你只是个小记录员。
你坚守着记者血液里的尊严，
你不放弃做人就该有的底线；
你是父母心里抹不掉的光荣，
你是儿女眼中不会倒的大山。
你触摸肉体活着的真实，
你叹惜生命消失的苦短。
你虽是总编辑手下的一小卒，
你却是媒体头顶上的一片天！

耿 伟
2014 年初于鹏城[6]

注释：

[1] 吴松营，1943 年出生，广东澄海人。他曾任深圳市委宣传部副部长，深圳报业集团社长，深圳特区报业集团社长、总编辑，《深圳特区报》社长、总编辑。1993—2003 他带领《深圳特区报》一路上扬，成为中国媒体的样板。他曾任电视政论片《世纪行》总编辑，影片播出后在国内外引起巨大轰动，江泽民总书记等国家领导人给予了题词赞扬。他主编的《1992 年——邓小平与深圳》成为当年全国畅销书。作为 1992 年邓小平视察深圳的唯一记录人，人民出版社为其出版发行专著《邓小平南方谈话真情实录——记录人的记述》，引起国内外关注，并译成韩文发行。此外他还主编了《深圳传媒业的崛起》等 43 部书籍。2012 年他获得广东首届"新闻终身荣誉奖"。

[2] 参见张贤亮做客香港凤凰卫视"鲁豫有约"专题节目。

[3]《新闻传播》杂志为黑龙江省记协、黑龙江日报、黑龙江省新闻研究所主办。

[4] 参见陈阳：《耿伟总有惊叹号》，载《新闻传播》，1997（6）。此选题由时任总编辑刘慧同策划。

[5] 作者家传《耿氏家谱》开篇即为 12 个字"知足常乐、苦中作乐、助人为乐"，并钤印一枚。

[6] 本书作为新闻实训教材，个别教学所需文字案例、图片、版样来自报纸、杂志和网络，请原创作者见到此书后按以下地址联络。Email：szgengwei@sina.com，1257870811@qq.com。恭奉稿酬。

图书在版编目（CIP）数据

新闻的写法：全媒体实战攻略/耿伟著 . —北京：中国人民大学出版社，2014.10
ISBN 978-7-300-19707-4

Ⅰ.①新… Ⅱ.①耿… Ⅲ.①新闻写作 Ⅳ.①G212.2

中国版本图书馆 CIP 数据核字（2014）第 238076 号

深圳市新闻人才基金会资助项目
新闻的写法：全媒体实战攻略
耿 伟 著
Xinwen de Xiefa：Quanmeiti Shizhan Gonglüe

出版发行	中国人民大学出版社			
社　址	北京中关村大街 31 号		**邮政编码**	100080
电　话	010－62511242（总编室）		010－62511770（质管部）	
	010－82501766（邮购部）		010－62514148（门市部）	
	010－62515195（发行公司）		010－62515275（盗版举报）	
网　址	http://www.crup.com.cn			
	http://www.ttrnet.com（人大教研网）			
经　销	新华书店			
印　刷	北京鑫丰华彩印有限公司			
规　格	170 mm×240 mm　16 开本		**版　次**	2015 年 1 月第 1 版
印　张	17.5 插页 1		**印　次**	2017 年 2 月第 2 次印刷
字　数	274 000		**定　价**	45.00 元